講談社文庫

「国境なき医師団」を見に行く

いとうせいこう

JN054063

講談社

「国境なき医師団」を見に行く　目次

ギリシャ編

フィリピン編

ウガンダ編

ハイチ編
→p.15

「国境なき医師団」の活動地（2016年）
いとうせいこう訪問地
ギリシャ編
→p.147
フィリピン編
→p.269
ウガンダ編
→p.375

写真　いとうせいこう
Hiroko Taniguchi/MSF
（カバー表上、P59）

図版製作　アトリエ・プラン

初出＝Yahoo! ニュース 個人 2016年4月20日～2017年8月15日に不定期掲載

プロローグ

2016年3月24日、午前中に二度目のワクチンを打った。左腕に複数本、素早く。

破傷風のだったか、チフスのだったか、A型肝炎のだったかは覚えていない。ともかく一度打ってから、3週間して再び接種する必要のあるワクチンだった。

担当の看護師さんは前回と同じ若い人で、俺が注射器をスマホで撮るのを見て、

「何かの番組ですか？」

と聞いた。

「いえ……その、取材で」

「……取材？」

「ていうか、あの、自主的に行くんですけど」

「自主的……」

「ええ、『国境なき医師団』を見に行きたくて」

話は数ヵ月ほど遡る。

俺は「国境なき医師団」の広報から取材を受けた。ツイッター上で知りあった傘屋さん（実際にはまだ会ったことがない）と一緒に「男日傘」というのを作って売り出し、そのパテントをもらうつもりもないので「国境なき医師団」に寄付していた俺に、団が興味を持ってくれたのだ。

で、向こうから取材を受け始めて10分も経っていなかったような印象があるのだが、俺は団の活動が多岐にわたっていることを知り、そのことがあまりに外部に伝わっていないと思うやいなや、〝現場を見せてもらって、原稿を書いて広めたい〟と逆取材の申し込みをしていたのだった。

団の広報は即座に前向きに検討すると言ってくれた。俺は飛び上がらんばかりに喜んだ。困っているのは、俺のマネージャーだけだった。取材は数ヵ月ごとに数回行う、と俺は勝手に話を進めていた。すでにぽつぽつ埋まっているスケジュールの中から毎回10日間ほどをどう空けていくかは彼女のミッションだった。

しかも、目的地は決して安全ではないはずだ。

「いえ、私たちは好んで危険な場所へ行くわけではないんです。きちんと安全を確保出来ると判断しなければ人員を送りません。貴重な人材の身を守ってこその弊団です」

広報の谷口博子さんは喫茶店の中でにこやかにそう言った。

たぶん俺だけが「〝弊団〟ってかっこいい！」と、その呼び名の部分にノンキに食いついていた。

マネージャーはまだ悩ましい顔をしていた。

追記　文庫化にあたってなるべく最新のデータを書き込みました（２０２０年11月）。

ハイチ編

2016年3月

ハイチ共和国

面積　2万7750㎢　(北海道の約3分の1：日本外務省)
人口＊　1126万3000人
首都　ポルトープランス
平均寿命＊　64歳
＊国連経済社会局人口部「世界人口推計2019年改訂版」

ハイチ大地震（2010年）の復興作業が今なお続いているこの国に、2016年10月、大型ハリケーンが襲来し、南西部を中心に甚大な被害をもたらした。国境なき医師団（MSF）は災害直後から被災地に入り、コレラ治療や緊急支援を行ったが、国の保健医療体制はいまだ機能不全に陥っている。MSFは首都でナプ・ケンベ病院を運営し、プラン・メム診療所では性別・ジェンダーに基づく暴力の被害者に救急医療を提供するほか、産科救急センターも運営している。

プルーフ・オブ・ライフ

行き先がハイチに決まる

行き先は直前まで決まらなかった。

現在、「国境なき医師団」は全世界七十数ヵ国に展開している。正式名は1971年にフランスで発足した時のまま、「MEDECINS SANS FRONTIERES」。意味は「国境なき医師団」で、略してMSFと呼ばれることが多いし、今回取材した医師たちもみな自分たちをそう呼んでいた（ちなみにトランジットで米国に入るとき、旅行の目的を聞かれて「DOCTORS WITHOUT BORDERS」に俺はついて行くのだと誇らしげに英語で宣言したが、相手はぼんやりした目で何も理解していない様子だった。そこはやはりフランス語で強調すべきだったのだろうか）。

紛争国や天災に遭った地域に真っ先に入るという印象が強いＭＳＦなのだが、いざ取材をするとなると候補地には意外な場所も多かった。

なぜなら、貧困に苦しむ国にも、性暴力が頻発する地域にも実は彼らは入っているからだ。そのこと自体、俺は何も知らなかった。

当初はパプアニューギニアへ行く話が進んでいて、そこでＭＳＦは男性による性暴力への対策として啓蒙活動を続け、なおかつ被害女性への医療的、ないしは精神的、社会的ケアが行われていると聞いて、俺はその一見して地味な活動にこそ光を当てたいと思った。

けれどもちょうどミッションがひと区切りしたとの情報が入り、ではどこへ行くのがいいかわからなくなった。

ともかく、俺は自分側から出したスケジュールの中で受け入れてくれる地域ならどこでもいいと思っていた。

そして、出てきた場所がハイチなのであった。

ハイチ。

２０１０年にハイチが大震災に見舞われた折、特にクラブミュージックまわりでチャリティ活動への呼びかけが始まり、その中からDJ YUTAKAとZeebraを中心としたネットワークで楽曲を作って、売り上げをハイチの子供たちに送ろうという話になった。

とんでもなく豪華なメンバーで作られた楽曲『光-hikari-』は、まさに音楽業界の常識を破るもので、参加したのは青山テルマからクレイジーケンバンドの横山剣、難波章浩に大黒摩季、かまやつひろしにライムスターにTERU、PUSHIM、高木完などなど。

この総勢30組のアーティストが歌っている歌詞を書いたのが自分だった。

当時、Zeebraたちと夜な夜な集まって、日本でチャリティをするにはどのような方法があるか、ここで集めた金をどうすれば本当にハイチのために有効に使えるか、音楽業界の圧力があった場合にどう切り抜けるかを話し合っていたのを思い出す。

しかし、俺たちは自分たちの考えていることをまるでうまく実行しきれなかった。

結果、ハイチの子供たちに学用品キットを６１６個送った。規模は小さいながらむろん成果には違いない。けれど、もっとうまくやれただろうにという思いが俺にはある。不慣れな活動だった。

今回原稿を書くにあたって正確な学用品キットの数字をもう一度メールしてくれたZeebraも、やはりメールの中で「今ならもっと」と悔しさをにじませている。

しかも継続して何かやっていこうと考えていた俺たちは、翌年の東日本大震災で手も足も出なくなってしまう。日本がままならないのに、海外の災害にどう関わっていくか、わからなくなってしまったのだ。これはきわめて深い問題なのだけれど、ここではこれ以上触れずにおく（しかし最後まで書かずにすませるつもりはない）。

ともかく、あれから6年経った２０１６年、ハイチの現状を自分の目で見ることには、ＭＳＦからの導きめいたものを感じざるを得ない俺なのであった。

「俺しか知り得ない単語」の使い道

話がちっとも現地にたどり着かないじゃないか、というお嘆きごもっともである。

いざ書いてみると実際、前もって説明しておかなければならないことがいくつもあるのだ。

それでいい、というのが俺の方針である。

ジャーナリストの方法でなく、あくまで作家のやり方で脱線や私的こだわりを綴っていくつもりだから。

で、そういうことでいうと、「きちんと安全を確保出来ると判断しなければ人員を送りません」と言っていた谷口さんから、ハイチ出発の1週間ほど前に事務所に届いた連絡のことを記しておきたいのである。

俺しか知り得ない単語を紙に書き、封筒に入れて渡して欲しい、というのであった。

その紙を「プルーフ・オブ・ライフ」と呼ぶことも、同時に事務所には伝えられた。

生命の証明。身元の証明。

どういうものかよくわからないのだが、マネージャーと一緒にその使い道を考えてみて、俺は吹き出してしまった。

要するにそれは、俺が誘拐された場合にしか用途がないのである。つまり俺の行方が不明になり、ある集団から連絡がある、と。そうしたケースにおいて「ある単語」がやりとりされ、実際に彼らが俺の身柄を確保しているかどうかがわかるというわけだ。

そうか、ジャーナリストというのはこういうことを日常茶飯の事としているのかと俺は感心したし、谷口さんたちの世界でいう「安全」という言葉にはそのような仕組み（本当に誘拐されたかどうかわかる）が入っているのかと、認識の違いに思わず笑いが出たのだ。

で、俺しか知り得ない単語というのがまたけっこう難しいのだった。好きなコーヒーの銘柄とか、昔飼っていたハムスターの名前とか、モンティ・パイソンの中で一番好きなコントとか、そういう瑣末なところにしか自分を証明する言葉がないことに、俺は人間の不条理を感じた。

そしていざ誘拐でもされた場合、俺は監禁された部屋の中で「コント　死んだオウム」などと答えなければならないのかと思うと、その未来の自分と周囲の悪党の姿がおかしくて仕方がなく、しかもそんなもしもが起こる可能性への緊張がなおのこと俺の腹をくすぐった。

さてこうして3種類のワクチンを打ち、「プルーフ・オブ・ライフ」を封筒に入れて渡し、取材に関しての簡単な契約書を「国境なき医師団」と交わした俺は、冒頭の看護師さんとの会話のあと、盟友みうらじゅんとの実にくだらない対談仕事（ほとんど無駄話）をすませて夜の寂しい羽田へ向かった。

ロサンジェルス空港へ行き、そこからマイアミ空港へ乗り継いでハイチのポルトープランス空港まで、計20時間余り（すべてアメリカン航空）。

何が待ち受けているのか、怠惰な俺は同行者谷口さんがあらかじめ送ってくれていたメモを読んでおらず、無知にもほどがあった。

ただし、直前に外務省の海外安全情報だけは軽く覗いてあった。

これを書いている今はハイチ全域「十分注意してください」だが、俺が見たときは首都ポルトープランスだけ危険レベルが高く、「不要不急の渡航は止めてください」という色になっていたと思う。

イースターのハイチ

空港到着

ハイチの首都、ポルトープランスの小さな空港に着いたのが、日付の上で前日の朝8時だったと思う。トランジットの度に時間をホップするように後戻りしたため、俺は時の感覚を失って、ただひたすら頬や顎に生えたヒゲをさすってぼんやりした。

空港内で簡単な入国審査（空港税を100ドルほど払うのが主眼だと思えた）をす

ませている間にも、カリブの陽気な音楽が施設内に響いていた。反響がよく効いていて、そこそこ高価なスピーカーを設置しているなと思った。

だが、いざハイチ国内へ足を踏み入れてみると、空港の奥のフロアで体を揺らしている5人組の男たちがいた。マラカス、カホーン、小さめのコンガ、バンジョー2本のバンドが生演奏しているのだ。ホールの鳴りと、彼らのプレイの確かさのあまり、それは目の前で見ていても録音されているようにしか聞こえなかった。このリアルさのずれは、その後も俺をしばしば襲うことになる。


外へ出ると涼しい風が吹いていた。陽に当たるとそれなりの暑さはあるが、ハイチは雨季直前のベストシーズンなのだった。その気持ちのよい晴れた朝の空の下に、たくさんの男が群れ、次々と空港から出てくる者に話しかけていた。タクシーはどうだ、と言うのだ。

発展途上の国なら当たり前の光景だけれど、客引きの目の真剣さは例えばバンコクよりマニラの方が鋭いし、ニューデリーならなおのことだ。そしてハイチのそれにもかなり切迫したものがあった。

谷口さんと俺は訛ったフランス語か、現地のクレオール語かでさかんに話しかける人々をかきわけるようにして先へ進んだ。誰かが迎えに来ているはずだというのだった。

谷口さんが一人の黒人女性に「MSFはどこですか？」と聞いたのだと思う。女性は背後を指さし、「MSF！」と言った。現にそちらに白いベストを着用した現地の男性がおり、その胸に赤く「MEDECINS SANS FRONTIERES」と印刷されているのが見えた。

俺はその折の彼女の声の調子を忘れていない。みながガツガツと客を取りあい、生活の糧のために喉を嗄らしている中、その瞬間の彼女は善意の塊のようになった。尊敬、というようなものが伝わり、MSFを探している我々を妨げずに通せと周囲に警告する強い感情があった。実際、黒人女性の「MSF！」という叫びのあとから は、客引きは一切我々に話しかけようとしなかった。観光客でないとわかったからかもしれないが。

ベスト姿のドライバーの方へ近づき、あとをついていくと、やはり白い車体に赤い文字の入ったトヨタの四駆が待っていた。名を名乗りあいながら後部の砂だらけの荷物置き場にキャリーバッグを放り投げ、座席に座って言われるままシートベルトを締めると、ドライバーは無線の送受話器を取って自分の名前を言い、イロコ、セイコーと我々の名を伝えた。谷口さんは下の名がヒロコなのだが、そこがHを発音しないフランス語圏であることがよくわかった。

発進する車の中で、そのイロコさんが教えてくれたところによると、帰国までの間、我々は各地点で同様の四駆を乗り継ぎ、乗車時と降車時には必ずセンターに名前を伝えなければならないのだった。どこに今、誰がいるかは絶対に把握されている必要があり、それは安全確保と同時に、緊急時に誰が先に駆けつけられるかの指示のためであった。

さらに、あとでわかったことだが、行き先の名はすべてコードネームになっていて、盗聴に備えられていた。したがって我々がその3月24日木曜日の8時に空港から向かった「OCAのハイチ・コーディネーション・オフィス」は、例えば「木漏れ日の別荘」などと呼ばれているわけなのだ（実際はいちいちもっと洒落ていてちょっとシビれるほどなのだが、ここでコードネームを明かすわけにもいかないし、そのセンスを伝えるのも解読を助けてしまう以上よろしくない。残念だ）。

さて、壁にペンキで塗られたフランス語だらけの町並みを四駆が行き、アスファルトのひび割れたゴミだらけの道路脇に座ったおばあさんが、果物やサトウキビや紐で縛った十数羽の生きたニワトリなどを売っている様子を眺め、ちょうど選挙運動期間中なのか終わったばかりなのか解像度の悪いポスターが所狭しと貼られている中を30分ほど行く間に、ついさっき書いた「OCA」という単語を説明しておこう。それは

ＭＳＦ全体を理解する助けになるだろうから。現に俺自身、ガタガタ揺れる車内で谷口さんからレクチャーを受けたのだ。

「国境なき医師団」には現在（２０１９年）、38ヵ所に事務局があり、その中には日本事務局も含まれている。そして世界の様々な地域でのプログラムを５つのＯＣ、すなわちオペレーションセンターが企画、運営している。

ＯＣＰ、パリ（フランス）
ＯＣＢ、ブリュッセル（ベルギー）
ＯＣＡ、アムステルダム（オランダ）
ＯＣＧ、ジュネーヴ（スイス）
ＯＣＢＡ、バルセロナ（スペイン）

以上、５つ。

ということで、今回取材申し込みを受け入れてくれたのはＯＣＡだと俺は車内で初めて知ったわけなのだけれど、ではハイチのプログラムをすべてＯＣＡが担当しているかというとこれが違う。パリもブリュッセルも他のＯＣも人員を送っているし、コ

国境なき医師団(MSF)の組織

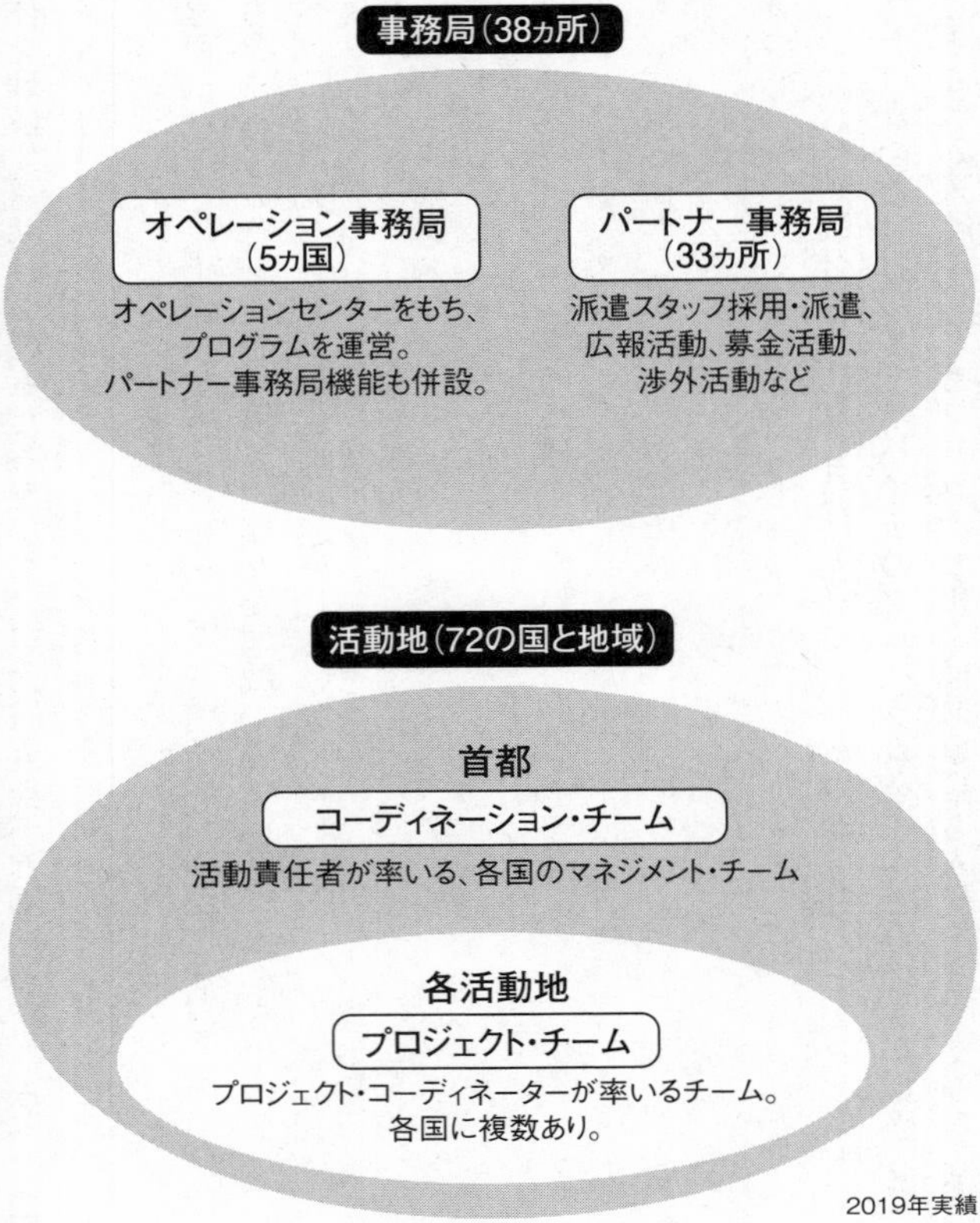

2019年実績

ーディネーション・オフィス（運営本部と言ったところか）を立てている（いた）のだそうで、つまり複数のプログラムがそれぞれに動いており、各ＯＣの下で働く日本人同士であってもまったく会わずに活動を終えて帰国することなどザラだという。

それぞれのＯＣはいざとなれば助け合う。とはいえ、基本的に独立して活動する。これは緊急プログラムの際、都合よくシステムが働くためでもあろう。どこかの活動が滞っても、別のＯＣが救援を続け、ある時には物資を調達するなど運営を統合したり分離したり出来るだろうからだ。自由独立集団であればこその組織論が具現化されているのである。

ちなみに、各々のＯＣによって活動の仕方に特徴があるらしいこと（文化的遺伝子とでもいうようなもの）を俺は数日の滞在で知ることになるが、その説明はまたの機会に譲ろう。ドライバーが無線で再び俺たちの名前を言い、坂道の途中の邸宅の鉄扉が開いて、中に詰めている現地スタッフが見えてきたから。

ハイチ・コーディネーション・オフィスへ

ドライバーは左にハンドルを切り、四駆はなおいっそう大きく揺れて邸内のさらに急な石畳の坂をのぼった。奥の平たい土地に、やはりＭＳＦの文字を胴に赤く塗った四駆が数台止まっていた。その向こうに2階建ての屋敷があった。OCAのハイチ・コーディネーション・オフィスだった。

拍子抜けするほど静かだった。「国境なき医師団」のひとつの拠点はもっと騒がしいものではないのか。俺は狐につままれたような気分で自分の荷物をおろし、目の前の階段をあがって屋敷の中へ入った。

何部屋かあるのがわかった。扉はどこも開け放たれていた。部屋はすべて薄暗かった。無駄遣いするほどの電気もないし、そもそも生活空間をぴかぴか明るくする習慣がハイチにはないとのちのちわかった。スタッフたちにしてもクーラーなど使うつもりは最初からないのだった。気持ちのいい乾季であればなおさらのことだ。

大きな白板が壁に貼ってあって、青いマジックインキでひと月分のマス目が書かれており、その日の枠の中に俺と谷口さんの名前がそっけなく書いてあった。しかし誰が来てくれるわけでもない。

しばらくぼんやりしながら入り口にあったソファに座っていると、やがて一人の若干ぽっちゃりした白人男性が半ズボンにTシャツ姿であらわれた。ほとんどスキンヘッドでいかにも清潔そうな人物だった。

「やあ、ようこそ。ヒロコとセイコーだね。話は聞いてるよ。僕はポール。ごきげんいかが？」

彼の英語は聞き取りやすく、きわめて優しげであり、語尾の調子と仕草が女性的だった。細いフレームの丸い眼鏡をかけていて、顎ヒゲの剃り跡が青く、目はつぶらでまつげが長かった。ちょっとトルーマン・カポーティに似ていた。

谷口さんが挨拶をし、俺も握手をかわした。ポールは早口で続きをしゃべった。

「しかし君たちにとって実に残念なことに、この週末までイースターでね。ちょうどみんな休暇をとっている時期なんだ。だからほとんど人がいないんですよ。ただし僕だってゲストの受付は出来るからね。わかるところまでやっておきましょう。そのうち誰か来るだろうと思う」

ポール・ブロックマン。アメリカ人。おそらく俺より4、5歳上ではないか。50代後半で、歴戦の強者だろうことは、そのせっかちで自由なふるまいからもわかった。世界のどこにいてもそういう調子なのだろうと思わせる独特なペースがある。

なにしろ彼がつまり、ＯＣＡハイチ・コーディネーション・オフィスのトップ、産科救急センター、コレラ緊急対策センター、性暴力被害者専門クリニックを統括している重要な人物、活動責任者なのだった。

ポールに細かい手続きをしてもらって食事の話になった。とにかくイースターはハイチにとって大きな祭りで、宿舎に行ってもまかないの昼食がないとのことだった。

いや、機内で食べてきましたからと言うと、「しかし夕食はどうする？　ないよ」と答えてポールはどこかへ消えた。

我々は谷口さんの提案で、こちらでちょうど活動をしている看護師の菊地紘子さん（しばらく、「もう一人のヒロコ」とみんなにからかわれることになる。むろん広報の谷口博子さんの方がそう呼ばれることもあって、コーディネーション・オフィスには楽しい混乱が何度かあった）と待ち合わせて、彼女たちにとってあまり機会の多くない外食に出かけようということになった。谷口さんはまだ会ったことのない紘子さんに電話をし、約束を取りつけた。

それにしても待ち合わせまで数時間あった。

ならばオフィスにいる他のスタッフにインタビューしてから宿舎へ行こうということになったものの、相手の手があくまでに時間がかかった。

ぽっかりと平和な空白の中にたたずむ我々の目の前に、またまたポールが早足であらわれた。通り過ぎてから少し戻ってくる。

「あ、そういえば、君たち時差ボケはどう？　大丈夫？　もし時間があるなら、僕の部屋でも見る？」

この人は突き放した口調で優しい気遣いをする、いわゆるツンデレの典型だった。しかも常にどこか教育的というか、校長先生みたいな感じがあった。滞在中ずっと。

懐かしく思い出される人だ。

我々は人種を超えたスタッフがそれぞれの仕事をしているのに出くわしながら幾つかの部屋を突っ切り、ポールの部屋まで行った。屋敷の2階の角部屋だった。

大きな机の横にテニスラケットが立て掛けてあり、ソックスが椅子の背で乾かされていた。

「午前中、コートにいたものでね」

ポール校長はそう言った。

羽田を出る時から谷口さんにアドバイスされていた言葉のひとつに、〝スタッフたちのストレスマネージメントにも是非ご注目下さい〟というものがあった。何ヵ月も、時には1年を超えて現地に入り、病院と宿舎の往復で過ごすことの多い彼らにはそれぞれにレクリエーションが必要になる。

我らが校長にとっては、それが休日のテニスらしかった。

「さて」

ポールの口調が急に厳しくなった。教育が始まるのだな、とわかった。

「6年前の震災直後と違って、我々MSFは他の団体とは異なる働きをすべきだと思う」

「なるほど」

俺は生徒として素早くメモ帳を開いていた。

「ハイチの人々の中に根付いた活動がそれだ。彼らは今ひどく疲弊している。海外から多くの者が来たが、みなハイチ人の写真を撮り、あれこれ約束し、結果何もしないということの繰り返しだ。だから大きな鬱憤がたまっているんだ」

校長は変わらぬ速度で語りを続けた。

「しかし、この鬱憤は今だけのものじゃない。ハイチの歴史を知ればそれがわかる」

そこでいったん言葉が途切れた。

ポール校長は本格的に俺への授業を始めようとしていた。

まず最初に質問が来た。

「セイコー、君はハイチがどういう特異な歴史をたどった国であるか、知ってるかい？」

知らないなどと答えたら、校長は部屋を出ていってしまうかもしれないと思った。何ひとつ知らないで取材に来ている日本人だということになったら。

ここで訂正がある。

外務省の海外安全情報の見方を俺はまるでわかっていなかった（一度は見たのに忘れていた）。

　これを書いている今、感染症の具合を見ると、青い色で塗られていてまだしも安全だが、下の黄色い地図をクリックしてみるとわかる。そこが治安を示していた。不要不急の渡航を避けるどころの話ではない。首都ポルトープランスには行くな、といまだにはっきり書いてある。

ポール校長の授業

奴隷が作った世界で唯一の国家

「えっと、黒人による革命で、あの、支配者だったフランス人、とかを追い出して、それで共和国を作ったのがハイチで、つまり奴隷が作った、世界で唯一の、えっと国家です」

　俺はしどろもどろで、必死に答えた。

　しかし、俺の答えに対するポールの反応はきわめて冷たかった。

「いつ?」

「………」

「いつそうなった?」

我らのポール校長は曖昧な把握を許さないのだった。

俺は降参するように口を開いた。

「知りません」

第一に、緊張して英語がうまくしゃべれなかった。取材旅行の話を聞きつけた友人が、自分が開校する寸前の英語学校で1ヵ月の、それもインタビューに特化した訓練を施してくれたにもかかわらず(GCAI、ありがとう。そしてごめん)。

第二に、俺が口に出したのは付け焼き刃の知識だった。

俺は日本からの長い飛行時間の一部を、昔ハイチ地震のチャリティにかかわったあとに買ったままだったエッセイ集を読むのに使い(あとはひたすら寝ていた)、初めて出会うハイチ出身の作家エドウィージ・ダンティカの奥深い慈悲と苦痛に満ちた筆致にしびれながら、彼女の小説を2冊、なぜか自分がそれまで読みもしないのに偶然手放さないでいたことに驚いていた(今年に入って急激により多くの物質を捨てるという、人生の終わりを見越したブームの余波も受けずに)。

それはともかく俺は、エッセイ集『地震以前の私たち、地震以後の私たち』(作品社）にこうあったのを、ポール校長の前でいかにも以前からよく知っていたかのように語らなければと焦ったのだった。

　そして、冒頭のように失敗したわけである。

　では、ここでかわりに、エドウィージ・ダンティカの簡潔な名文（2011年）を呼び出しておこう。

「西半球で二番目の共和国が作られてから、二百年が経った。建国当時、最初の共和国、アメリカ合衆国からは何の祝賀の挨拶もなかった。新共和国ハイチは、十二年間にわたる血なまぐさい奴隷蜂起を通して独立を勝ち取っていた。世界の歴史のなかで、奴隷たちが主人を権力の座から引きずり下ろし、自らの国家を造ることに成功したのは、この一例だけだ」

　我らのポール校長もまた、この「独立」をめぐる年号を、出来の悪い生徒である俺を指さしながらゆっくり発音した。

「1804年だよ」

「……1804年」

俺はオウム返しに答えた。こういう時は素直が一番だ。

校長はそれからのち、部屋の壁に貼られた地図や、空を指さしながら、俺に長い授業をしてくれたのである。なんのメモもなしに。

今から200年以上前、宗主国フランスが革命のまっただ中である頃、遠く離れた中米ハイチでは、アフリカから数百年間連れて来られ続け、労働させられ続けていた黒人奴隷たちが大量に脱走し、蜂起した。

それがハイチ独立宣言からさかのぼること13年前。すなわち1791年のことであった。

自らは革命を目指していながら、フランスはハイチの黒人革命を認めようとしなかった（優れた幾つかの議論は国内であったものの）。そのフランスを囲むイギリス、スペインなどがすかさず反革命戦争を起こし、外地ではフランスの植民地を奪おうとする。

皮肉なことにフランスがとったのは、黒人奴隷に武器を与えてイギリス、スペインと戦わせるという策であった。そのため、1793年、奴隷解放宣言が出され、翌1794年には本国議会においても全植民地での奴隷制廃止が決議されることとなり、ハイチでは70万人の奴隷が一気に解放されるのだ。そして彼らはフランスに反旗を翻し、独立を勝ち取る。

この事実だけでも実に驚くべきことだ。世界の多くの人間が知らされていない。18世紀にすでに、黒人が自らの手で革命に成功していたなんて。

そして俺はここに小声で、もうひとつ重要な事実を書き記しておきたい。黒人奴隷解放直後の1795年、今のドイツでイマヌエル・カントが『永遠平和のために』を発表しているのである。のちの国連の礎となり、日本国憲法九条の奥にも流れていると言われる思想は、ハイチの奴隷解放宣言に影響を受けている可能性があるのだ。

少なくともカントが永遠平和の構想を練っている時、ヨーロッパはフランス革命のみならず、ハイチ革命に揺れていたのである。

ハイチを襲った苦難の歴史、そして大地震

さて、時間を超えたこの原稿上の脱線を知らないポール校長は、当時の俺の目の前を右に左に歩きながら、まだまだ君が驚くべきこと（「remarkable」という単語を彼は何度もゆっくりと強調して使った）があるんだ、と指を柔らかく立てて言った。

なぜならその後、フランスにはナポレオンが登場するからだよ、セイコー、わかるね。

「はい」

彼は1801年、遠征軍をハイチに送り、奴隷制復活を狙う。そしてハイチ側の指導者トゥサン・ルヴェルチュール（ちなみに、この英雄は憲法作りを主導し、なんと「人に隷属することは永久に廃止される」と、世界中の人権宣言の先駆けのような条項を公布する！）をだまし討ちにし、フランスにおびき寄せて監獄に入れて殺してしまう。まったくひどい仕打ちだ。

しかし、セイコー。

いや、ここには帰国後にそこそこの勉強をした俺の言葉も十二分に混じっているのだから、そろそろ正直に、読者諸君！　と呼びかけよう。

読者諸君！

ハイチで奴隷であった黒人、そして現地の白人との間に生まれた混血ムラートが1802年に団結をするのだ。ナポレオンの反革命がかえって彼らを奮起させてしまうのである。歴史の狡知、とヘーゲルなら言うかもしれない。

そしてハイチ革命軍は〝驚くべきことに〟連戦連勝、翌年には早くもフランス軍を完全敗北させ、さらに次の1804年、総司令官デサリーヌらが「フランス支配のもとで生きるより死を選ぶことを、未来の人々と世界に誓う」と血のたぎるような独立宣言を行う。

だが、ハイチは他国から独立を認めてもらえなかった。

そして世界最初の独立宣言をしたアメリカからの無視（彼らはハイチの影響によって完全な奴隷解放が行われるのを恐れたのだった）、旧宗主国フランスの「独立を認めるから多額の賠償金を払え」という法外な要求などにより、苦難の歴史をたどる。貧困が常に彼らを襲った。コーヒーや砂糖作りというかつての産業は、宗主国たちが奴隷貿易を介して作り上げたものだから。そして建国直後に負わされた賠償金を払うために、彼らはさらに借金をさせられたから。

その上、ハイチの政治も安定しない。21世紀になっても大統領選をめぐって反政府勢力が蜂起し、不正選挙だと言って世界銀行が援助を停止し、多国籍暫定軍（アメリカ中心の多国籍軍）が駐留し、国連派遣団が入り、あるいは2004年には森林伐採の影響もあってハリケーンで2000人の死者を出した。治安は悪化した。

権力はムラートに集中し、支配下に置かれた黒人の間にはしかし、誰の言うことも聞かない誇り高い伝統が存在し続けている。それがハイチだということになる。

そういうすべてを経た上で、読者諸君。

ここで語り手をポール一人に譲ろう。

「2010年に大地震が起きたんだよ」

このような視点で援助を考えるリーダーがいることに、俺は目が開かれる思いがし、すっかり感じ入ってしまった。

地震以後、「写真を撮り、あれこれ約束し、結果何もしない」者たちに対してハイチ人がいら立つ、その怒りの根本を理解しなければ、彼らを本当に救援することが出来ない。

ポールの言っていたことが、授業の後の俺にはよくわかった。

本来、ハイチは尊敬されるべきなのだった。

全世界から。

ＭＳＦに入りたくて看護師になったの

もといたソファに戻ると、ロジスティック（物資調達管理部門）・コーディネーターのモハマド・アリ・オマールと、サプライ（供給部門）・マネージャーのマタン・ムティマがいた。前者はスーダンから、後者はコンゴ民主共和国から来たスタッフだ。もちろんアフリカ人である。

彼らは屋敷の外の気持ちのいいテーブルへ我々を導き、地図を広げてどの地域の治安が不安定か、季節によって外出禁止地域の時間帯が変わること、最近の誘拐犯の手

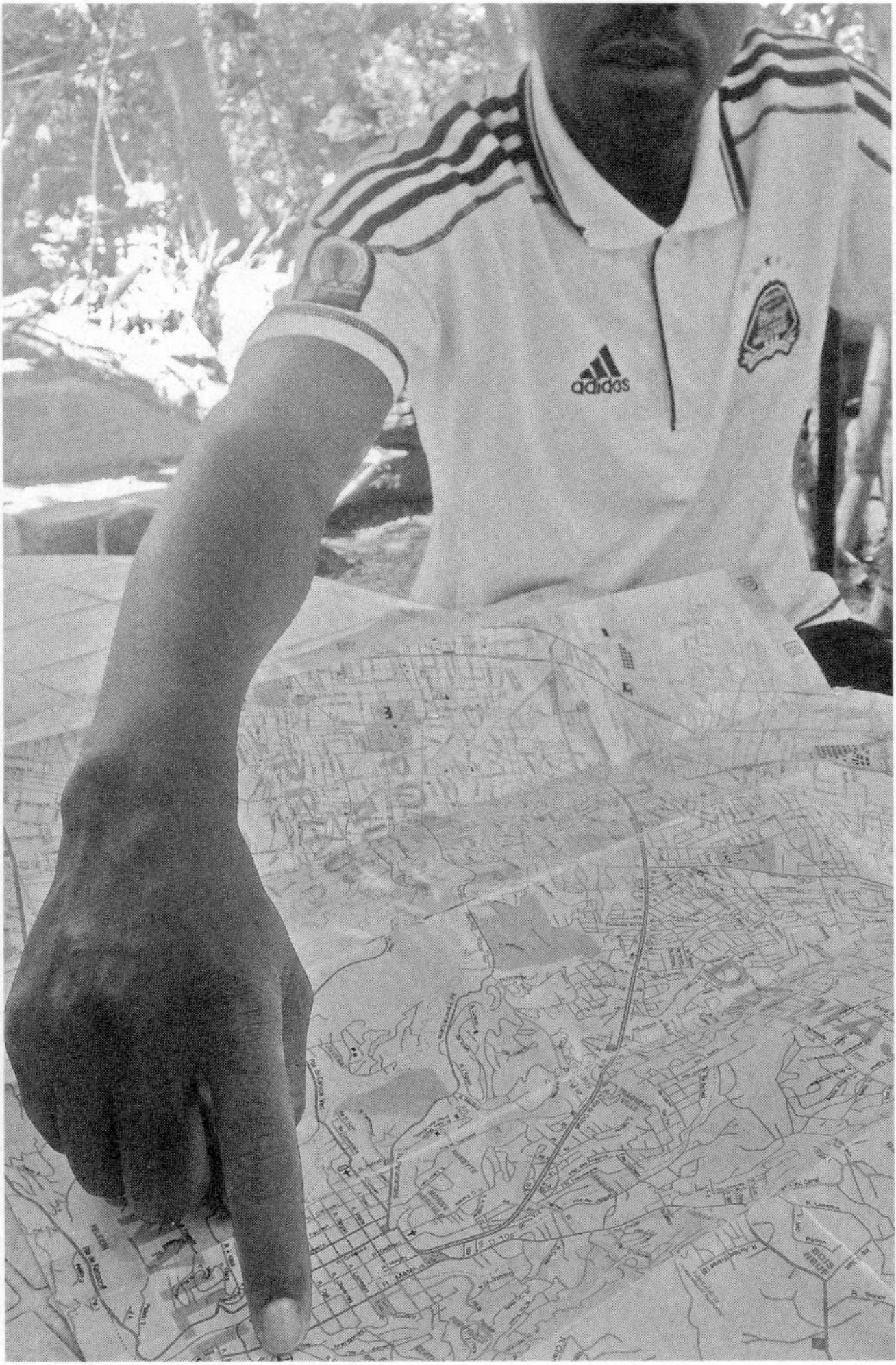

危険区域を説明するモハマド。ほとんどすべてのエリアがそうだった

口についてなどを説明してくれた。説明の一部には「どこなら歩いていいか」というものがあったが、笑ってしまうくらい狭いエリアだけでしかも時間に制限があった。

途中、ユーモラスな表情でモハマドが俺の背後を指さした。ガサガサ音がして、枯れ葉の中を大きなトカゲが通るのがわかった。そのトカゲにさえ気をつける必要があるのかと俺は思ったが、毒があるのかとか嚙むのかとか確認するのはためらわれた。我ながらナーバスになり過ぎているのではないかと思って。

次に邸内に戻り、フランスから来ているマリーン・バーセットという女性看護師にレクチャーを受けた。主に妊産婦のこと、未熟児のこと、性暴力被害のことなどについてだが、これらに関してはのちのち病院や救急センターを訪ねたレポートを書く予定なので重複を避ける。ともかく、医療コーディネーター（医療面での現地責任者で、活動責任者を補佐、連携する）を務めるマリーンはハイチの様々な状況を説明しては苦笑し、何度か頭を振った。

「ひどい話」

と言いながら。確かに残酷なデータが多かった。やせ型でめがねをかけ、ノースリーブから出した肩にそばかすが見えているマリーンは少し疲れているように感じられた。

そろそろ宿舎に移動しようということになった。彼女も同じ宿舎で生活しているので、ひとつの四駆に乗っていきましょうと言われた。

帰り支度を始めた彼女に、

「あなたは看護師ですよね？　何をきっかけにMSFに参加したんですか？」

と聞いてみた。

今回、会う人ごとに投げかけようと思っていた質問だった。

すると、マリーンは初めて柔和に、そして恥ずかしげに微笑み、フランス訛りの英語でこう答えた。

「逆よ。MSFに入りたくて看護師になったの」

理解に一瞬時間がかかり、そのあとジーンとシビれてしまった俺をしりめに、マリーンはバッグにすべてを詰め終え、立ち上がって薄暗い部屋から明るみへと出ていった。


マリーンとポールと谷口さんと4人で「帰った」宿舎は、コーディネーション・オフィスから車で15分くらい登った山の邸宅群の中にあった。

狭く急な坂道沿いの宿舎の鉄扉が開き、四駆が中の斜面をぐらぐら上がっていくと、山肌に庭があり、芝生が生え、たくさんの木が伸び、屋敷のあちこちからブーゲンビリアが赤く垂れて咲いているのが見えた。まるで優雅な別荘のようで、俺は自分の目が信じられなかった。

しかし2階建てのそこに多くの部屋があり、シャワー施設やトイレが複数存在し、キッチンが充実していること、あるいは鉄扉の入り口脇にガードマン（ただし丸腰。MSFの施設に入るにはあらゆる武器が放棄されねばならない）の小屋のスペースがあることなどを思えば、確かに次々交替していくスタッフの拠点として適していた。おそらく借り賃も手頃なのだろう。ポールの見積もりかもしれない。

そして何より、よく見てみれば、庭を囲む塀の上には厳重に鉄条網が巻かれていた。内部は「優雅」だが、少しでも外に出れば「緊張」が支配しているのだ。

部屋をもらい、入っていくとタイル床の真ん中に四角いベッドがあり、その上にピンク色の蚊帳が吊ってあった。窓際には簡素なテーブル。その上でカーテンが半分閉じられていたが、窓の上の左右に飛び出た木枠に棒が渡され、そこにカーテンの輪っかが幾つか通されているだけなので、気をつけて操作しないと落ちてきた。

蚊は大敵だった。特にその頃はデング熱に注意しなければならなかった。

俺は待ち合わせまで2時間あったのでスマホに話しかけて目覚まし時計のアプリをセットし、出発直前までピンクの蚊帳の中で仮眠することにした。

すぐに眠気は来た。しかしコール音で起こされたのは感覚的にわりとすぐで、まるで泥の海から立ち上がるようにして俺は覚醒せざるを得なかった。時差ボケがなぜこんなにひどいのかと、ベッドに腰をかけたまま、何度も腕時計とスマホを見比べた。胃がムカムカしていた。

宿舎到着の直後に、ポール校長が言っていたことを思い出した。

今はサマータイムなのだけれど、それを海外に宣言するのが遅れただか、しなかっただかで、非常にローカルな形でハイチ時間が進んでおり、つまり飛行場で教わって直した腕時計の時間と、ＷｉＦｉでつないでいるスマホの世界時計上の時間がちょうど1時間違っているのだった。

俺はぐらぐらする頭でそのまま起き、シャワーを浴びたように記憶する。

そして部屋のドアにふたつあった錠をロックしてみようと思いつき、テーブルの上にあったカギを下に入れ、上にも入れた。通常どちらかしかかからないカギが、なぜだろう下にかかったまま、上にもかかった。上の錠の奥の方におかしな感触があったから、あり得ないことを起こしたのは上だろうと思われた。

俺は自分の部屋から締め出された。

カギをいくら再び錠の中で回してもびくともしない。

そのままだとどう困るかを、薄暗い屋敷の中で考えた。まずメモ帳がない。数日となると着替えもなく、帰国時のパスポートも飛行機のウェブ予約を印刷した紙も中だった。次第に俺は、自分が窮していくだろうことがわかった。

広報の谷口さんはダイニングとホールをはさんで向こう側の部屋群で、たぶん仮眠を取っているはずだった。助けも呼べない。

がちゃがちゃやってはため息をついていると、隣の部屋からふわっとアフリカ人があらわれた。Tシャツにコットンパンツにサンダルという姿だったと思う。確か屋敷到着のあと一瞬だけ挨拶をした青年で、とても優しく握手をし、すぐに荷物を持とうとしてくれたり、眠くないかと話しかけたりしてくれた人だった。吃音があったが、しゃべるのをやめない明るさと勇敢さがあった。

名をオルモデと言った。

俺は彼の腰があまりに低いので、すっかり屋敷の管理人の一人だと思い込み、

「これ、なんとか直らないですかね？」

とちょっと苦情交じりの調子で言った。おかしなピッキングをしてしまったのは自分なのにだ。オルモデは俺の手からそっとカギを受け取り、何度も錠の中に入れて試し、そのうち同情に満ちた顔つきで、

「下の階に行って、マスターキーを探してきます」

と申し訳なさそうに言った。

「お願いしますよ！」

と俺はその背中に呼びかけたものだ。おそらく俺が出かけたあと、彼はありとあら

ゆる方法を実行したのではないか。

結局、オルモデはドアを開けることが出来ず、カギは差したままで置かれていた。そして、その夜の楽しい夕食を済ませての帰宅のあと、俺自身があの変な感触でもって錠を無理やりこじ開けてしまうのだが、そんなことよりその青年、オルモデ・ファニヤンがナイジェリア出身の優秀な疫学の医師で、MSFのミッションを終えてアメリカの研究室に移る時期だったことを、俺は数日後に知る。

他人の苦境にすぐさま反応して解決に尽力してしまう人間を、俺は〝ドアも開けられない管理人〟だと見くびっていたのだった。自分中心でない人を。

あの優しい青年を。


ああ、色々書くうち、日本人スタッフの菊地紘子さんと待ち合わせて出かけた、限られた安全な地域にあるレストランでの夕食時の話を紹介するスペースがなくなってしまった。

イースターならではの愛らしいサマーワンピースであらわれた若き看護師である彼女が小型犬を連れて来たように見えたけれど、その犬は隣の屋敷から勝手について来てしまった、まったく知らない動物であること、彼女がすでに中央アフリカで2年ほどのミッションを終えていること、「ハイチは道路が舗装されていますから恵まれています！」とレストランでうれしそうに言ったこと、彼女もまたマリーンのように「MSFで働きたくて看護師になった」こと、より厳しい状況に置かれたアフリカの国々で医療をしたいがために学生時代にフランス語を習ったこと、などなどを記事にするのは大変有意義だと思うのだが、他の取材でのさらに興味深い彼女のエピソードがてんこ盛りにある。

だから、俺はこのへんで部屋に戻ろうと思う。

カギが錠の穴に差し込まれたままの、時がまちまちに進んでいるあの四角い部屋に。

俺はそこの扉を自力で開けることをすでに知っているのだし、部屋の中には日本から持参した蚊取り線香も蚊よけスプレーもあるのだ。

初日から個性の強い人々に会い過ぎて、俺はそれなりに混乱しており、固いベッドの上で蚊帳にもぐり込んですぐにだらしなく眠り込むだろう。

イタリアンレストランで飲んだハイチの地ビール、プレステージも時差ボケの頭に効いているに違いない。

レストランの向かいの公園で若いハイチ人たちが音楽をかけて盛り上がっていた様子を俺は夢に見てもよかった。菊地紘子さんはいつでも中をのぞきたいのだけれど、そこは特に夜は接近禁止だと言っていた。普通に外食している場所が、すでにMSF

の四駆でなければ移動してはいけないエリアの中にあった。

　そういうちぐはぐな生活が俺にも始まっていた。

＊追記
　Yahoo！でこの連載を始めてすぐ（2016年4月27日夜）、シリア北部のアレッポでMSFが支援している病院が空爆された。

　最初の段階で少なくとも医師2人を含む14人が亡くなっている。

　すでにこうした攻撃は何度も行われており、ロシア軍によるものともシリア政府軍によるものとも言われる。また、アフガニスタン北部クンドゥズでは2015年10月、アメリカ軍による「誤爆」があったばかりだ。

「国境なき医師団」は患者がどちらの勢力であるかにかかわらず医療を施す。

　攻撃されることは、絶対に許されてはならない組織である。

「医師2人を含む14人」という一文がすでに俺には、日々の中で流れていってしまう海外ニュースではない。亡くなった医師、スタッフ、あるいは患者は、俺にとって顔も名前も仕草も知っているポールでありモハマドでありマタンでありマリーンであり
オルモデであり紘子さんであり谷口さんなのだ。

　善意を差し出して他人のためになろうとする者の命、人生、生活、子供の頃からの

個人史、息づかい、家族との関係、まなざし、口調、そしてこれからの日々を短い爆撃で消してしまう権利が誰にあるというのか。

圧倒的に弱い立場にある患者たちのそれらも。

俺はこの非道な行為をしつこく非難する。

そのためにもこの連載で、より登場人物の人間らしさを描くよう心がける。

死は数字ではない。

READY OR NOT, HERE I COME

本格取材、始まる

2016年3月26日……だったかどうか時差の関係でよくわからない。しかも早朝の、たぶん8時（国際的に認められていないサマータイムだけど）。

ともかく爽やかな朝であった。

キッチンで谷口さんが素早く果物をむいてくれていた。前夜、ダイニングのカゴにぎっしり入っていたものだ。俺はハイチ産コーヒーをエスプレッソマシンで淹れた。

ここだけ読んだらリゾートのようだ。

だが、四駆を呼んで名前を無線連絡して出発すると、あちこちの建物がいまだに壊れたままの道になった。ハイチ全体では数十万人が仮設の家でビニールを屋根にして暮らしているという話も聞いた。

まずOCAコーディネーション・オフィスへ行って、前日同行することになった菊地さんと、もう一人、ダーン・ヴァンブリュッセレンというベルギーから来た優秀な小児科医と待ち合わせた。ダーンは銀ぶちの眼鏡をかけた短髪の、これまた人当たりの非常に優しい人だった。人柄のいいトルシエ監督みたいな感じがあった。

菊地さんとダーンはフランス語で話し、谷口さんとダーンは英語で話し、俺と菊地さんは日本語で話すという言語のるつぼの中、黒人男性リシャー・アクシダットが現れた。

大きな体軀が筋肉でふくれあがっているように見えた。しかしその体をリシャーはことさら小さく縮めるようにし、我々とかすかな握手をするために腰を低めると、象のような目を細めて「ようこそいらっしゃいました」とフランス語訛りの英語で言った。

彼はＯＣＡとＯＣＢの広報を兼務していて、その日からあちこち回る施設との交渉、写真撮影の可否など一切を担当してくれることになっていた。現地ハイチのスタッフだということだった。

首都ポルトープランスの東部に位置するタバル地区という場所に、我々の四駆は向かった。そこにはコンテナをつないで造営されたナプ・ケンベセンターというＭＳＦの巨大な病院があるのだった。

なぜそこに菊地さんやダーンが行くかというと、ハイチに派遣されている彼ら自身、担当の施設以外を訪れるチャンスはまずなく、たまたまイースターに我々が訪問をしたからこそ、休暇の彼らが見学可能になったのだった。つまり他の病院の医療体制を見たいという２人の真面目さによって、四駆の中がより国際色豊かになったわけだ。

俺は運転手の横に席を取り、３つの言語が飛び交うのを背後に聞きながら町並みを見た。タプタプと呼ばれる安い乗車賃の乗り合いバスのような車に、人がぎっしり詰まっていた。アジアでもよく見るトラックのような車で、外側に様々な装飾がしてあった。

道路には時にがれきが集めて置かれ、黒いビニール袋やむき出しのゴミが山になっているこどもあった。それをさして不潔だと感じないのは、どうやら乾季だかららしいということが背後の会話でわかった。そろそろ来る雨季ではあちこちが冠水し、干上がっている小川に水が溜まる。すると、町全体にゴミが浮いている状態になるのだという。そしてコレラが大勢の人間を襲う。

けれど、話をいくら耳にはさんだところで、目の前にある陽光の弾けるポルトープランスにはエネルギッシュに人が動き、道端で様々な食べ物を売り、ゴミの山を犬や牛がつつき回り、子供たちが笑っている頭上には家の軒から赤と白のブーゲンビリアが垂れて咲き誇っている。

例の「リアルさのずれ」が俺を襲った。事態の深刻さが見えにくいのだった。

そうした町の様子を車からスマホで撮ろうかとも思ったが、俺にはジャーナリスト気質が欠けていた。撮られる側のことが気になった。というより、撮る立場の俺が支配的な気分になるのが嫌だった。

すると、リシャーがこういうところではカメラを向けないで欲しいと低い声で後ろから言った。彼らには彼らの権利がある、と現地スタッフとして言いたいのだろうと思ったが、法律的に言えば政府から俺に一般ジャーナリスト証が出ていないということらしい。つまりMSF以外での撮影には制限があるということになる。

「はい」

とだけ、俺は答えた。もともとそのつもりはなかったから。

すると、道の脇に奇妙な集団がいるのに気づいた。十数人の若者が、ひらひらした紙のようなものを体中に下げていて、下を向いて小刻みにリズムをとりながら移動しているのだった。

「ヤヤ」

とリシャーが言った。

ハイチのイースターでは、キリストの復活の様子を自分たちで繰り返すために歩くのだそうだった。その儀式の名前がヤヤだった。そこで反復されているのはゴルゴタの丘へ行く悲劇の主キリストだと説明された記憶がある。ともかく、打楽器が集団の内側で打たれていた。ギターも鳴っていたかもしれない。車内からは聞こえにくかった。

集団の中の1人の黒いTシャツの背に、フージーズがカバーしたヒット曲の元タイトル『READY OR NOT, HERE I COME』が白く印刷されていた。フージーズのメンバーであるワイクリフとプラーズにはハイチの血が流れており、大地震のあとにもさかんなチャリティを行っていたのを俺は思い出した。

けれど、その言葉「READY OR NOT, HERE I COME」は、元来のラブソングとは違う意味で頭の中に響いた。

なんにせよ私は来る。

それは神のことなのか、地震か。

四駆は彼らの歩行をゆっくり通り過ぎた。

じき曲がって入っていった住宅街の道端に一頭の子ヤギがつながれていて、静かに足元をはんでいた。

俺はもちろんその様子も撮らなかった。

コンテナで造った巨大病院

タバルの巨大な「コンテナ・ホスピタル」はOCB（オペレーションセンター・ブリュッセル）が運営していた。建設の時間を省くために、より急を要する施設をコンテナで造り、それをつなげてしまうという見事な発想であった。

裏側のいかめしい鉄扉から中へ入った我々を出迎えてくれたのは、白衣を着た初老のやせて背の高い麻酔医、ベルギー人のジャック・マッソーだった。太陽が頭を圧してくるような陽気の中、そこでもフランス語と英語が入り乱れた。

敷地は広大だった。見渡す限り白いコンテナで、それが整然と並んで結びつけられていた。

地震の2年後2012年に開院し、現在121のベッドがあるナプ・ケンベセンターでは、今でも毎月600件の手術があり、スタッフはなんと500人、うち外国人派遣は20人とのことだった。

ジャックさんはその病院内をすたすた歩き、次から次へと説明してくれたのだが、俺はそれをメモしながら一方で、彼が誰だったか欧米の映画に出てくる名脇役に似ているとも思っていて、気が散って英語を聞き取るのが大変だった。今でも思い出せない。

玄関まで行くと、そこがトリアージの場所で、つまり状態を判断して緊急かそれとも経過観察かなどを決める。すでに少女や青年が奥のコンテナでベッドに横たわっていた。

他に骨折を治療する部屋、生化学検査室、輸血を取り扱う部屋、レントゲン室、理学療法室、食堂などなどがあったが、あまりに設備が整っているので俺はジャックさんに聞いた。

「これ、幾つコンテナがあるんですか?」

すると即答だった。

「知りません」

まあそうだ。ジャックさんが知っているべきことは、どこに何があるかであって建

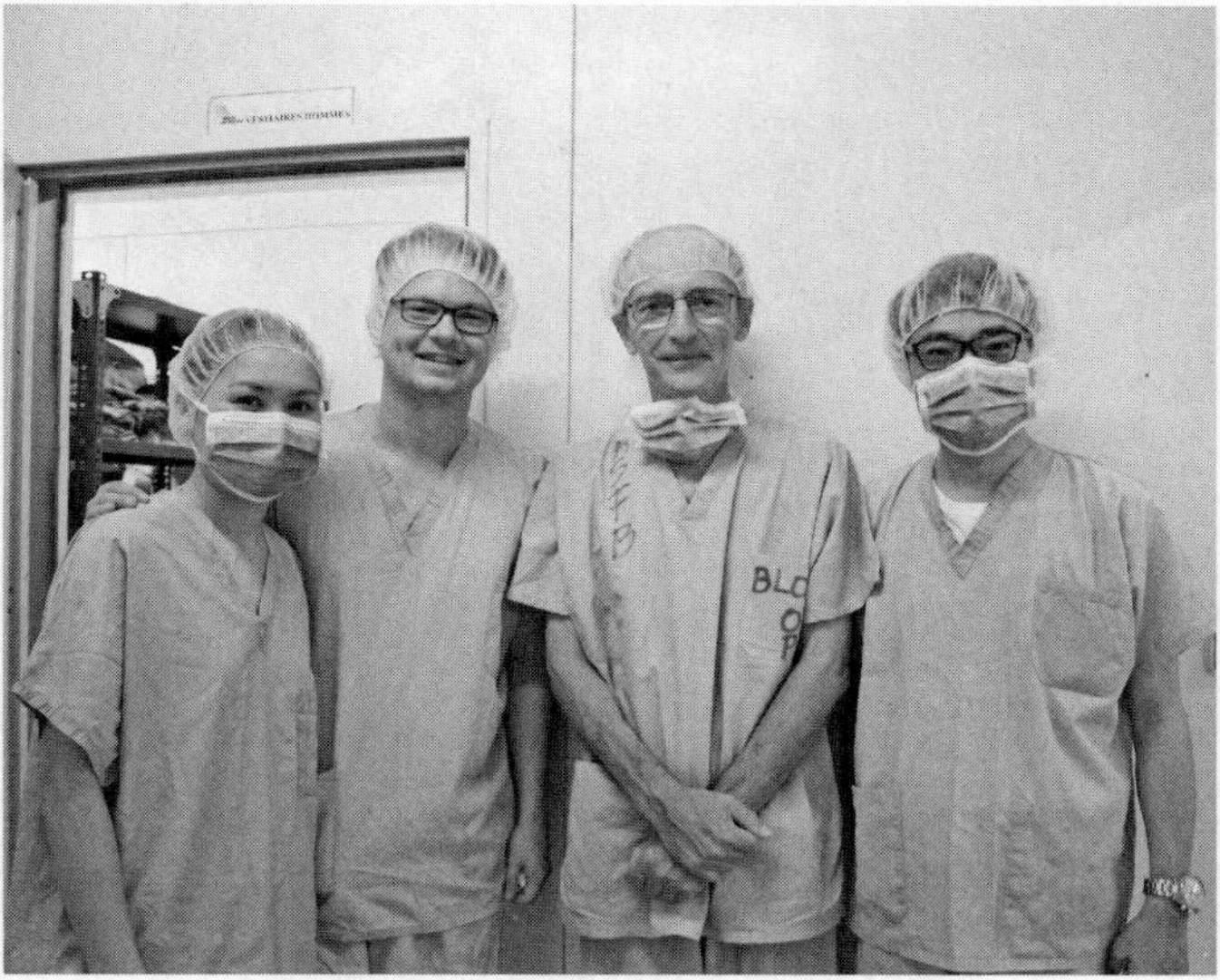

ナプ・ケンベセンターの緊急治療室前で谷口さんが撮った写真。
左から紘子さん、ダーン、ジャックさん、俺

築的なデータではない。

逆に俺は医療的なことがよくわからないので、だんだんメモが少なくなっていった。反比例して後ろのダーンと菊地さんの質問が多くなった。フランス語だから正確にはわからないが、患者にどう対応するのかの専門的な話に違いなかった。ジャックさんもそこは厳しい表情で彼らに答えた。お互い、現場でどう仕事をしているかの情報交換が続いた。

特に小児科の入院ベッドでは、ダーンと菊地さんの熱意も格段に違った。入り口から奥をそっと指さしてダーンが何か言った。翻訳してくれたのが菊地さんだった。

「ゆうべ私たちの産科救急センターから、双子の赤ちゃんの片方がこっちへ送られたんです。ヘルニアで」

ダーンはその子が元気そうだ、と言っているのだった。

そもそもハイチでは地震以前から社会的インフラが整わず、交通事故や燃料事故(やけど)による外傷治療のニーズが大きい。小児科に関しても病床が不足しているから、幼児の受け皿をあれやこれやと工面せねばならないらしいのだ。

医者のありがたみというか、これが本来なんだよなあと俺は思った。ジャックさんもダーンも菊地さんも、それぞれの国の中で十二分な暮らしが出来るだろうに、わざわざ他の国へ来て苦労しながら医療をしていた。

医は仁術とはよく言ったもので、この人たちこそ「国境なき仁術団」と呼ばれるべきではないかと、すでに俺が最後尾になっている列の中、彼らの後ろ姿に頭が下がった。

もうひとつ、ジャックさんの説明してくれたことで、報告しておきたい事例がある。

巨大なコンテナ群の横に、これまた巨大なタンクが並んでゴーゴー言っていた。それは一部は飲料に適した水、あるいは手術や器具を洗う水、洗濯用水であった。日本から行ったばかりの俺は、それがどれだけ大切かよくわかっていなかった。だが、ジャックさんがしきりと「これのおかげで医療が出来るのだ」と言うので目がさめたのである。

すべてはMSFロジスティック部門の仕事なのであった。「国境なき仁術団」には医師、看護師だけがいるのではない。我々を安全に送り迎えしてくれる輸送、そして薬剤などを管理する部門、そして建物を造ったり直したり、水を確保するべく工事をするロジスティックがいなければ、医療は施せないのだ。

つまり、MSFに参加したいと思えば、医療従事者でなくてもいい。というより、そうした人々と一体になって、団は形成されている。

その適切な例を今すぐにも書きたいのだけれど、リシャーが控えめな態度で両手を体の前に置いて日だまりの中からこちらを見ている。みんなで四駆へ乗って、今度は町のかなり荒くれた地区にあるマルティッサン救急・容態安定化センターを見学しなければならない。

もちろんそこにも「仁術団」は常駐しており、やっぱり頭の下がる日々を生きていた。

スラムの真ん中で

マルティッサンへ

マルティッサン救急・容態安定化センターは、まさに前日モハマドから聞いた治安の悪い地区の中にあった。危険度については日本外務省のページにもハイチの「3大スラム街」のひとつと明記されているし、「ギャング団同士の銃撃戦」が発生していると注意が喚起されている。

コンテナ・ホスピタルから移動する途中も、テントが密集する区画を通り、あらゆるものが売られているらしき凄まじい人ごみと、そこからもうもうと立ち上る白い煙と埃を見たのだが、リシャーによればそこは「かつて奴隷たちが売買されていた市場」だったのだそうで、もちろん身分はとっくに解放されたのであれ、今も貧しい人たちが大勢集まって自分たちの市場としてにぎわっている、いや騒然としているのだった。

我々は首都ポルトープランスの港側へ近づいていたのだと思う。そこが全域立ち入ってはいけない場所だと聞いていたし、四駆の中では「ポルトープランスとは王子様の港という意味で、18世紀初頭にこの地に現れたプランス号の船長がそう名づけた」という由来をリシャーが話していた記憶があるから。

30分ほどで車は白い壁の前に着いた。壁には赤いペンキで「国境なき医師団」と書かれ、さらに大きな「小銃の絵とバツ印」が描かれていた。MSFは武器を持っていない、と主張するためだろうかと不思議に思いながら四駆を降りて、開いた鉄扉の中に素早く入ったが、あとから谷口さんに「病院内に入るなら武器を携帯してはならない」というサインだと聞いた。

どのような勢力であれ、「国境なき医師団」は医療を拒まない。だからこそ、どのような勢力であれ武器は放棄せねばならない。そのことは以前にも書いた。院内での対立は絶対にあってはならないからだ。患者や医師たちが紛争に巻き込まれることになってしまう。

ただ、その救急・容態安定化センターの場合は少し事情が違った。武器を持つ者のほとんどは政治勢力でなく、ギャングだからである。ただし、その時点で俺は何も考えておらず、周囲に急がされるまま、かなりのんきな感じで鉄条網に守られた壁の中に入ったのである。事実、メモには「にぎやかなところだ」と実に無自覚な言葉が書いてある。

我々をここで迎えたのはデルフィネ・アグヤナというフランス人女性だった。落ち着いた雰囲気の彼女が、そのかなり緊迫した病院をOCBの管轄下で運営しているプロジェクト・コーディネーターとのことだった。あとから聞いた話だが、マフィアの抗争が絶えない地域で無料医療を行っているとなれば、修羅場は常にある。それを日々切り抜けているスタッフにはしかし、まるでそれを予感させない柔らかさが備わっていた。

その救急・容態安定化センターで、彼らは一年に6万人の患者を診ているそうだった。もちろん無料で。コンテナ・ホスピタルからすれば面積はさほど広くないから、

20人だというスタッフはさらにてんてこまいに違いなかった（うち、外国人派遣スタッフは6人）。

施設はコンクリ、机や椅子は木で出来ていた。なんだか子供の頃に見た小さな医院のようだった。内部を見せてもらいながら、俺はデルフィネさんから「現在、ハイチ保健省と合同で運営する72床の病院を作ろうとしている」と聞いた。国の予算も合わせられれば、もっと有効な医療が出来るだろうとのことだった。

「僕らも子供のために、それが早く出来てくれればと思う」

後ろでダーンがそうデルフィネさんに言った。

「自分たちの施設だけで未熟児を診ているのにはもう限界があるからね」

先に書いた乳幼児の病床不足を、ダーンは再び強調した。菊地紘子さんもシリアスな表情でデルフィネさんを見上げ、何度もうなずいていた。最初の日にポール校長から聞いた「震災直後と違って、我々MSFは他の団体とは異なる働きをすべきだと思う」という考えのひとつがそうした合同作業への呼びかけにつながるのかもしれなかった。国が被災者や、その後生まれた患者の面倒を看るよう、MSFがバックアップするのだ。そして、やがて彼らは撤退し、ハイチ政府自身が国民の医療をすべて担う。MSFの究極の願いがそうであることを、俺はのちの取材でも耳にした。

話題にあがった小児科の診察室にも我々は入った。週末なのでちょうど人がはけた

ところだと言って、ハイチ人医師フェネルス・ジャン・マルクが木の椅子に座ったま
ま、にこやかに我々を出迎えた。狭い一室だった。途端にダーン、菊地さん、デルフ
ィネさんたちがフランス語で何かしゃべり出した。小児のケアのことだろうと思われ
た。あらゆる機会に彼らはディスカッションするのだった。

他に放射線室を見て、ハイチ人スタッフで整形外科医のエマニュエル・ディアフー
ル医師とカゾ・ジョリエット技師に挨拶をし、続いて外傷を診る部屋でデルフィネさ
んから「一日に銃傷患者は3人」というとんでもない数字を聞いてようやく俺は場所
の危険性を認識し始め（一体どれだけの抗争が周囲で起こっているというのだろ
う）、実際タンカに乗せて運び込まれてきたパンツ一枚のハイチ人青年の体をしげし
げ見ることにもなった（どこを撃たれたのだろうか、とつい……）。

紘子さんがその時にデルフィネさんから聞いてくれた話によると、「銃傷患者を診
たスタッフがリストアップされ、あとで心理ケアを受けることもかつてはあった」そ
うだ。俺ではとても気づかない質問を紘子さんはしていたのだろう。つまり、ショッ
クは患者だけでなく、医療側にもあるのでは？　と。

「私のいる産科救急センターでは思いもよらない危険がここにはあります」

紘子さんはそう言い、周りのスタッフに尊敬のまなざしをむけたものだ。

実際、回復室という、手術後の患者が休む部屋の中でデルフィネさんからこんな笑

い話も聞いた。つい数日前のことだが、警察が外傷のある患者を運び込んできたそうで、それがギャングだったので治療後すぐに逃げ出して捕物になり、登った屋根が抜け落ちて再度逮捕されたのだという。

デルフィネさんは「早く屋根を直さなきゃ」と言ってシニカルな笑顔になったが、聞いているこっちは応急処置の天井を見やりながら、医療だけでない問題に日々対応しているスタッフの気苦労を思うばかりだった。

小児の経過観察のための、9床の部屋にも我々は入った。現地スタッフの女性看護師が2人いて、確かベッドには3組の母子がいたと思う。看護師が集まっている机の上に、大きなカルテ帳のような本があり、彼女らはそれをめくって中を見せてくれた。むろん俺が読めるはずもなく、紘子さんにかいつまんでもらった。

「貧血、肺炎、栄養失調、髄膜炎などが多いですね」

部屋は静かだった。生後5ヵ月だというアリーシャという女の子が、母親の膝の上で点滴を受けていた。

コレラ病棟のテント

いったん病院のメインの施設を出ると、「PANSMAN」（ハイチのクレオール語で

「包帯」）と看板のある別棟があり、まさに包帯をあちこちに巻いた患者たちが木の椅子に座って並んでいた。棟の中にはふたつのベッドがあって、そこで一日平均50人の患者が包帯を替えたり、抜糸をしたりするのだそうだった。

患者たちは一様に寡黙だった。これは他の施設でも同じで、外国人の俺たちを警戒しているのか、決して街の中のようにはしゃべらないのだ。MSFで診察してもらっていること自体に、何か遠慮のような気遣いがあるのかもしれなかった。

また、灰色の大きなテントにも我々は入った。まず入り口に座った係の女性がポンプにつながったノズルを持って、我々一人ずつの靴の裏に白濁した消毒液をかけた。出入りには各1回ずつ、そうやって消毒が必要だった。

中には土の上にずらりと簡易ベッドが並べられていた。それがコレラ病棟だった。乾季の終わりにはまだ数人の患者しかいないとのことで、しかも病棟に彼らはいなかったが、雨季になって12月のピークを迎えるとそこに30〜40人が常にひしめくとのことだった。

ベッドのお尻が当たるところに穴が開いていた。そこから直接下痢の便を出してもらうのだそうで、幾つかのベッドの穴の下にはバケツが設置されていた。「コレラは尋常でない下痢になりますので」と谷口さんが教えてくれた。

さらに教わったところによると、大地震から5年ほどの間に70万人以上の人を苦し

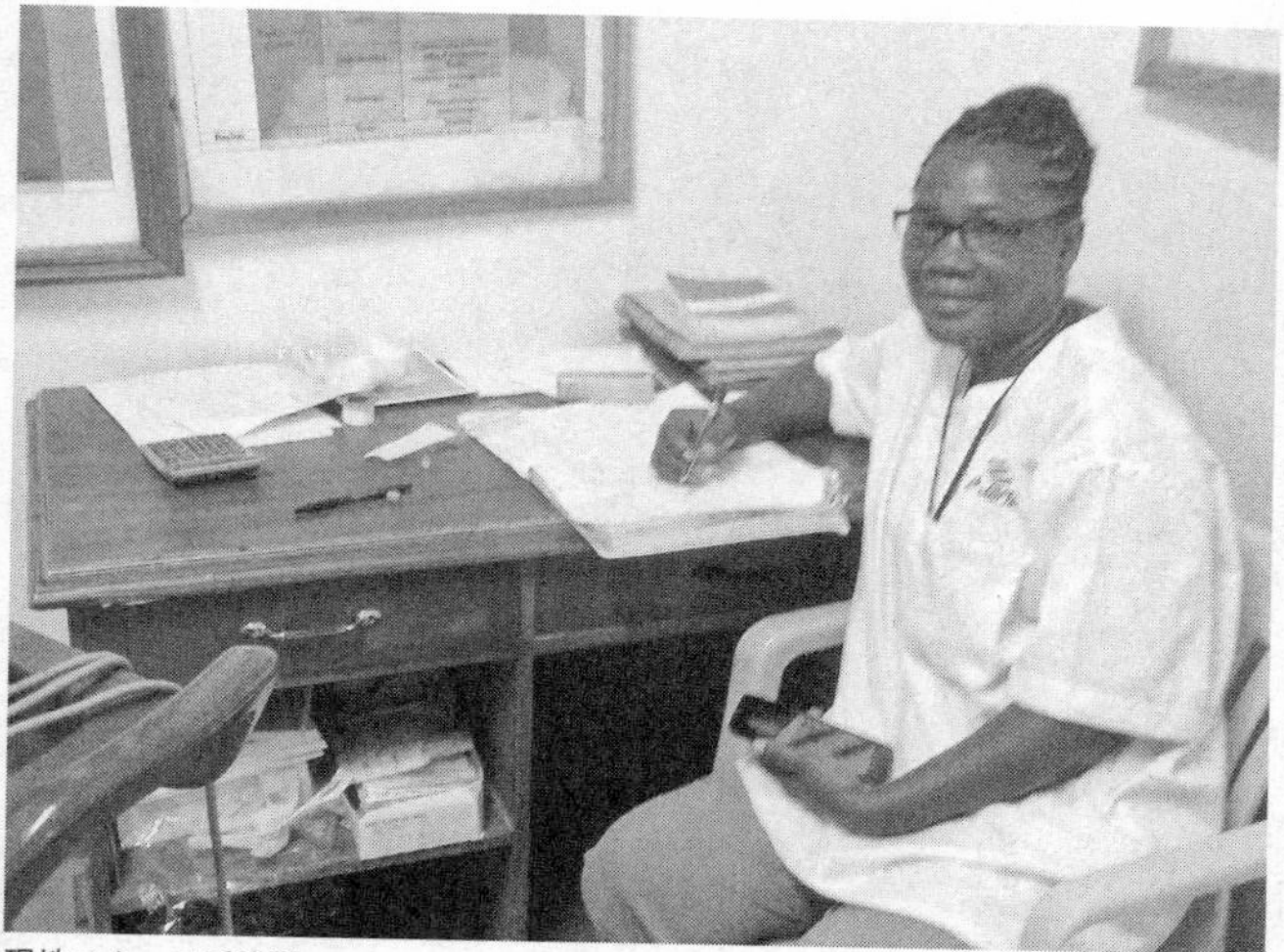

現地スタッフ看護師

コレラ病棟のベッド。お尻の位置に穴が開いている

めたコレラは（死者はおよそ９０００人）、もともとハイチに存在した病気ではなかった。２０１０年の大地震の後、救助に来た外国人からもたらされて感染が拡大してしまったのだ。皮肉といえば、これほど皮肉なこともなかった（ＭＳＦがその感染源だったわけではないのに、彼らは入院した42万人の半数を治療した）。

また、もし妊婦がコレラに感染していた場合が難しく、隔離をしながら医師の判断で帝王切開か自然分娩かを決める。責任重大かつ繊細な観察と高い技術の必要な医療のひとつだろう。

まだ患者の少ないテントから、ピーク時の緊張を想像するのはなかなか困難だった。けれども、ベッドが埋まり、さらに患者が駆け込み、誰もが際限なく下痢をするとすれば、スタッフは昼夜を徹して救護を行い、しかし施設の外の街にゴミが浮き、汚水が流れている現実の前に力を落とすに違いない。構造から国自体を変えなければ、患者は減らないのだから。

そして治安の関係で、夕方には病院を出て宿舎に帰らざるを得ないのだ。

我々は最後に屋根だけがある広い受付で、たくさんの木製ベンチに座っているハイチ市民が風に吹かれながら辛抱強く順番を待つのを見た。どうやら輸血の呼びかけらしい絵が壁にかけてあって、その素朴さに心ひかれながら考えてみれば、ハイチの識

クレオール語がわからないが、たぶん輸血の呼びかけ

女子トイレ。洗濯するべからず

男子トイレ

字率は低いのだった。それで病院からの訴えが絵になる。

確かに野外のトイレにも、とても味のある訴求力の高い絵があったのを俺は思い出した。

それを写真に撮りに行き、帰ってくると出かける時間になっていた。我々はダーンや紘子さんと別れ、宿舎に帰って昼食をとることになった。どうやらデルフィネさんも別の四駆に乗って自分の宿舎に戻るのがわかった。

つまり彼女はわざわざ休みの日に、俺の取材のため出てきてくれていたのだ。


夕方から、私たちの宿舎にいらっしゃいませんか？

マルティッサンでの別れ際に紘子さんがそう言った。

街の中のチカイヌという地域にある宿舎で、週末の屋上パーティがあるというのだった。

いかにも気楽なように見えるが、催すのも派遣スタッフ、出席するのも派遣スタッフ。つまりそれが彼らのストレスマネージメントのひとつなのだ、とわかった。

一体どんな宴を、彼らは開くのか。

興味を持って出かけることにして本当によかった、と今つくづく思う。

俺はそこで各国からのＭＳＦスタッフに一気に会い、話をし、何が彼らを突き動かしているのかを知ることになるのだから。

パーティは史上最高

偉大な革命国家のアナーキーな貧困

治安のよろしくない地域を抜け、紘子さんとダーンと谷口さんとリシャーと俺の5人を乗せた四駆はポルトープランスの中心街をゆっくり走った。

正午前のそこには多くの官庁が集中し、公園があり、あるいは確か少し手前に市内最大の墓地があって、白い壁が続く先に「2010」と刻まれた白い門が立っていたりした。天秤も描かれていたように記憶する。天災を受けてなお裁きを求めるとは、ある意味いい加減な仏教的心性を持つ身からはいかにも厳しく感じられた。

「おはか」

と言っているのは谷口さんだった。

「ウ・ア・カ」

とリシャーが反復した。

「お・は・か」

「オ・ハ・カ」

リシャーは日本語を覚えて満足そうだったが、初めての日本語が「お墓」でよかったのだろうか。

やがて車は独立の志士を称える像の横を通り、美術館の脇を過ぎた。その美術館のあるシャンドマルス公園では昨年、ＭＳＦの写真展も開かれたそうだった。

アイスクリームの屋台があちこちに並んでいて、明るい日差しを浴びていた。紘子さんはいつもそれを食べたくて仕方がなくなると言ったが、コーディネーション・オフィスは屋台の食べ物を衛生的に禁じていた。見るだけなら街並み同様、まことにのんびりしていた。

官庁街は美しかったが、中がうまく機能しているとは言えなかった。例えば、１９５７年に政権をとったデュヴァリエ大統領が二代にわたって独裁を続け、逆らう者を殺め、国外追放をし、好き放題にふるまったあげくフランスへ逃亡したのだった。そのあと左派の司祭アリスティドが大統領となったが、すぐにクーデターが起こり、アメリカが介入。再びアリスティドが選挙で選ばれるも３年後の建国２００周年（２０

04年）に反政府武装勢力が蜂起。さらに暫定を含む3代の大統領の政治とハリケーンと大地震を経て、その日があった。

政変の連続の中で軍を持たなくなったハイチは警察国家であり、それ以外は国連が仕切っていた。公園に人が集まれば、クーデターになる可能性が今も当然あった。だからこそ日本の外務省が渡航を控えるよう呼びかけているに違いなかった。ギャングの撃ち合いだけが理由ではないはずだ。しかし、黒人奴隷が広場に集まって蜂起した歴史を持つ以上、ハイチ国民にとって権力の言うことを聞かないのは伝統なのに違いなかった。それがアナーキーな貧困を産み出し続けているにせよ。

問わず語りのように、紘子さんは四駆の中で〝以前、西アフリカのベナンに2年いた〟ことを話し出した。MSFに参加する前に、青年海外協力隊としてかの地で働いていたのだという。

「そこでもさっきの、銅像を見たんですよ。当時は歴史があんまりよくわかっていなかったんですけど。だからハイチにミッションで派遣されて、あの人だ！　って思いました。縁があるっていうか」

銅像がかたどっていたのは前にも書いたトゥサン・ルヴェルチュール、ハイチを独立に導いた人物の姿だった。ではなぜベナンにもそれが建っているのかといえば、かつてそこに存在したダホメ王国がトゥサンの父ゴギーヌの出身地だったからだ、と今はインターネットで調べたから俺にもよくわかる。

〝奴隷海岸〟とヨーロッパ人が名付けた地域から、ゴギーヌはハイチに運ばれた。ダホメ王国では首長だったというから、もともと周囲の者への説得力も違っただろう。そして息子トゥサンが生まれ、黒人初の共和国を打ち立てるに至る。

つまりベナンはそれを誇っているわけだ。

偉大なる革命を起こしたのは、我らの大地から奪われて行った一滴の血なのだ、と。

そして書き手の俺と読み手の貴方は今、その血が造り出した国家の、長い苦難の一端を目の前にしていることになる。

車がチカイヌで紘子さんとダーンを降ろすと、そこで2台の四駆にそれぞれ乗り換えてリシャーはコーディネーション・オフィスへ、谷口さんと俺は山の宿舎（今さらだが、モン・ラカイという場所にあった。ラカイ山ということだろう）へ向かった。各々昼食をとるためだった。

前々日のポールの話からすると、俺たちが冷蔵庫から取り出した幾つかのグラタンや野菜の煮込みやサラダは、特別にまかないの女性たちが作ってくれたものかもしれなかった。自分の食べる分だけ取ってレンジで温め、コーヒーをエスプレッソマシンで作って飲んだ。

招かれたパーティまでには数時間あり、俺は部屋の四角いベッドで仮眠をとった。浅い夢のようなものの中で、俺は他人のためになろうとする人たちのことを考えていた。そういう人がなぜか〝偽善者〟などと呼ばれるのは、一体どういうことなのかと。

自分もたまたま、解放される前のアウン・サン・スー・チーさんを支援する運動に参加していたことがあった。その時、俺としては実につまらない中傷に出会った。例えば、「他にも問題を抱えた国があるのをどうするんだ?」と真面目に言ってくるのだった。俺は神様か何かと間違われていた。俺を万能の何かのように勘違いする人々は同時に、「ミャンマー軍事政権に抗議するなら、まず中国にするべきだ」とも言った。なぜ俺がやることの順番を他人に決められねばならないのかわからなかった。出来ることからしか俺は始められないのだ。

そうした「善への反発」はなぜ、いかにして生まれて来るのか。

と、勝手に紘子さんたちを自分の側に引き入れて、眠ってしまう直前の俺は考えた。

少なくとも、こうして日本の外に一歩でも出れば、彼らの言うことにはなんのリアリティもない。

困った人と助ける人が互い違いになって共に毎日生きているだけだ。

いや、困った人を放っておけない紘子さんのような人がいるように、善を志向する人間を「放っておけずに」文句を言いたい人がいるだけかもしれない、とも俺ならぬ俺、色々人格の混じり出した夢うつつの俺は思った。

もしも「放っておけなさ」において両者が似ているとすれば、少なくとも俺はやっぱり人の役に……。

個性豊かなスタッフたちの休息

ぐっすり寝て起きて、宿舎に四駆を呼んだのは夕方5時過ぎだった。

ドライバーに「チカイヌ」と行き先を言おうとしたが、谷口さんも俺もど忘れをしていた。確か日本語に似ていたという記憶から、「コマルネ」とか「サワグネ」などと言ってみたが、ドライバーは不審そうな顔をした。要するに困った自分たちの状況、これからパーティで騒がしいかもしれないという期待をそれぞれが日本語4文字にしているだけだった。

キクチヒロコさんのいるところですと英語で頑張ると、ドライバーの方からようやくチカイヌという言葉が出た。俺たちはほっと胸をなでおろして、山を下り始めた。

着いたのは街の中のでこぼこした狭い道沿いの鉄扉の前だった。入ると四駆が2台くらい止まる空間があって、そこにロジスティックの小屋があった。白板がかかっていて、訪問者として俺の名前が書かれていた。

迎えに来てくれた紘子さんはシャンブレー的なワンピースをふんわりと着ていた。連れて行かれるままに階段を上がりながら、見せてくれた部屋はタイル敷きで、小さな四角いスペースになっており、アジアのリゾートでバックパッカーが泊まる場所に似ていた。実に簡素なもので、中に置かれている荷物もそれぞれ少なかった。それが3階だったか4階だったか、階段に沿って幾つもあった。

屋上に出ると、周囲が見渡せた。高い建物がひとつもないからだった。民家の屋根が続く先に低い山並みが見えた。

その屋上の、一段高くなったスペースに長い木のテーブルが置かれていて、そのまわりに7、8人の外国人スタッフたちが立っていた。すでに皿などが配置され、専用のオーブングリルまであって、そこで串に刺した牛肉らしきものやホイルに包んだ何かが焼かれていた。彼らはその屋上でだけ安全を確保されていた。

俺たちがそこへ近づいていくと、各自が実に自然に手を上げたり、にっこり微笑んだりした。すぐに話しかけてきてくれたのは、スウェーデンから来たというアナ・ブライドマンという小柄な女性で、確か30代前半だと言っていたように思う。金色の髪を風になびかせて、彼女は人懐っこく自分のブログの話をし、また俺の話を聞いた。彼女自身、それが初めてのMSFのミッションだと語ったはずだ。

少しずつどこか曖昧なのは、俺が帰路に就くまで一切メモを取らなかったからだ。俺は取材者として彼らに接する気がなくなっていた。なぜなら彼らが俺を外部者でなく、あたかもMSFの新しいスタッフのように受け入れたから。そしてまた、俺としてもせっかくの彼らのパーティに水をさしたくなかったから。

さらに言えば、俺は彼らのキャラクターを忘れない自信があった。ひとめでそう思うくらい、実際に彼らは独特な人間味にあふれていた。

だから俺はグラスを片手に、下手な英語をやたらにしゃべった。谷口さんもすぐに通訳として俺に付いている必要がないと判断したらしく、あちらこちらで会話をし始める。面白いのは、他ではフランス語をしゃべるメンバーが紘子さんには片言の英語で話しかけることで、なんとそれはフランス語に堪能な紘子さんが英語も習得したいと願っているからこその、スタッフたちの気遣いなのだった。

ここでは、すべてが何かのためなのだと俺は思った。

グリルを支配しているのは、俺より年上の体の大きなオランダ人でフェルナンド・シッパーズと言い、みんなにフェリーと呼ばれていた。とても滑らかな英語を聞き取りやすく発音してくれる人で、銀髪のスティーブン・セガールみたいな男だった。ちょっと危険な冗談を言っては、フェリーは片目をつぶってみせた。彼はロジスティックのベテランっぽく、いかにも宿舎のリーダーという感じだった（実際の役職はプロジェクト・コーディネーターで、産科救急センターの責任者だ）。

「頭の上に気をつけていた方がいいよ、セイコー。ハイチでは何かあると、それがいいことでも悪いことでも天に銃を向けてバーン！　だ。で、その銃弾はどこに落ちると思う？」

にやり。

みたいな。


ダーンももちろんそこにいた。

コンテナ・ホスピタルやマルティッサンではよく質問していたダーンは、パーティだとおとなしかった。けれど寡黙というのではない。誰かに常に話しかけられ、よく耳を傾け、何か的確な答えを言って食事に戻る。そういう人だ。

他にものちに、「空飛ぶ」電気技師（flying electrician）と呼ばれる種類の人だとわかる（世界各地を常に飛行機で移動し続ける電気系統の技師）、ドイツ出身でほとんど何もしゃべらずにいつでもみんなをにこにこ見ているインゴ・クルツワイル。

アナと同じく初のミッションだという、少し神経質でみんなにたくさんの質問をしている女性、ウルリケ・バックホルツ。

ジャーナリストを思わせる風貌の、おしゃれな眼鏡をかけたイタリア人のルカ・ザリアーニ。

などなどがいて、それぞれに深く話を聞きたかったのだけれど、夜が来て暗くなっていく屋上で照明もない中（あるのはロウソクだけだが風が強く、何本かはすぐに消えてしまった）、結局俺は一人のドイツ人と暗がりの中でしゃべり続けることとなった。

そろそろ誰かの役に立つ頃だと思った

名前をカール・ブロイアーと言った。年齢は64だったと思う。

痩せていて身軽で背が高く、控えめでにこやかな人だった。

フェリーと共によくグリルの火の具合を見ていて、気づかぬうちに立って確認していつの間にか戻っているという感じで、自分を前に押し出すタイプではないようだった。

ハイチの現状について、カールは英語でゆっくりと伝え間違いのないように気をつけている風に語った。ハイチに足りないものは多かった。施設の不足による医療の届かなさ、政府のインフラ対策の少なさ、人々の衛生への意識など。しかしカールはそれを責めるのではなかった。もしもっとあれば、その分だけ人の命が助かるのにと静かに悔しく思っているのだった。

まるで若者が理想に燃えるかのように、還暦を過ぎたカールは希望を語り、しかし終始にこやかに遠くを見やっていた。その暗がりでの表情の柔らかさを、俺は今でも思い出すことが出来る。頬に刻まれたシワとよく光る細い目をゆらめくロウソクが照らしていたが、それが消えてもなお俺にはカールが見えた。どうしてかは今ではもうわからない。

俺はカールがこれまでどんなミッションを経てきたのか聞きたかった。

もしよければ教えていただけませんか？

すると微笑と共に答えが来た。

「初めてなんですよ」

俺は驚いて黙った。

「これが生まれて初めてなんです」

カールはまるで自分に孫が出来たかのような初々しい喜びをあらわしてさらに言った。

「私はエンジニアとして、ドイツの中でたくさんの仕事をして来ました。あっちの会社、こっちの会社とね」

「あ、お医者さんでなく？」

「そう。技術屋です。それで60歳を超える頃から、ずっとMSFに参加したかった。そろそろ誰かの役に立つ頃だと思ったんですよ。そして時が満ちた。私はここにいる」

　たったそれだけのことを聞く間に、俺の心は震え出してしまっており、とどめようがなかった。暗がりなのをいいことに、俺はあろうことかカールに顔を向けたまま涙を流してしまっているのだった。

　気づかれないように、俺は声を整えた。まさか泣いているなんて知ったら、カールが驚いて悪いことをしたと感じてしまうに違いなかったから。それは俺の本意じゃない。

「ご家族は、反対、しませんでしたか？」

「私の家族？」

　いたずらっぽくカールは片言の英語で言った。反対を押し切ったのだろうと俺は思ったが、答えは違った。

「彼らは応援してくれています。妻とは、毎晩スカイプで話しますしね。いつでもとってもいいアドバイスをくれるんです。子供たちもそうです。私を誇りにしてくれている」

カールはどうしても俺を感動させたいらしかった。いやいや、もちろん彼にはまったくそのつもりはなく、だからこそ俺の心の震えは収まらないのだった。

そして追い打ちが来た。

「それにね、セイコー。私はここにいる人たちと知り合えました。64歳になって、こんな素敵な家族がいっぺんに出来たんです」

俺はうなずくのが精いっぱいで、何かを考えるふりをしてカールから屋上の隅へと目をそらした。頬まで流れてきてしまったやつを、俺は手で顔をいじるふりで何度もふいた。

カールが生きているのは、なんて素晴らしい人生なんだろう。

俺は彼の新しい家族を改めて見渡してみた。すっかり暗いというのに、連中はまだ熱心に医療についてしゃべっていた。

これは俺が経験した中で最高のパーティだ、と思った。

これ以上のやつは以後も絶対ないに決まってる。

ふと気づくと、片づけの始まったグリルから知らぬ間にカールが鶏肉のスティックを持ってきてくれていて、それが目の前の皿に置かれてあった。

腹は満ちていたが、俺はスティックをつまんで肉にかじりついた。

カールさんの親切をふいにするような、俺は不人情な人間じゃねえ。


夜9時半にチカイヌを出た四駆は、モン・ラカイへ向かってがたがた走った。

そして山の斜面で急に止まった。

坂道の暗闇に、車のライトで照らされた40〜50人のハイチ人がいて、二拍子ずつ左右にそっと揺れていた。

思わず窓を少しだけ開けると、プリミティブな音楽が聞こえた。集団の内部で演奏が行われているようだった。

彼らは夜の行進をしているのだった。

それもヤヤと呼ぶのだろうか。

ともかくイースターのまさに前夜に、彼らがキリストを模していることは確かだった。

その静謐さと内に秘めて抑え込んだ声の熱狂で、俺にはそれがよくわかる気がした。

聖夜、が来ていた。

彼らは彼らで最高のパーティを始めていた。

昼餐、巨大倉庫、産科救急センター

昼の宴と夜の音楽

２０１６年３月27日、日曜日早朝。

山の宿舎のダイニングテーブルでは、いつもの半ズボン姿のポールが前日から仕込んでいたパン生地を全身の力をこめてこねていた。

レーズンを入れたシナモンロールになるという話は聞いていたが、大きな白い小麦粉の塊をポールはまるで柔術の演武のように腰を低くして集中しながら練り、ぺたりと音を立てて裏返しては休むと、首を何度もくるくるひねってふうっと息を吐いた。太ったブルース・リーのようにも見えた。やっぱり独特な人物だ。

卵やバターを使った菓子パンは、絵を描いたゆで卵同様、イースターの定番であり、つまりポールはモン・ラカイで行われる特別なブランチの用意をしているのだった。

参加者が全員集まったのは午後1時を過ぎていたと思う。それまでに三々五々姿を見せたMSFの派遣メンバーは、例えばモハマドが豆の粉で作る揚げ物、ダーンたちがチカイヌの宿舎でボウルいっぱいに作ってきた生地で薄いパンケーキ、紘子さんがボール紙を工夫して巻いた寿司などを次々にこしらえた。

フェリーもカールも来た。他に前日の「史上最高のパーティ」にいたメンバーも駆けつけていた。マタンもいた。コレラ緊急対策センターのスチュアートも、性暴力被害者専門クリニックのアンジーも、インドネシア人の夫と2人の幼い子供と共に1階に住んでいるマリーンも、みな玄関前のポーチにテーブルを並べ、持ち寄ったごちそうを楽しみに眺めた。

ポールのひと言で始まった聖なる昼餐は、とてもカジュアルで親しげなものだった。翌日から激しい任務が再開されるのだろう。ほんのつかの間、彼らはイースターを祝い、一緒に物を食べることで絆を強めた。

2人のヒロコさんはやがて、屋敷の外側に付いている大きなベランダのような場所へ移動した。MSFジャパンのために、紘子さんのインタビュー映像を撮る話がついているらしかった。

強い日差しの中、向こうの山並みがくっきりと見えた。緑は萌えていた。鳥の鳴き声が聞こえた。ベランダの椅子に座った紘子さんは急に緊張し始め、用意してきた答えを言おうとして何度もNGを出した。真面目な人だった。その紘子さんの様子を遠くからフェリーとカールがビールの小瓶を持って見守っていた。それから例のムク犬も、そのあとで別な犬も見に来た。

リラックスしてもらおうと途中でなにげない話を聞いているうち、彼女の勤める場所CRUOがフランス語で産科救急センターを示す言葉の略称だということがわかった。忙しい日々の中、今でも毎日、医療英単語のスピードラーニングをしているのもわかった。同じく南スーダンにいたことのある谷口さんが「アフリカのミッションはきつくありませんでしたか？」と問うと、きりっとした目になって「いえ、使命感に燃えたぎっていてまったく何も感じませんでした」と答えたのも印象的だった。

アフリカで「静かなる娘」と命名されていたというエピソードは、彼女を表現するのにぴったりだった。控えめにしていながら、少しでも質問してみると心の内側にマグマのような熱いものがあるのがわかるのだ。ちなみに、レキシというバンドの5枚目のアルバムの中に、俺が作詞・朗読した『旧石器ベイベfeat．足軽先生』という曲があるのだが、そこで俺は「静かなる一族の娘」という単語を使っている。それはいわば彼女へのちょっとしたオマージュだ。

その日は休息した。片づけを手伝ったり仮眠したり、マタンと話したりして夜になった。

午後7時過ぎにダイニングで昼のごちそうの残りを食べていると、2人の白人壮年女性が大きな荷物を持ってがやがやと入ってきた。翌日から現地の医療スタッフ向けに新生児ケアの研修を行うというオランダ人の2人組だった。どちらもがたいのいい、パワフルな女性で、プントとヘンリエッタと言った。

「空港からここに来る途中、街中に音楽が鳴っていて凄かったわよ。人が踊ってて」

特に強そうなヘンリエッタさんがポールに説明した。

「ああ、イースターだからね」

そう答えたポールだったが、彼自身はさして興味がなさそうだった。むしろ興奮したのは俺で、山の上にさえいなければブードゥー的な儀礼の様子が見られたのにと思った。すると、確かに山の遠くから歓声のようなものがうっすら聞こえるのがわかった。

俺はスマホを持って屋敷を飛び出した。打楽器の音が響いていた。男たちが声を合わせて何か歌っていて、時にそれが高まって怒号のようになった。近くの村でも儀式は行われていた。暗い庭の中で、俺は壁へ壁へと近づいていき、夜の闇にスマホを高くかざした。録音したいのだった。

警備の面々は何だと思っていたことだろう。闇に舞う蝶でも捕まえるような仕草と集中力で、俺は右手を空にかざし続けていた。

耳にはっきり聞こえていた音は、スマホにはまったく録れていなかった。

そのハイチのイースターの、日本の祭りの最高潮にも似た歓声は。

空港倉庫の中で迷う

翌28日、6時15分の定期便（四駆）でコーディネーション・オフィスへ行き、そこで車を乗り換えてポルトープランスの北部にあるMSFの倉庫へ行った。「空港倉庫」と言うのがおそらく正式名だが、例のコードネームのシステムでは小粋な名が付いていた。だが、それが書けない。悔しい。

「ようこそ、〇〇〇へ」

俺たちを招いてくれたマタンが、巨大な倉庫の入り口でそう言った。供給部門の担当をしているのが彼だった。

中に入ると天井までの高い棚が、びっしりと並んでいた。そこにありとあらゆる物資が積み込まれていた。例えば、コレラ対策用のマスクが段ボールいっぱいにあり、テントがたたまれており、清潔な飲み水、消毒液、緊急時の食料、注射器、手術用手袋、乾電池、毛布、ベッドカバーなどなどが、それぞれプロジェクト名と共に整理されている。

通常はサプライチームが全面的に管理する物資なのだそうだが、ハイチではプロジェクトが各々、必要な物を出し入れ、管理しているらしかった。それだけ事態が複雑なのかもしれない。

薬剤に関しては、インドから運ばれたものが多いことも聞いた。現在インドは公衆衛生保護のため、特許の付与について他国よりも厳しい条件を設けている。これがジェネリック薬の健全な市場競争を実現していて、「途上国の薬局」とも言われているのだそうだ。なぜこの情報が書かれるべきかと言えば、MSFは常に品質が安定し、かつ適正な価格の薬やワクチンを必要としているからだ。途上国にとって、また全資金の約95%を寄付で運営しているMSFにとって、先進国向けの先発薬は極めて高価なのだ。

一人でも多くの命を救うため、ジェネリック薬の供給は欠かせないのである。

簡素な鉄階段で2階へ行くと、ベニヤで仕切られた部屋にオフィスがあり、各病院の古いカルテがしまわれた場所などがあった。様々な部屋を見せてもらっていた俺だが、覚えているのはむしろ倉庫のどこかで子猫の声がしたことばかりだ。

結局ウミネコらしいことがあとでわかるが、その時の俺は迷い猫をなんとかしてやりたい気持ちでいっぱいになった。衛生の観点からも、動物愛護の観点からも、俺はそのへんをゆるがせに出来なかった。

やがて倉庫の入り口で始まった朝礼で、マタンから十数人の職員に紹介してもらうと、すぐに俺は中へ取って返した。子猫はどこだ、どこに入り込んでしまっているのだ、もっと言えばどんな柄の、どんなかわいいやつなのだ、ハイチの猫ってやつは。

朝礼のおかげで広い倉庫には誰もいなかった。

おまけに鳴き声も急にやんでいた。

こうして見つかることのない猫を探して倉庫の中を一人で歩き回る俺は、大きな目的を忘れてすっかり別世界に入り込んでいた。

つまり、迷っているのは猫でなく俺なのだった。

8時半、猫探しをあきらめた俺は産科救急センターへ行く四駆に乗った。そここそが紘子さんの働いている病院だった。

崩れかけた壁の道側にゴミが山となっていて、そこに牛が放たれて生ゴミをあさっていた。ガレキだらけの敷地に鉄骨がぐにゃりと曲がって立っていた。

その向こうに青空があった。

東北で見たことのある景色だった。

震災の跡と、自然の無常。

谷口さんが話してくれたところによると、ハイチの富裕層は先進国のそれに負けない財産を持っているのだそうだった。ひと握りの彼らはしかし、国民を守ることがない。

俺は自分がどこにいるのか、ますますよくわからなくなった。

CRUO（産科救急センター）の猛者たち

産科救急センターの裏口から中に入ってぼんやりしていると懐かしい声が後ろからした。

フェリーが目を細めて微笑んでいた。

すぐに紘子さんも緑衣にエプロンという、勤務中の格好で現れて、2人で俺たちを案内し始める。

食堂があり、広い洗い場があって、現地の女性たちが働いていた。コンクリートの上に洗濯物を置いてごしごし洗い、水で流し、木の間にわたした紐に吊るすのだ。

奥にコンテナで出来た事務所があって、まずそこに入った。フェリーの部屋があった。少し冷房がかかっていて、小さくクラシック音楽が鳴っていた。横にカールの机もあった。

「2011年の3月8日に出来たんで、あちこち補修が必要だ。だが、予算がなくてね」

フェリーは大きな体をより大きく動かし、片目をつぶった。

俺たちがソファに座ると、彼はコーヒーを淹れ、様々な話を始めた。

ロジスティックがなければ医療もないのだ、とフェリーは言った。ジェネレーターもあのコーヒーマシンの洗浄も、緊急治療室の電気も、トイレも、検査室や手術室に必要な冷房も、すべてロジスティックとサプライチームが用意して、医療従事者がベストを尽くせるようにする。となれば、その医療と非医療の連携を束ねる責任者も当然必要になるだろうと俺は納得した。

つまりフェリーの話は、なぜ彼ら非医療スタッフがそこにいるのかの重要な説明になっていたのだった。

また、ハイチの出産ピークが10月から1月で、カーニバルの9ヵ月後になっていることも、フェリーは例のハリウッドっぽい笑顔で教えてくれた。ただし、それはジョークでもありながら、ピークに合わせて医療チームも非医療チーム（電気技師も、衛生係も、車両スタッフも）も人員を増やすという管理の話につながっていた。

コーヒーを飲み終えると、フェリーは外へ出ようと俺たちを誘った。

例えば焼却炉があり、そこでは医療廃棄物が適正に処理できる温度での焼却が行われていた。あるいは、昔馬小屋だった部屋を使っているために、蹄鉄をかける場所がそのまま衣料かけになっていたりした。最先端と旧式がないまぜになって使われているのだ。

歩く間に陽光の中でフェリーはこんなことも言った。

「今、我々は周囲の病院の能力をつぶさに調べている。我々は土地の医師たちに任せて去れるようにしなければならないからだ。だからこそ、ここ産科救急センターのカバー率も徐々に減らすように心がけているんだよ」

まぶしそうな顔で彼は続けた。

「これから3年はかかるだろう。この施設もそれに備えて変えていかねばならない。いつまでも駐留しているのでは目的が違う」

そして、最後にこう付け加えた。

「難しいことだが、長い道も一歩からだ」

フェリーはつまり、千里の道も一歩からを引用していた。東洋のことわざをサービスしてくれたのだ。口の端がにやりと上がっていたから間違いなかろう。

それから俺たちは産科救急センターの病院内に足を踏み入れた。

廊下でカールに会った。ダーンも緑衣姿で通りかかった。その時に疫学のエキスパートだとわかったオルモデもいた。

そして看護師のリーダーであるベルギー人ステファニーにも会った。

彼女はほんの1週間ほど前、帰還していたベルギーの空港で爆弾テロに遭い、多くのニュース映像に出た人だった。携帯電話を耳にあて、右手を血で真っ赤にしながら何かしゃべっている写真だ。当時世界中の人が見たし、今も検索するとすぐにわかる。

それが数日後にはもうハイチに戻って仕事を始めていた。なんと勇敢な女性だろうか。

となると、写真の意味もまるで変わってくる。

悲嘆に暮れて家族に電話している女性、といういわゆるマスコミ向きの一枚ではない。

おそらくあれは、状況を医療関係者に伝え、適切な処置を要請していた姿に違いないのだ。

そうでなければ、怪我が治るのもそこそこにMSFに復帰するはずがない。

生まれ来る子供たち

お腹の中で子供が死んでいると言われた

ポルトープランスの中心部にあるCRUO（産科救急センター）で、明るく活発な病院長のハイチ人女性ロドニー・セナ・デルヴァを紹介してもらい、俺たちは全体を見学させてもらうことになった。

玄関の受付にはトリアージを行う場所があり、すぐ近くに緊急患者を診察する部屋があって、7つのベッドが用意されていた。薄暗い廊下を隔てた反対側は分娩室で、つまり〝着いたらすぐに産める〟状態になっていた。それをロドニーさんはにこにこ説明してくれた。

廊下をそのまま行くと両側に部屋が続き、それぞれにベッドがあった。どこからか赤ん坊の声が聞こえ、扉の奥をのぞき込むと産まれたてらしい乳児がタオルに包まれ、母親に抱かれているのが見えた。

ほほ笑ましい気分になっていると、後ろから紘子さんが小さな声で情報を補った。

「ここで乗り切れない場合は、あっちに移します」

指さす先にはプラスチックの保育器が廊下のひんやりした日陰にあった。産まれてきても危険領域にある場合、子供はそこに入れられて別の部屋に入るのだった。

病院には他に妊産婦のためのメンタルケアの部屋が用意されていたし、血液検査室もあった。至れり尽くせりの状況を、スタッフたちは自力で作り出していた。

最も多いのは妊婦たちが控える部屋で、幾つかあったと思う。そのひとつからじきに産気づく声がして、オーオーと地の底を這うようなうめきになった。慣れずにおののいているのは俺一人で、各スタッフも入院女性たちも何も気にしていない様子だった。子供が産まれてくる前の苦しみを、誰もが当たり前のこととして共有しているようなのだ。

廊下の先に別称「カンガルー室」と呼ばれる新生児たちの部屋があった。中に入ると、20ベッドとずいぶん広かった。6つくらいのベッドにすでにお母さんたちが寝たり座ったりしていて、一様にライトグリーンのチューブトップを上半身に着ていた。

その部屋では、成育状態のよくない乳児のお腹側をカンガルーのように肌と肌をつけて母親の胸に抱えるのだった。これはコロンビアで長く行われている「発達ケア」だそうで、未熟児への効果が大きいので取り入れているのだそうだった。

実際、どの子供も小さかった。動きも気のせいか鈍く、中には表情の読み取れない子供もいた。それをある母は胸に入れて仰向けになり、ある母はいったん取り出してベッドに寝かせていた。静かな部屋だった。

中の一人、ダディ・セインビルさんがベッドに腰かけ、ふくよかな胸の下に乳児を抱いて、注射器から針の部分を取ったものをくわえさせて飲み物を与えていた（哺乳器からミルクを吸う力がないからだ）。生まれて数週間の女の赤ちゃんにはサラ・ウリカ・タイルスという名が付いていた。

聞いてみると、妊娠したダディをそこに連れて来たのは、彼女の姉だそうだった。何かトラブルがあったらMSFに助けてもらえ、というのがそもそも家族の助言だったという。だからダディはそこに来た。

けれど帝王切開で産まれてきたサラ・ウリカは心臓が悪く、なかなか退院出来ないのだという。早く自分の村に帰りたいのだけれど、とダディは言った。

心臓に障害のある子供を抱えて、これからの生活への不安も大きいだろうと思った。目をつぶってミルクを口にふくまされているサラ・ウリカちゃんを、俺はじっと見た。

するとダディが言い出した。

「最初はお腹の中で子供が死んでいると言われました」

どうやら産まれる直前まで、別の病院で診てもらっていたらしいのだった。彼女はそこからこの産科救急センターに移って来たのだ。ダディは赤ん坊の世話をしながら続けた。

「だけど、あたしにはわかった。この子は死んでなんかいない。だから産むと言った。お医者さんはあたしが狂っていると言いました。そこでこの病院に駆け込んだんです。おかげであたしはこの子を産めました」

そして最後の言葉を、ダディは注射器の先を天に向けて言った。

「MSFのスタッフに感謝します」

彼女は不安より喜びをあらわしたのだった。

他にも話を聞く中に、クラウディア・セルテラスさんという母親がいた。妊娠半年と2週と推定される時期（なぜ推定かと言うと、妊産婦健診にかかるお金が払えず、知らぬ間にお腹が大きくなっているケースが多いのだ）に具合が悪くなり、入院して3日後に帝王切開。当然早期過ぎる出産だった。

「急に気分が悪くなってタプタプに乗りました。どこか病院に連れていってくれ、と言って。けれどどこで降ろされたかわからなくなったんです。目の前が暗くなって何も見えないまま、歩きました。するとここに着きました」

クラウディアさんは、ダディと違って眉を悲しそうに寄せながら話をしてくれた。彼女の場合、子供もさることながら、自分の健康と生活に危惧があった。

「これで6人目の子供です。片方のお乳しか出ないのでなかなか育ちません。家には5人の子が待っています。早く家に戻らないと、夫は働かねばいけないので他に面倒をみる者がいないんです」

俺はため息をつくのをこらえた。彼らは貧しい。母親自身、栄養が足りていないのだ。果たしてこの場合、産まれてくる子供、産む親は幸せなのだろうか。それがわからなくなった。

入り口近くにプラスチックの〝ゆりかご〟があり、産まれて4ヵ月ほどした子供が仰向けになっていた。母親は彼を産んで姿をくらまし、病院は母親探しをしながらしばらくその子を預かっているそうだった。養護施設への連絡も始まる時期だとも聞いた。

「せめてと思って毎日、少し早めに出勤して、この子をほんのちょっと世話するんです」

紘子さんはそう言った。

「お母さんが見つかるといいんですけど」

忙しい日々の中、紘子さんは自分が出来る小さな行為を実践していた。

ともかく、俺の目の前にいるのは捨て子なのだなと思った。

そこまでリアルに捨て子を見たことがない俺の視線は何度も泳いだ。きちんと面と向かえないのだった。

捨て子はじき、やたらに大きなあくびをした。

それで俺は自然にその口の中を見た。赤くて健康的な頬の内側を。

九死に一生を得た捨て子

さらに俺は新生児集中治療室に招かれた。他とは違って内扉があり、厳重に衛生管理がされていた。専門の服をまとい、手洗いし、マスクをして中に入った。若干、外より涼しかった。新生児にちょうどいい28度を保っているそうだった。

台が壁際の三方にぐるりと20個弱あったろうか、その上にそれぞれ透明プラスチックの保育器があって、中に小さな生命が入っていた。低酸素、低血糖、未熟といった乳児が、なんとか命をつないでいる場面なのだった。1000グラム以下で産まれるとそこに入れられると聞いた。

上のふたが外されているものと、完全に密封されているものがあった。正面奥の4つの保育器が完全密封で、内部が青い光線に満ちていた。光線療法中なのだそうだった。白いアイマスクをしている未熟児もいて、きわめて危険な状態を乗り越えようとしているのがわかった。

そうした子供たちはみな、白いタオルをU字にしたものの中に寝ており、「巣ごもり」の形になっているのだそうだった。さらに保育器を布で覆って闇にし、子宮内を模すこともあると紘子さんは説明してくれた。

「ここまでの集中治療室は、他の活動地にはなかなかありません。ですから私たちも赤ちゃんも恵まれていると言えるんですが、それでも〝ごめんなさい〟という時もあって……」

集中ケアをストップする、ということだった。医師や看護師にとって頻繁にあることなのだろうけれど、捨て子の面倒を見に来るような人物にとって、それは毎回さぞつらいことに違いなかった。

最も手前右側の台の上は〝ゆりかご〟そのものが取り払われていて、そこに赤ん坊とさえ言えないくらい小さな体が横たわっていた。明らかに未熟きわまりない子供だった。医師が来て心臓あたりに触れ、心拍を調べた。腕に点滴をしていたようにも記憶する。

保育器の並ぶ中に、現地の女性看護師も2人いた。リシャーも通訳として部屋に入ってきてくれていた。俺は彼女たちの話を聞きたいと思って、

「日本から来ました」

と英語で言った。リシャーがそれをクレオール語に訳した。

すると一人の女性看護師がすかさず、日本語を知っていると言い出した。聞かせてくれと言う間もなく、彼女は私の耳元で大声を出した。

「オナカ、ペコペコー」

いきなりで腰が抜けそうになった。俺が乳児たちを気にしながらも大笑いすると、最高のギャグを見つけたみたいに看護師は繰り返した。

「オナカ、ペコペコー」

止まらない俺の笑いを見て、リシャーも日本語を知っていると指を立てて示しながら口を開いた。

「オ・ハ・カ」

今ここでかよ、と俺はまた意表を突かれてその場に倒れそうになった。2人の女性看護師は新しい日本語に興味津々でリシャーを真似し始めた。

「オ・ア・カ？」

「オ・ハ・カ」

「オ・ハ・カ?」

「オ・ハ・カ」

最初は不謹慎な気がして背中が凍りついたのだけれど、看護師たちの明るい笑い声を聞くうちにそれでいいと思い始めた。赤ん坊たちにその明るさが伝わっていく気さえした。

そこに赤い制服を着た女性看護師が入ってきて、あの右手前の台の上でむき出しになっていた新生児の付けている酸素吸入器の確認を始めるのがわかった。

俺たちは静かになった。

途端に、周囲がみな壊れやすさの塊であるという事実に、俺は再び息苦しくなった。


カンガルー療法をしている新生児室にまた移った。産まれたばかりの三つ子が部屋に戻ったと聞いたからだった。母親は体の小さく細いジュディス・クラージェさんで、黒い別珍の短いワンピースを着ていた。やがて来たパパも若く、23歳でウェンドリー・バロテレミーと言った。

産まれるまで三つ子だと知らなかったと両親は緊張気味に言った。例の健診不足ゆえのことだった。市内の別の病院から緊急に運ばれてきて帝王切開を行ったのだそうだった。

彼女と子供たちを谷口さんは是非撮りたいと言い、リシャーが許可を取る間、俺は例の捨て子の保育器のところへ移動した。

赤ん坊は眠りから覚めていて、びっくりするほど大きな目をしていた。

紘子さんの話では、妊娠7ヵ月弱（28週）で産まれてしまい、700グラム以下なので救命しないステージであるはずが、途中まで手術が進んでいたためにプロジェクトを続けたのだそうだった。つまり赤ん坊は九死に一生を得たのだ。

けれど、母親がいなくなってしまった。

せっかく生きたのに、子供は天涯孤独になっていた。

一日ごとにすくすく育っているのは体のパーツの太さでわかった。瞳の光でわかった。動きの素早さで知れた。

突然、奴が俺をつぶらな目で見た。

何か言ってやらなければいけないという気がした。そうでなければ物扱いじゃないか。

そして、口からつい出てきた英語に俺自身驚いた。

It's nice to meet you.

俺は赤ん坊にそう話しかけていた。

言ってから、ほんとにまったくそうだと思った。

nice に決まってる。

すると、赤ん坊の目の奥に一瞬、認識が宿った。奴が俺を人間として感じたように思った。

俺は大事なことをなし終えた気持ちになって、なおも奴の目を見た。

ただし〝認識〟と見えたのは、踏ん張っておしっこをする表情だったようだ。現に係の看護師がおしめを替えに来たから。

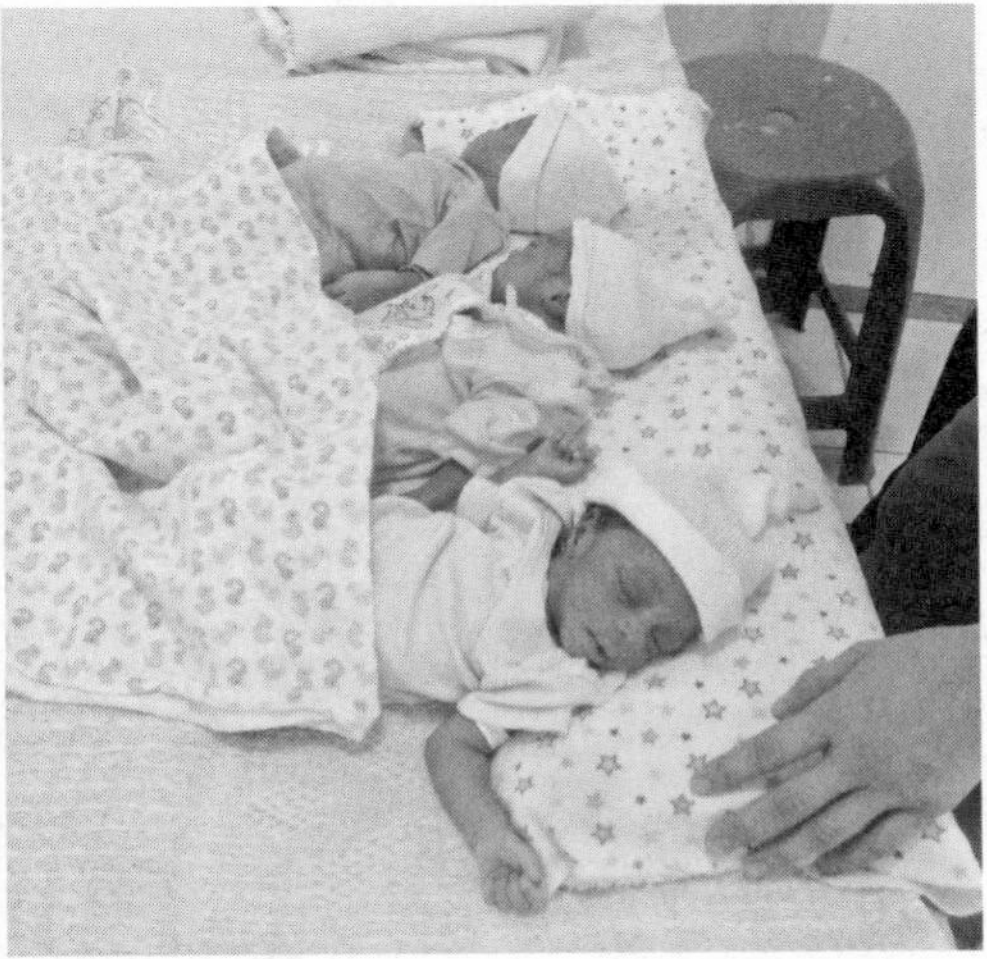
無事に生まれたばかりの三つ子（少し小さめ）が眠る

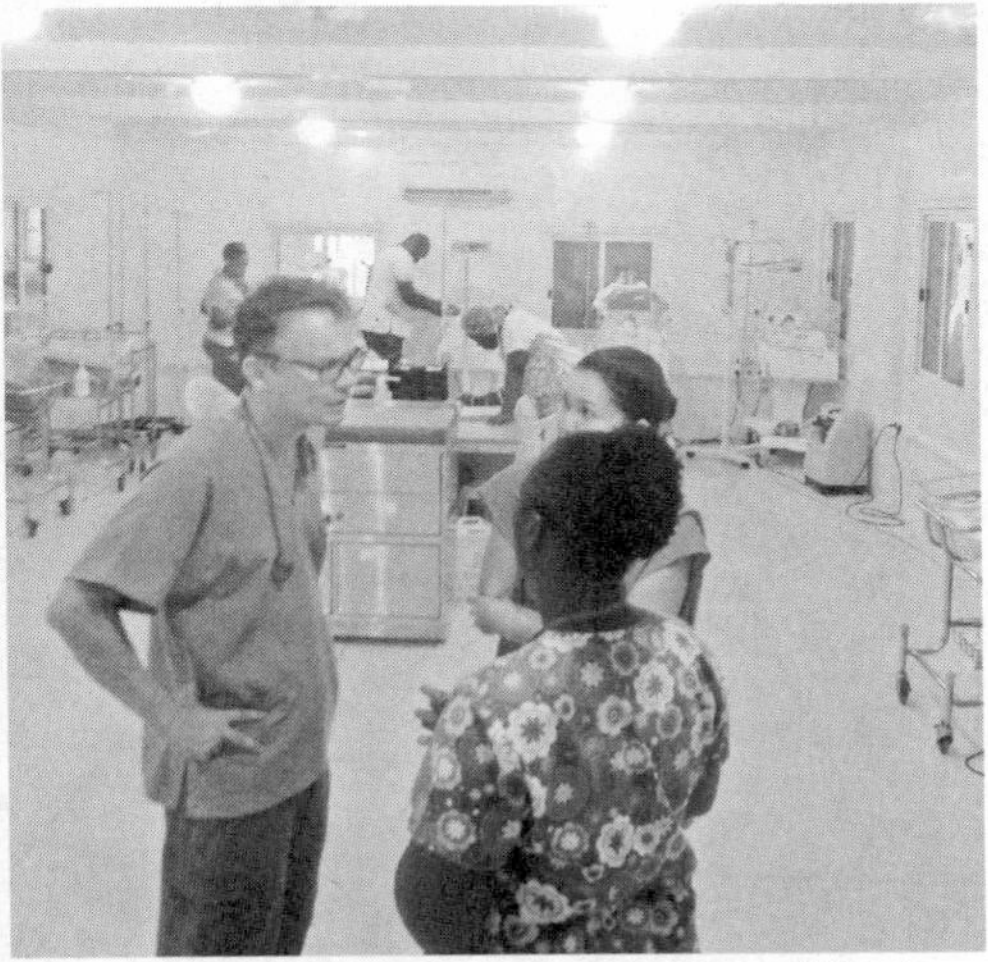
CRUOの新生児集中治療室。奥は緊急医療を受ける乳児たち

小児科医ダーン先生の回診

母親たちの村

俺たちは同じ日の午前中、CRUO（産科救急センター）の本館とは別の大きなテント病棟のような場所にも寄った。窓のない長四角のテント内にはベッドが幾つも並べられており、紙飾りなどが下げられたその薄暗がりに、ハイチ女性たちが腰かけたり寝たりしていた。

「母親たちの村」と呼ばれているエリアだった。案内のロドニー病院長が満面の笑みで入り口から「ボンジュール」と声を掛けると、女性たちもまた元気よく「ボンジュール」と挨拶を返す。実に打ち解けたムードがそこには漂っていた。

出産後、新生児がまだ退院できる状況にない母親が、そこで共同生活をしていた。だから「母親たちの村」なのだった。

あとで午後にもう一度そこに寄ってみた時には、たくさんいたママたちが出かけていて、残った5人ほどが臨床心理士らしき女性のアドバイスのもとでクレヨンを使って絵を描いているのを見た。危険な状態にある新生児をただ黙って何日も待っていなければならない母親に、アクティビティを提供して心の支えを作っているのだ。色を塗るのに熱心な母親もいれば、絵というもの自体描くのが初めてらしき母親もいて、恥ずかしがったりしていた。

コレラに罹《かか》った母親を隔離するテントも別区域にあるというので、強い日差しの中を歩いていった。途中、外来患者たちが日陰の木椅子に座っている場所があって、病院長に向かって率先して「ボンジュール」と言った。ニュアンスでは「こんちわー」というカジュアルな感じに聞こえた。

椅子には空きがなく、患者はびっしりいた。たいていは女性で小さな子供を抱いている。奥の診療室にも入ってみたが、狭い室内には診療中の母子と待っている母子の2組がいた。待っているお母さんに軽く挨拶すると、にっこりと笑顔になって小声で「こんちわー」と言ってくれた。

敷地内を歩いて移動して、濃い灰色のテントにたどり着いた。コレラ病棟だから、以前と同じく入り口で靴の底を消毒した。簡易ベッドが土の上に並んでいたが、寝ている者はたった1人だった。体の大きな女性で熟睡していた。2日前に出産があったのだそうだった。子供はあの集中治療室にいたのかもしれなかった。テントの天井に下げられた扇風機が規則的な音を立てて回っていた。しばらく俺たちは無言で立っていた。誰にとっても安息の短い時間であるように感じられた。

やがてあらわれた男性助産師ベンジャマン・ドシーから俺は、妊婦がコレラに罹患している場合の医療はきわめて高く専門化されているという話を聞いた。しかも、妊婦から赤ん坊をとり出す時に細心の注意を払うのみならず、彼女らが住んでいた家も消毒してから帰すのだということだった。

医師たちの悩み

そろそろダーン先生の回診が始まるそうだった。俺は是非ともそれが見たかった。

俺たちは産科救急センターの敷地をぐるりと回り込んで、集中治療室の方へ行った。その途中で、屋根の下に男も女もぎっしり集まっているのを見た。お見舞いの人のためのエリアだそうで、市外から来た人が2、3日宿泊することもあるそうだった。壁はなく柱が何本か立っていて、床はおそらくタイル貼りだった。

声の調子も高く、そこで貼り紙を使って何か力強く語りかけている女性がいた。性暴力被害者専門クリニックから現地看護師が来て、被害の実情やクリニックの存在を説明しているのだそうだった。やるべきことはメンバー各自に幾らでもあるのだ、と思った。

11時半、再び専用の上着をはおり、手をよく洗ってマスクをした俺たちの前に、あのダーンがあらわれた。緑色で半袖の看護服、首には聴診器を掛けており、2人の現地医師と1人の女性看護師を連れて、入り口手前左にある保育器からダーン先生は様子を見始めた。

現地医師たちは細かく記録を採ったカルテを広げ、ダーン先生にその子供の状態を報告する。紘子さんと谷口さんの同時通訳によるとこうだ。

「28週、過呼吸症候群。880グラムで産まれ、昨日入院しました。低血糖で安定しません。1000グラム以下なので人工呼吸補助器を使うのは無理です」

冷静沈着で穏やかなダーン先生は聞きながら何度もうなずき、弱々しく寝ている乳児のお腹を数本の指で軽く押したりした。そしてカルテと子供を集中して見比べ、治療方針を指示する。

「はやめに母乳に切り替えて胃腸を強くしよう」

そして、次の保育器へと移る。

またくわしい報告がある。

今朝帝王切開のオペで産まれ、ついさっき集中治療室に入ってきた乳児だという。危険な状態だったので5分間新生児蘇生を受けて現在に至るが、幸い痙攣等はない。

「OK、トレビアン。このまま様子を見よう」

3人目は他の病院から転院してきた乳児で、母親が妊娠中に痙攣を起こしてしまったのだということだった。

「羊水混濁もあったかもしれないね。人工呼吸補助器は使わずに様子を見ましょう」

やがて奥の超未熟児へと回診は及んだ。

妊娠から30週、産まれてから7日。胃に残ったものはない。体重が増えず、730グラムまで減ってきており、難しい。

ダーン先生は水分量を何度か記録でチェックし、水と栄養の微妙な加減を指示した。

さらにその右の青い光を浴びている乳児には、ダーン先生は見るなり眉根を寄せ、

「小さいね」

と言った。産まれて4日目、感染症の疑いのある子供だそうだった。黄疸が強く出ているので光線が欠かせないらしかった。

他にも、エイズとB型肝炎の疑いで今朝入院してきた、32週の乳児もいた。

さっきまではただ小さいだけのように思っていた壊れやすそうな子供たちが、実は

それぞれハードルの高い困難を持って産まれてきていたのだということが、俺にもよくわかった。壊れそうな体の内部に、さらに自己を攻撃する何かを抱えているのだ。

その困難をどうにかして切り抜けさせようとするダーンたちの日々の努力が、俺には身にしみた。毎日毎日、集中治療室の回診は続くのだ。

ちなみに、女性看護師が報告を担当する子供も中にはいて、それは病院としての方針なのだそうだった。通常医師が行うタイプの点滴を看護師が打つこともあって、それは現地の医療の技術を高め、また看護師のモチベーションを高めるのに役立っていると聞いた。


正午を過ぎて、いったんチカイヌの宿泊地について行った。そこでランチをともにしようと言ってもらったからだった。

激しいでこぼこ道から鉄扉を抜けて涼しい建物の中に入ると、キッチンの横の調理専用の部屋で現地女性が準備を終えていた。サラダ、野菜の炒め物、鶏肉とパイナップルの煮込み、炊きたての米などがあり、中にはベジタリアン用のメニューもあったのを聞いたが、俺は腹が減っていて覚えていない。

次から次へとスタッフは帰って来た。とはいっても、すでに例のパーティでみんなと会っているから気が楽だった。おまけに産科救急センターの廊下でも何度も顔を合わせた。俺は遠慮なくテーブルの端に座って彼らのランチをもらった。実にうまかった。食べ終えた他のスタッフがコーヒーを淹れてくれたので、俺はそれも飲んだ。

それぞれがランチを食べ終えてもテーブルのそばにいた。よく見てみると、麻酔科医のウルリケが隣のダーンに、あるいはイタリア人で水・衛生担当のルカに熱心に話をしていた。聞いた側ははかばかしい返事をしない。フランス語で進んでいる会話なので中身がわからなかったが、ウルリケが悩んでいるのは伝わった。確か、あの夜もそんな風じゃなかったかと記憶をたどった。

しばらく俺も動けずにそこにいると、やがてダイニングへの外からの入り口あたりにフェリーが立っていて、英語でこう言った。

「それについては私が答えよう」

思わず振り向くようにすると、フェリーは目の前の椅子の背に両手をつき、ウルリケを見ていた。厳しい顔つきをしていた。

「我々は医療とは何か、その倫理を曲げずにいるしかない。いかなる困難があっても、相手を説得し続けるしかないんだ」

フェリーはまるでアメリカの医療ドラマのチームリーダーのようにそう言い、ほんの少しだけ微笑んだ。ウルリケが何かフランス語で言い、フェリーはそこからフランス語になってしまった。

あとから聞くと、初ミッションのウルリケは現地スタッフとどう折り合っていくかに問題を感じていた。これは紘子さんからも再三聞いていたことなのだが、奴隷革命をなし遂げたハイチの人々のプライドは大変高く、これがいいと思い込んだら新しい手法を受け入れてくれにくくなることもあるそうだった。どう自ら変えようと思ってもらうか、そこが難しい。

ウルリケも、他のスタッフとどうチームを組んでいくか迷っているのかもしれなかった。妥協はしたくないだろうが、それなしではチームワークも働かないのだとしたら。いや、問題が他の何事であったにせよ、フェリーは各活動地で出来る最善の医療を提供するという根幹を頑固に貫けと、あえて非医療従事者として言ったのだった。その医の倫理をもって、彼らは職種が違っていてもひとつにつながっているのだから。

英語でフェリーが話し出したことには、その意味をダイニングにいた全員がもれなく確認するべきだという判断があったに違いない。

たいして休む間もなく、ＣＲＵＯ（産科救急センター）のメンバーはまた病院に行くことになった。しかも、近いから歩くのだという。そこは滞在初日に唯一、昼間なら歩いてもいい道だった。

体格のいいフェリー隊長を先頭に、アナ、オルモデ、「空飛ぶ」電気技師インゴが外に出た。ウルリケたちはあとから来ることになっていた。いざ歩き出すと、いかに両側がガレキだらけかわかった。たまに現地の子供や青年が日陰に座っていたりして、それはどこかのんびりした光景でもあり、またいつ彼らが石などを投げてきても仕方がないようにも思った。

戦地のつかの間の安定の中を行く気がした。実際、イタリア人のルカはノートパソコンを持っているからという理由で一団に加われず（その命令もフェリーのジョークだったのだろうか）、鉄扉の中で待たされ、ウルリケらと一緒に四駆に乗って俺たちを追い越していった。決して手放しで安全なわけではないのだった。

歩いている集団にもどこか緊張があるように感じると、すたすた先を歩いていってしまうフェリーへの依存心が増した。隊長と共にいればより安全なのだと確信した。しかし谷口さんを後方に置き去りというのもはばかられた。女性の足だとどうしても遅れる。

俺は自分の命を自分で守るべきか、仲間と共にあるべきか究極の選択を迫られていた。額から汗がじわじわ出た。なぜフェリー隊長の足はあんなに速いのか、一方なぜ谷口さんは遅いんだ……。谷口さんは他のスタッフに話しかけられ、答えながら移動していた。

結果わずか5分くらいの歩行で終わってよかったと思う。わりと中途半端で臆病な位置取りのままで、俺は産科救急センターに着いた。

母と子の穏やかな眠り

女性院長ロドニーがまた俺たちを案内してくれた。リシャーもぴったりついてクレオール語を英語に訳してくれた。フェリーも折々、様子を見に来てくれた。

おかげで俺たちはあらゆる部屋に入ることが出来た。薬品の仕分けをするための少しだけ冷房の効いた部屋や、廊下に貼られた3月8日『女性の日』のポスターに出ている〝ハイチ女性の権利向上に尽力した元女性大統領〟、薬剤を運んできている職員のTシャツの背中に印刷された日本語「オレ最強」など、しまいには特に見ないでいいものまで見た。

やがて、産後室に俺たちは戻り、写真を撮った母親たちに同意書へのサインをしてもらうのを待った。もちろんMSFでの公式の使用に同意してくれるかどうかを聞くのはリシャーだった。

部屋には何人も母親がいて、赤ん坊がいた。壁にはかわいい動物の飾りなどが貼られていた。保育器の中にいる乳児もいた。その一人は産まれて4ヵ月経っても親があられないあいつだった。

例の、ふくれあがる筋肉を申し訳なさそうに縮める姿勢で、リシャーは母親たちに用紙を差し出した。きわめて小さな声でリシャーは何かしゃべった。俺はそれを遠くの丸椅子に座って眺めていた。部屋に女性看護師は2人いた。さらに助手らしき女性も1人いた。みな静かだった。

窓の外から日は強く差し、木の葉と一緒に揺れていた。その木漏れ日の中に一人の若い母親がいて、ワンピース姿で右を下にして寝ていた。子供はその腹のあたりにいて動かなかった。小さな子供だった。母も子も眠りが深いようだった。彼らが幸せかどうかは俺などが決められることではないが、少なくともそうして眠っている間は穏やかだと思った。

やがて母親の髪に木漏れ日が移動した。俺の視線はそこからしばらく動かなくなった。

リシャーが仕事を終えたので、俺たちも帰ろうとして立ち上がり、部屋を出て中庭に面した廊下を歩いた。途中のベンチにあのウルリケが座り、横の現地女性スタッフと熱心に何かを話しているのを見つけた。

中身は知りようもなかったが、彼女が懸命な努力を続けていることはわかった。

チカイヌ宿泊地でのランチ

ランチをとるスタッフたち

これを撮ったら振り向いて思い切りにらまれた。今回の取材で最も危険な瞬間だった

性暴力被害者専門クリニックへ

「私の手を握って」

3月29日（たぶん）、俺たちは朝7時半の便（四駆）でコーディネーション・オフィスへ移動することになっていた。同乗者はオランダから来た小児科医のヘンリエッタとプント、そしてその日から任務地を変えるスーダン出身のモハマド・アリ・オマール。

出かける前にダイニングで朝食を摂り終えると、ポール校長は珍しく俺を見送る仕草を見せ、まずにっこりこう言った。

「楽しんできてくれ」

意外な言葉だと思った。なぜなら俺がその日訪問するのは性暴力被害者専門クリニックだったから。

無言でうなずく俺に校長は今度はしっかりと嚙みしめるような言葉つきで言った。

「ただし、極度に注意を払うことが君に要求されている」

俺もしっかり声を出して返事をした。

「はい。わかっています」


コーディネーション・オフィスまで行って車を乗り換え、俺と谷口さん、そしてリシャーはそこから20分ほどの鉄扉の前まで移動し、開けてもらった2階建ての建物の前に立った。俺のミッションはきわめて重かった。

「CLINIQUE PRAN MEN M」とクレオール語で書かれた看板が車庫の入り口にあった。クリニックの後ろは「私の手を握って」と訳せるのだとリシャーは小声で教えてくれた。

建物の外階段から静かに2階へ上がった。すぐに出てきてくれたのはMSFのTシャツに青いズボンをはいたアンジー・カラスカル・マルドナードという女性で、コロンビア出身であることはすでにイースターのランチで知っていた。背の小さな、けれどパワフルに動く人で確か2004年から現地プロジェクトに参加したあと、今度は海外派遣スタッフとして南スーダン、ネパール、スワジランド、コンゴ民主共和国を経てハイチに入った強者だった。彼女が性暴力被害者専門クリニックのプロジェクト・リーダーを務めていた。

招き入れられてロジスティックの部屋を通り、政府の保健教育担当の部屋に行く。小さな間取りの中でソファに座り、外の磨りガラスから差す日が白い内壁に反射する中、コーヒーをもらいながら話を聞いた。

前年5月からオープンしたその場所には、一ヵ月に40～50人以上の被害者が来るのだそうだった。望まぬセックスを強要される者たちの半数は18歳以下で、中には幼い少年もいた。駆け込んでくる被害者を受け入れたクリニックでは、最初期に避妊とＨＩＶ対策をし、家庭内暴力などで帰る場所がないのなら隣にある施設へと入居してもらって、そののちに地域の救援組織へと橋渡しするのだそうだ。

「男性の中にはこの場所に反感を持つ人もいるでしょうね」

谷口さんはそう質問した。

アンジーは何度もうなずき、

「だからシェルターが必要なの」

と答えた。２人の女性の間にはやるせなく、しかも許しがたいものへの静かな怒りのようなものが感じられた。俺は男ながら、その感情に連鎖し、少しでも理解を伝えたかったので、短く控えめにこう言った。

「日本でも同じです」

隣の建物に設けられたシェルターには、最大8人の被害者が暮らせるそうだった。医師と臨床心理士、ソーシャルワーカーが一体となって、彼らのケアを続けており、その他に前日俺がCRUO（産科救急センター）で見たような啓蒙活動を政府の保健教育担当が続けているのだそうだった。

性的な暴力がどれだけ人間を破壊してしまうか、人は人の性的な道具ではないこと、またもし被害に遭ったら駆け込むべき場所があること。それらを今は国の機関と共に伝えているのだというアンジーは、出来れば早く国全体に広げたいし、それこそが自分たちのゴールだと言った。実際、MSFはラジオでもスポット広告を打っているそうだ。

目をくりくり動かし、時々思わぬところでコロコロ笑うのがアンジーで、おかげで取材の緊張と気詰まりを解いてもらうことが出来た。少しずつ俺はリラックスして質問するようになり、コンゴ民主共和国の首都キンシャサで学んだという女性医師、ジーンズとTシャツ姿のヨニー・ヨワに紹介してもらって、さらに細かい情報を受け取った。アンジー自身は非医療従事者だった。

いつどこで被害者と出くわしてしまうかわからない気おくれが俺にはあったが、ヨニーたちがそれはきちんと計算してあったのだろう。誰にも会わずに1階に降り、実際に外から来て受付を通り、緊急の医学的対応をする部屋と、臨床心理士の部屋の前へ行った。前者からは誰かが何かを訴える声がした。男性1人と女性1人の合わせて2人がその訴えを聞き、なだめているように聞こえた。

ヨニーは部屋の中を見せてくれようとしていたらしいが、しばらく時間がかかりそうだった。当然俺たちは遠慮した。他にも取材したい場所があったので、あとでまた来てみることになった。算段はリシャーがつけてくれた。

それじゃまたと言いながら、おしゃれなアフリカ女性ヨニー(なにしろキンシャサは昔からアフリカで最もファッショナブルな都市だ、と俺たちアフリカ音楽好きは叩き込まれている)はこれだけは言っておかねばという調子ではきはきと話した。

「私たちは被害者をケアすると同時に、被害者の親の心を変えなければならないの。被害にあった人を実の親が責めてしまう。誰にでも起きる被害なのに、味方がいなくなる」

これは日本の性被害でも全く同じことであった。どうしてそんなことになったんだと親がまず初めに被害者を詰問してしまう。そして友人が、社会が。深刻な二次被害が性暴力にはつきまとう。ハイチでもどこでも女性が受けている不条理は全く同じだと思った。

すると話の続きのようにヨニーが言った。

「あなたは小説家だと聞いたけど」

「あ、まあそうです」

「昨日も小説家が取材に来たのよ。一体どういうことなのかな」

「え？」

と驚いたのは俺よりもまずリシャーだった。そうした取材をコントロールしているのが彼だったからだ。リシャーが知らないうちに、どこの国の小説家がなぜ性暴力被害者専門クリニックを訪れ、ヨニーたちにくわしく話を聞いたというのだろうか。

リシャーとヨニーはフランス語になって、少し離れたところでひそひそ話し出した。俺はふらふらと狭い通路を移動し、2段ベッドのある部屋の前まで行ってしまっていた。一人で外から窓を通して差す陽光を見ているうち、自分がその〝前日に来た小説家〟であるような気持ちがした。つまり前日へとタイムスリップしてしまったように思ったのだ。

事実、俺は行きの飛行機の乗り継ぎ時点で、正しい日付がわからなくなっていた。おまけにハイチは世界の標準時間から外れ、勝手にサマータイムを設置して動いていた。何があってもおかしくないと俺は思い、ではもう一人の俺は一体どんな小説を書こうとしているのだろうと思った。俺は自分の記憶を失った気がした。

阪神・淡路大震災をきっかけにMSFへ

いったん性暴力被害者専門クリニックから30分ほどをかけ、OCB、つまりオペレーションセンター・ブリュッセルのコーディネーション・オフィスへ行った。それまで俺が世話になっていたのがOCA（オペレーションセンター・アムステルダム）だから、MSFの別の現地統括チームを見るいい機会だった。

鉄扉は同じ感じだったが、中は螺旋階段のある建物で、そこを上がっていくと受付があり、奥に中庭があって幾つかの部屋に囲まれていた。

俺たちが会おうとしているのはソン・ジョンシル（宋正実）さんで、俺たちの国の言葉で言えば在日韓国人、海外では韓国系日本人の女性だった。もともと谷口さんが日本のMSFで知っている人で、現在ハイチのミッションに参加していると聞いてどうにか会って様子を聞こうということになっていたのだ。

少し待っていると髪をきっちりアップにしてよく日に焼けたジョンシルさんが現れた。ぴかぴかに明るいムードを持っていて、いきなりそのあたりにいたオリビア・ゲイローさんという、地震の前からハイチでミッションを行っていた古参のメンバーを紹介してくれた。医療コーディネーターのオリビアさんは実に品のいい、外交官夫人のような感じの人物で、しかし手ごわいハイチのギャングたちにも文句を言えるような女性だということだった。話を聞いてみるといいですよとジョンシルさんは少しダミ声でさかんに言った。

しかし、俺たちがその日、話を聞きたいのはジョンシルさんからだった。MSFジャパンから派遣された人間の現状、メッセージをビデオに撮りたいという谷口さんの希望もあった。つまりジョンシルさんは元気のいい女の人特有の照れでオリビアさんを代理に立てようとしていたわけだ。

アフリカ風のブラウスを着たジョンシルさんにMSFのチョッキをはおってもらい、俺と谷口さんの取材は始まった。

彼女は神戸出身で阪神・淡路大震災に遭っていた。もともとはオーガニック関係の商品を扱う会社にいて貿易に携わっていたが、サステナビリティのある暮らしについて考えるようになってウミガメの保護などの活動をするうち、MSFのサイトに出会った。そして、震災後の神戸に最初に入った国際救援団体がMSFだったと知るに及んで参加の決心がついたのだそうだ。2008年、彼女は満を持して海外派遣スタッフとなり、初任地スーダンへ赴いたのだという。

つまり彼女も非医療従事者だった。MSFに入ってからは経験を活かしてサプライ・コーディネーターに専心し、物資調達を一括して見ている。緊急治療が必要な時のための薬や医療器具を揃え、安定した水や医薬品の輸入にあたって政府とたどたどしいフランス語で交渉し（英語はもともとの仕事もあって堪能だった）、輸入先とは値段についてタフなやりとりをする。

ジカ熱が流行するピーク時に経験から薬剤を補給したり、手術器具のメインテナンス契約をするのも彼女の役割だった。これまでになんと最長20ヵ月のミッションをインドやパキスタンで行ったというから、ベテランの領域に彼女はいた。それでも体験談にいちいち「なんちゃって」とか、「あたしなんか言える立場にないんですけどね」などと自分を茶化す。面白い人だった。

けれどもいざ寄付をしてくれているドナーたちへの思いを谷口さんが聞くと、ジョンシルさんの顔つきが一変した。

「世界各地にMSFが一番乗りして困っている人を救援出来るのは、寄付して下さる人がいるからです。皆さんが思ってらっしゃるより、その力って凄いんです」

これは実際にお金の動きを見ている物資調達関係者だからこその実感に違いなかった。彼女たちはそこにお金がなければ医薬品も手術器具もテントも水も届けることが出来ないのだ。

「年末になると、支援者の方々の声を派遣先のパソコンで一通ずつ読むんすよー。そうすると疲れてるからなのかなあ、どうしても泣いちゃうんです。感動して。支援者の方にもそれぞれストーリーがあって、あたしたちにもあって、そういうものが全部つながってドライブされて、それが活動になっていくんだなってわかって」

俺の心も動いた。〝全部つながってドライブされて、それが活動になっていく〟というダイナミズムは、善意が持つ力だった。それをジョンシルさんは身をもって知ってしまったのだ、と思った。関係する力、と言ってもいい。知ったらもう後戻り出来ない力だ。

「でね、言葉が通じなくても気持ちは伝わります。税関と交渉してるうちに、あたしなんか日本語でしゃべってる時ありますよ。だから、ＭＳＦに参加してみようかなって思って下さる方へのアドバイスは、為せば成るです。興味があったら一緒に働きましょう！」

ジョンシルさんはそう言い、次は中近東に行きたいのだと話した。情勢がよくないから、と彼女は言った。そこで政治を解決しようなどと考えているわけではない。けれど情勢がよくない場所には困難を抱えた人間がたくさん生まれる。彼らをジョンシルさんは放っておけないのだった。

「そもそも、怪我をして泣いてた子供が治療を受けて元気になるでしょ。それを見てるだけであたしたちはうれしいんすよ」

なんちゃって、を付けて彼女はそう言った。シンプルな、実にシンプルな人間の心の基本を、俺はハイチの空の下で知ることが出来たのだった。

アイラブユー、神様

子供の命を救え

ＯＣＢ（オペレーションセンター・ブリュッセル）のコーディネーション・オフィスをあとにして、すぐ隣にあるＣＲＵＯ（産科救急センター）の研修用の施設へ移動した。

コロニアル様式の別荘みたいな建物で、中のドアを開けるとあのオランダから来たばかりのヘンリエッタとプント、それから今日も回診を終えたのだろうダーンがいた。

彼らはそれぞれ現地の小児科看護師たちを7、8人ずつ集め、3つのグループに分かれてテーブルを囲みながら、新生児の人形を使って緊急蘇生などの実習を行っていた。

見れば、菊地紘子さんも遊撃隊のように各グループをサポートしていて、ハイチの女性看護師たちの質問に答え、実際に人形を使う手つきなどを細かく指示していた。

その実習自体は1週間行われるそうだった。ヘンリエッタとプントはそのためにオランダから派遣されており、非常に熱心に一人ずつに話しかけていた。習う現地スタッフの集中がまた凄まじいほどで、講師の一挙手一投足から目を離すまいとし、自分でも人形でやってみようとした。

何かわからないことがあると、テーブルごとに話し合いになった。その間も誰かが必ず人形を持っていて、まるで生きている人間の世話をしているかに見えた。

俺はその集中の様子になんだか泣けてきてしまった。ハイチ人もオランダ人もベルギー人も日本人も、ただひたすら子供を救うことしか考えていないのだった。それ以外に彼らの目的はなかった。

それまでの取材で俺は、生活が苦しい中で体の弱い子供を持つ人々の大変さを思った。時には未熟過ぎる子供を救うこともあった。救われた子供は一生涯、障碍《しょうがい》と共に生きる可能性も高かった。

その中で、しかし命を救うことが絶対的な善だろうかと俺は複雑な気持ちになっ

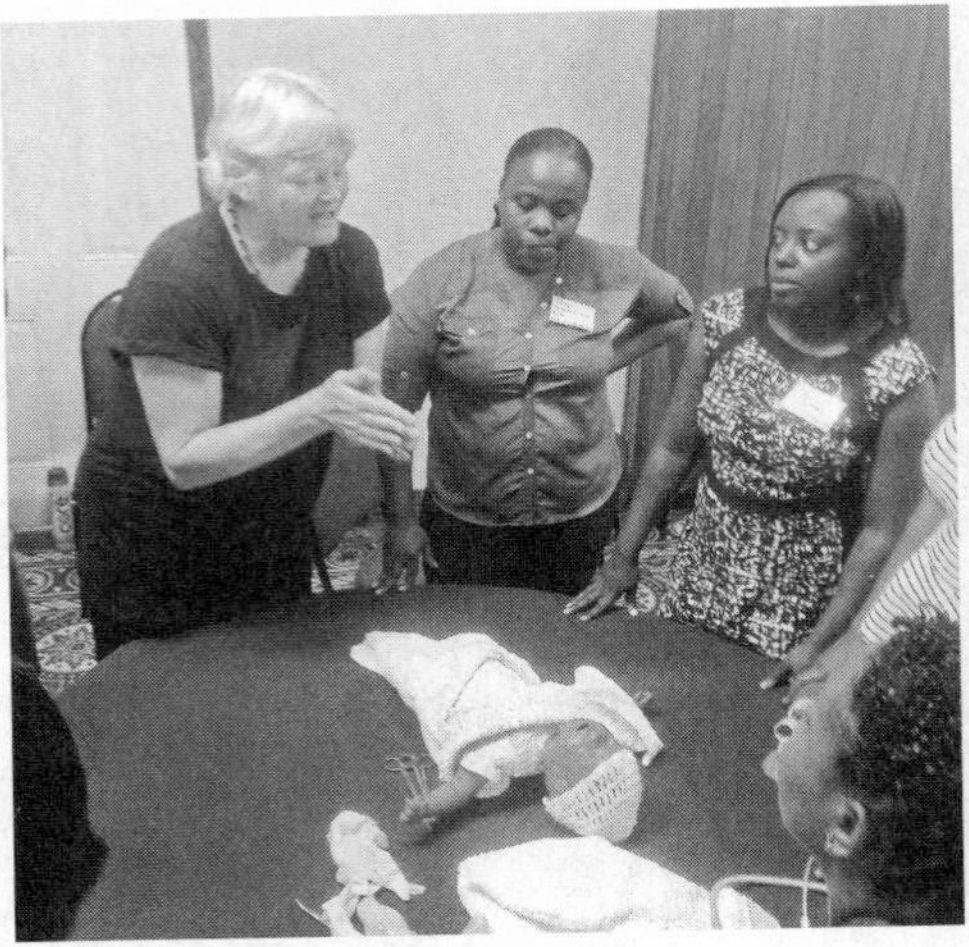

新生児の人形を使った実習

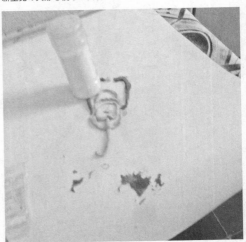

噴き出た絵の具で一輪の花が描かれていた。性暴力被害者クリニックにて

た。体力の乏しくなった母親たちを見ると、さらにその迷いは強くなった。

しかし、目の前で新生児の蘇生のことに全神経を注いでいる小児科の人々を見て、俺の問い自体がナイーブなものだったと知った。彼らはこう考えるだけだ。

子供の命を救え。

それで十分ではないか。なぜなら救えない生命も彼らの前には日々現れるのだから。

そして、彼らは神ではないのだ。誰を救って誰を救わないかの線引きなど、原理的には不可能だ。

だから子供の命を救う以外、彼らには、いや俺たちには出来ることがない。

コレラ緊急対策センターの現状

俺は講義の続く部屋から外に出た。

屋外に素敵な食堂があった。

そこを突っ切って、先にある石段に座った。

リシャーがどこかへ電話連絡をしていたのを終えて、黙って近づいてきた。俺が少し体を横にずらすと、リシャーは頭を下げてそこに座った。

「中はいかがですか？」

とささやくように聞いてきた。

「素晴らしいよ」

と答えた。

ふと思うところがあって、俺は質問した。

「リシャーはなんでＭＳＦに入ったの？」

すると、とても真面目な顔になってリシャーは答えた。もともとハイチの大学でジャーナリズムを学び、卒業後に様々なメディアや国際機関に参加したのだという。そうしているうち、インターネットでＭＳＦの公募を知り、２ヵ月連絡を待って面接を受けたのだそうだ。

「満足していますか？」

そう聞くと、リシャーは自分の足元を見た。

「他の組織や企業ならもっと稼げるでしょう。でもここにはジャーナリストとしての満足感があります。誰よりも早く、困難なところに駆けつけて救援をするのがＭＳＦですから」

そう言ってから、リシャーは俺を見た。

「でも、10年後はどうでしょう。子供もいるでしょうからね。その時、この仕事での生活を自分が選ぶかどうか」

続けてリシャーはMSFの四駆を指さした。

「セイコー、ああいうランドクルーザーを、日本のジャーナリストは持ってますか？」

問いの意味がわからなかった。

「リッチな人の話じゃありません。ジャーナリストです。私たちの国のジャーナリストではランドクルーザーはとても持てない」

俺は別な理由で沈黙を続けた。ジャーナリストは金のためにやる仕事ではないという世界的常識が、改めて心にしみたからだった。そして途上国でそれを貫くのはとても大変なことだということも。

俺は結局、リシャーの問いに答えることが出来ないまま石段を離れた。


性暴力被害者専門クリニックのアンジーたちが滞在する宿舎カイフルリに寄って昼食をいただき、少し休んでコレラ緊急対策センターへ足を伸ばした。

黒い鉄扉を開けてもらって中に入ると、すぐに足の裏に殺菌剤をかけてもらった。イギリスから来たプロジェクト・コーディネーターのスチュアート・ガーマンがそこのリーダーで、俺たちを案内してくれた。ひげを生やし、金色の長髪を後ろでくくっている。

行けども行けどもテントだった。まだコレラ発症の時期でないため、どこにも患者はいなかった。おかげでその間に、衛生的な啓蒙活動に力を入れているそうだ。いったんピークになってしまえば一日60人が駆け込むことになるのだとスチュアートは言った。

簡素な階段を上って、壁のない半野外の空間へ移動した。木材とトタンとビニールで出来ているその場所が、コレラ緊急対策センターのリーダーである彼の事務所だった。あまりの質素さに目を丸くすると、スチュアートは両手を広げて周囲を見回し、

「素晴らしいエアコンだよ」

と言った。熱風が吹いていた。

その砂だらけの床の上の事務机で、若きリーダーはたったひとつのノートブックパソコンに向かい、話の途中でも作業を続けた。

ハイチ全土にコレラはひそんでおり、再び大規模感染が起きれば首都ポルトープランスにある国の対策センターだけではとても足りなかった。しかし一時は注目の集まったハイチのコレラに対する国際社会からの義援金は明らかに減り、国や他のNGOは活動がしにくくなっているのが現状なのだそうだ。それでも、自国による対応が可能になるよう、MSFは地方行政や現地NGOへの移行を通して、地域分散型の体制

作りをしているというのだった。

また、対策センターではコレラのみならず、他の感染症、干ばつによる栄養失調、建築現場などでの事故にも受け入れを広げていると聞いた。それでも雨季でコレラがピークになれば感染を防ぐため、専門的に隔離していくしかなくなるだろう。

「ハイチでは国民の半分が不潔な水を使い、飲んでいる。それがコレラ発症の大きな原因で、これはつまり国全体の問題だよ」

ミッションがわずか1年だというスチュアートには、焦っても焦りきれない根本的な問題だった。

再び、テントのあちこちをさらにくわしく回ることになった。

静かで落ち着いた敷地の一角に、「Morgue（遺体安置所）」と書かれた小さな一室があった。

苦しみの近くにいようとする者

最後にもう一度、性暴力被害者専門クリニックに行った。

午前中は見ることの出来なかった部屋に、俺たちは案内された。

被害者がメンタルな診察を受けるその部屋には心理ケア用なのか、絵の具があり、紙があり、描かれた絵があった。人の存在の生々しさを俺は受け取った。

もうひとつの部屋には被害者が目指す人生の目標の図があって、そこに「勇気」「優しさ」「繊細さ」「思いやり」といった言葉がポスト・イットで貼られていた。

胸が詰まった。そんな単語を被害者が書かねばならないことの重さのようなものに、俺は頭を殴られる心地がした。不条理を許さなければ被害者は生きていけないのだとも思い、加害者の暴力の酷さを味わった。

もう一人の俺もきっとそう考えただろうと、急に思いついた。たとえ時間がどれだけずれていたとしても、変わらない真実はあるのだ。そこで初めて俺は、ハイチ到着から分裂していたリアリティをひとつに出来たように感じた。苦しむ者と苦しめる者がいる確かさが、そして苦しみの近くにいようとする者の存在が俺の頭の中の歯車を元に戻したのだった。


俺はさっきまで被害者との面談で部屋の中にいた現地ソーシャルワーカーのラルフ・トーマス・ブルーノを紹介してもらい、話を聞いた。被害者が自立して暮らせるよう、彼は力を尽くしていた。

「被害者に必要なのは、法律的助力、シェルター、そして経済的自立です。それを常に継続して与えなければならない」

ダンガリーシャツの袖をまくった若いラルフは、俺たちに控えめな様子で説明をした。クリニックが始まってまだ1年、やりがいは十二分にある、とラルフは言った。

しかし谷口さんが後ろから、

「この仕事はお好きですか?」

と聞くと、彼は一瞬下を向き、それから苦笑いをして答えた。

「好きじゃありません。これはつらい仕事です」

さて、長いような短いようなハイチ取材も終わりになり、俺はコーディネーション・オフィスに戻って緊急用の携帯を返し、事務的な手続きをし、ポール校長にも挨拶をしなければならなかった。翌朝、ハイチを発ってマイアミ、LA経由で東京に帰るスケジュールだったからだ。

しかしリシャーがドライバーに何か言い、四駆はオフィスではなく、別の場所に向かい始めた。すでに何度も空港方面への道路は走っていたから、俺にもそれはすぐにわかった。

やがて、コレラ緊急対策センターのテントと同じ生地の、つまり地震直後に救援物資として運び込まれたものがトタンや木材と組み合わされて並んでいる地区に、車は入った。

元あったろうレンガや石積みは崩れ、掘っ建て小屋の合間にはゴミが溜まっていたりした。どこかからどこかへ紐が結ばれ、穴だらけの衣類が干してあった。

スラムだった。

いや、震災によってそうならざるを得なかった貧しい人たちの、他にどうしようもない暮らしの現場だった。

「セイコー、これがハイチです」

前の座席でリシャーがそう言った。

復興などままならない世界がそこにはあった。雨が降れば、一気にコレラが猖獗《しょうけつ》するであろう狭い土地だった。

「写真に撮っても大丈夫ですから」

リシャーは重ねて言った。それまでそうしたエリアに立ち入って撮影するのは無理だと話していた彼だけれど、車の中からならいいと言うのだ。彼だって、現在のハイチの苦難を発信したいはずなのだった。今がチャンスだとリシャーはけしかけた。

ただ俺には自分が子供の頃、東京の下町でもこれを見たという思い出があった。川の上に水上住宅があった時代の記憶だった。だから正直、貧しさをカメラにおさめる気にならなかった。近い貧しさを知っている俺は、その画像で他人の同情心を喚起したくはなかった。ではどうすればそこに住む人たちの役に立てるかと俺は考え、最終的にスマホのボタンを何回か、リシャーのために押すことにした。

彼が希望を持ってくれるように。

必ず俺がこの様子をレポートに書くとリシャーに約束をするために。

特に最後の一枚を機械的に撮ったことを、自分ははっきりと覚えている。


翌日、マイアミへ飛ぶ機内で滞在中撮りためた画像を見、最後の一枚をじっと眺めるうちに気づいた。

乗っていた四駆の窓越しに、バラックの壁が写っていた。

その壁の中、間に合わせの木で作った扉にひとつの落書きがあった。

俺は思わず声を出しそうになった。

拡大してみると、そこには確かにこうあった。

I LOVE YOU JESUS

あれほどの苦境の中で、と思った。

そして、書かれた言葉が英語であることに気づき、俺はさらなる衝撃を受けた。

フランス語でもクレオール語でもない以上、それは外側の俺たちに向けてのメッセージでもあるのだった。

我々は神を愛している。

憐れむなよ、と言われているように思った。

憐れまれるべきはお前たちだ、と言われているようにさえ思った。

ハイチの民がどんなにプライド高い人々であるか、スラムの扉のそのたったひとことが傷跡のように俺の目の奥にはっきりと残った。

＊追記

この連載を始めてすぐ、ハイチで出会ったMSFスタッフが「逐一読んでくれている」と聞いた。紘子さんが直接訳したり、各々が自動翻訳ソフトを使って、英語やフランス語にしているというのだった。

俺は感激したし、彼らが読んでくれていることが大きな励みとなった。

ここで彼らハイチの友人たちに書いておきたい。

あなたがたを尊敬し、人間として誇らしく思っています。

SEIKO ITO

四駆の窓越しに写っていたバラックの壁

俺たちへのメッセージ

ギリシャ編

2016年7月

ギリシャ共和国

面積　13万1957㎢（日本の約3分の1：日本外務省）
人口*　1047万3000人
首都　アテネ
平均寿命*　82歳
*国連経済社会局人口部「世界人口推計2019年改訂版」

2016年初頭まで中東やアフリカなどからの難民や移民が到着する最大の拠点で、2015年には85万6000人以上が到着。2016年の欧州連合（EU）とトルコの難民対策合意により、難民や移民は住まいがなく身分も保証されない環境に置かれる。国境なき医師団（MSF）はギリシャ本土や島々で、不衛生な環境で足止めされた人々に対応、エーゲ海での救護活動も行う。2016年はレスボス島各地で移動診療を実施し、モリアやカラ・テペの難民管理センターでも活動した。

カタール航空の機内から

ギリシャを襲うピンチ

「国境なき医師団（ＭＳＦ）」を見に行く第２回目の取材は、ほぼミャンマーだろうと言われていた。ところが取材のためにとっておいたスケジュールの１ヵ月前くらいになって、ＮＧＯの入国が厳しくなっていると伝えられた。入れたとしても俺一人だという。右も左もわからない俺がたった一人でミャンマーの活動地に入ったところでなんの意味もない。

他に候補地がないか、ＭＳＦジャパンの広報である谷口さんは必死だったと思う。

それで出発の2週間前だったか、ギリシャのＭＳＦが受け入れてくれることになった。幸い日本人スタッフにも話が聞けるのではないかという続報も来た。とりあえず行ける場所が出来たことに俺は安堵した。

だが、一体なぜギリシャなのか？

谷口さんからのメールにはこうあった。

「近年、中東、アフリカの情勢不安を逃れて、多くの方が海を渡り、欧州を目指しています。弊団でも、地中海、ギリシャ、イタリア、フランスほかで、このような難民の方々を保護、医療を提供しています」

出た、弊団。俺はこの名称が大好きだ。

ギリシャが経済破綻をし、イギリスより前にＥＵからの緊縮財政の提案に関して国民投票をした国であることは俺も知っていた。そしてギリシャ国民は昨年２０１５年のその投票においてＥＵにノーを言い、離脱やむなしという態度をとった。

結果、チプラス首相が譲歩をし、ＥＵは支援に回った。

そのギリシャに特に昨年から、すさまじい数の難民が押し寄せていた。

次から次へとピンチが襲っているわけだ。

例えば、シリア難民だった。混迷を深めるシリアからは次々に脱出する人がおり、彼らはヨーロッパで新しい生活をしたいと考えている。移民に対して特に対策が厚いのがドイツで、出来ればそこで定住したいと彼らは願う。したがって、シリア難民となった人々は真上のトルコを通り、対岸のギリシャに小舟で向かう。あるいは陸路で歩き抜け、イスタンブールでヨーロッパ側に渡り、ギリシャの上のマケドニア、セルビアなどを移動する。

前者の、海路を目指す人たちの多くが海難事故に遭って幼児が沿岸に打ち上げられるのを、報道で見た人も少なくないはずだ。

しかしながら、それが実情どんなことになっているのか、あるいはまさに今年2016年の春に締結された「EU―トルコ協定」によって、ギリシャへの不法移民がトルコに再送還されるという約束がどう実現されているのか、俺はくわしく知らなかった。ともかく重要なのは今年3月に〝密航業者のあっせんなどでギリシャに渡った難民・移民の人々をトルコへ送還するかわり、トルコ国内の難民キャンプで暮らす人たちを正規ルートにのっとって「第三国定住」の枠組み内で受け入れる〟という約束が出来てしまったことだ。

これでギリシャに渡った人々の夢は断たれた。が、しかしトルコに送られたところでどうにもならない彼らは動きたくない。MSFとしても難民が生まれているからには、彼らの命を支えようとする。

そんな中、多くの難民がギリシャ国内にとどまって、よりよい決定が世界政治上でなされるのを待つことになった。

それどころか、今日もまた他国からギリシャへと人は渡っているのである。


ということで、またも付け焼き刃の勉強を行った状態でギリシャに4泊（プラス機内泊2日）してきた俺は、実はすでに帰りの機内にいる。

カタール航空でギリシャの首都アテネを深夜に出た俺は、5時間ほどでドーハに着き、その最新鋭のハブ空港から東京羽田へ10時間のフライトをしているところだ。周囲の日本人はヨーロッパのあちこちからドーハでトランジットしているらしく、思い出を語りあうのも億劫な感じでぐったりしている。

飛行機はアラビア半島の東部から、やがてイラン、パキスタンの上あたりを飛ぶだろう。

その間、俺はギリシャで何を見たのか、スマホで撮った写真と細かくつけたメモ帳を照らし合わせて思い出していく。なにはともあれ、俺は憧れのギリシャ旅行がまさか「国境なき医師団」の活動地訪問になるとは思いもよらないまま、アテネで地下鉄に乗りまくり、リゾートで有名な島に渡って大きな難民キャンプの厳しい状況を知ることになるのだ。

民主制発祥の地へ

始まりは7月14日の木曜日だった。

俺は昼間からあれこれ仕事をし、くたくたで夜の羽田空港へ行った。フライトは深夜。ドーハ経由でアテネに行くことになっていた。

きちんとしたギリシャの位置を世界地図上で見たのは、そのドーハから乗った機内でだった。最終目的地であるギリシャは地中海に囲まれているのだけれど、同じ地中海は右側のトルコ沿岸をも浸し、そのトルコの南にすぐシリアがあるのだった。

俺は飛行機の中でビデオを見る習慣がない。それでだいたいあのカーソルみたいな飛行機が地図の上を移動していく画像をじっと見る。自分でもかなり内閉的な傾向があるのではないかと思うが、機体速度や目的地の時間を繰り返し見ているのが好きなのだ。ちなみに、台風の沖縄で数時間、天気チャンネルで台風の動きを見ていたこともある。あの時はなぜか小さな部屋の中で池澤夏樹さんも一緒だった。

それはともかく、ギリシャが東方的な文明を持つことの皮膚感覚的な意味を、俺はいい年をしてようやく、それも座席前部に付いたモニターに映る世界地図での、アテネとアレッポのあまりの近さによって知ったのである。

付け加えて言えば、決して素直にドーハからアテネに着いたわけでもなかった。トランジットのほんの1時間の間に、俺たちはようやくつながったネットによって、その日がフランス革命記念日であったこと、花火を見に集まっていた群衆にトラックが突っ込んだことを知った。空港のテレビモニターにはアルジャジーラ放送が静かに映っていて、惨劇の情報がもたらされていた。それを無言で見るのはアフリカ、中東、ヨーロッパ、アジア各国の人間たちだった。みな複雑で絶望的な視線を映像に向けていた。

そんな状況で俺たちはアテネに向かった。アラビア半島を西北へ斜めに突っ切り、アレクサンドリアの上を通り、パラドックスの比喩で有名なクレタ島を過ぎれば、垂れた葡萄のような形の先端がアテネだった。

つまり民主制発祥の地だ。

空港に着いてEU市民でない者の列に並び、国内に入るとすぐに地下鉄を探した。ほとんど地方空港と鉄道という感じの近さにそれはあった。目指すのは谷口さんが持っているコピー用紙によれば「メガロ・ムシキス駅」らしかった。地下鉄とは言え、しばらく車体は外を走った。

車窓の向こうにはオリーブらしき樹木と、糸杉らしい木、さらに知らない葉が茂っていて、いかにも地中海性気候というやつだった。日差しが明るく、空が青く、その空を鳩と燕の中間みたいな鳥が何羽も飛んでいた。

これはのちのちも続くことだが、ある駅からアコーディオン弾きが乗ってきて、いかにも中東的な要素の濃い哀切なメロディを鳴らして回った。アコーディオンの横にはガムテープでプラコップが貼ってあったが、小銭を入れる人は誰もいなかった。もしそれが観光だったら、俺はあの時その流しに小銭を与えたかもしれない。いかにも異国らしい情緒にひたるために。

だが、俺はギリシャの経済的疲弊を知っていた。むしろアコーディオン弾きの暮らしがせっぱ詰まっているのだと思うと、反対に俺の手は動かなくなった。まったくおかしな話だ。あの時、俺は積極的に小銭を出すべきだったのではないか。

なんとか「メガロ・ムシキス駅」についたのはいいが、そこから歩いていくべきMSFギリシャへの道を迷いまくった。途中すぐに俺は用意していたキャップをかぶったのだが、すでに脳天は暑かった。熱中症になるおそれがあるほどの陽気の中、俺たちは荷物を引きずりながら同じがたがたの道を左に行き、右に行き、40分を費やした。

ただし、おかげで俺はあの鳩と燕のハーフみたいなやつが、ギリシャの小型の鳩だということを知った。道路のあちらこちらに色んな柄のそれが歩き回り、飛び回っているのだ。

ノアの方舟へとオリーブをくわえて帰ってきた鳩、平和のシンボルとなるあの鳥は、ギリシャのそこら中におり、水をのみ、木の実をつついて暮らしているのだった。

俺はもうろうとしかけた目で、そうした鳩の白い羽根、灰色の羽根、斑点などを見ながら歩き続け暑さに耐えた。例の同じ画面を眺めていれば暇に耐えられる心理傾向が、俺を安定させたのである。

それはともかく、ようやく目当ての小さな通りを見つけ、なおもがたがたと荷物を引いて行って慎ましい古いビルにたどり着いた。そこがMSFギリシャのオフィスだった。短い階段を上って透明なドアを開けると中から冷気が来た。思わず深く吸い込んだ。

受付の女性が言った。

「暑かったでしょう!」

「はい。これが最高気温ですよね?」

「いいえ、まだまだ」

ギリシャの夏はなかなか厳しいらしい。

そこへ、待っていてくれたディミトリス・ロウビスさんが降りてきた。細い格子のシャツ、細いオレンジのパンツでスタイリッシュな男性だ。

挨拶もそこそこ、ディミトリスさんによる情報では、この数週間ほどの間、ギリシャ各地の難民キャンプでは10の疾患を対象としたワクチン接種キャンペーンが行われているとのことで、出払っている人が多いらしかった。ある者は市内で、ある者はサモス島で、またある者はレスボス島で子供たちに予防接種をしているというのだ。俺たちの渡航前からMSFジャパンと取材調整をしてくれていたアスパシア・カカリという女性が不在なのも、サモス島に入っているからだということだった。

確か3階まであがると、周囲に小さなオフィスがあり、中で女性たちが1人ずつ働いていた。中央のこれまた小さなソファに座って待っていると、ディミトリスさんがプラコップになみなみと冷たい水を入れて持ってきてくれた。おまけにギリシャ名物のフレッド・カプチーノはどうですか?と言ってくれて、俺たちはすぐに甘えた。

おそらく狭い道路を挟んで向こう側のカフェから、誰かが急いでテイクアウトを持ってきてくれた。透明のカップに氷とエスプレッソとたっぷりのクリームが入っていて、ドーム状の透明なキャップをかぶせられ、その真ん中にストローが刺さっていた。吸うとこれが苦味と甘味の利いた、実においしいおもてなしなのであった。俺は飲んだ。ごくごく飲んだ。

夜叉のように飲んでいると、目の前に黒ずくめの美しい人が現れた。それがMSFギリシャの事務局長マリエッタ・プロヴォポロウさんだった。ありふれた言い方だが、まさにギリシャ彫刻みたいな均整で、黒い髪、黒い瞳、白い歯をした堂々たる女性である。一方、俺はアイスカプチーノにかじりついたネズミのような東洋人であった。

「ようこそ、ギリシャへ。ごめんなさい、作業があるので少しお待ち下さい」

マリエッタさんはスウェット地の黒い上下の服をまとって、ひとつの部屋に消えた。彼女の用事が済むまで、やせネズミはカップの底をからから言わせながら飲み物の残りを漁った。

そして、時間が来ると、マリエッタさんは自らの部屋に俺たちを招き入れ、現在ギリシャがどんな状態にあるのか、難民たちはこのヨーロッパの地でどのような扱いを受けているかを一気に語り出した。

燃えるような弁舌とはこういうものだ、という激しさで彼女は時おり髪を振りながら、今ここにある困難を訴えた。それは当然ギリシャだけが抱える難儀ではなく、ヨーロッパと中東、そしてアジアまでを含んだ危機であった。

つまり世界の危機じゃないか。

そのどん詰まりの実情を、引き続き俺はこのドーハを飛び立ったばかりの帰りの機内からお届けする。

まだシートベルト着用のサインさえ消えていない。

マリエッタのブリーフィング

今、ギリシャで何が起きているのか

マリエッタさんは豊かな黒髪をかきあげながら、俺たちの目をじっと見たのだった。そしてしゃべり続けながら立ち上がって部屋に貼ってあるギリシャの地図のそばに行き、自分が話しているのがどの場所のデータであるかを示した。

ギリシャの北、マケドニアとの国境イドメニは象徴的な場所だった。なぜなら難民

になってしまった人々はギリシャに流れ着くと、そのイドメニを関所のようにしてマケドニア、セルビア、クロアチアなどバルカン半島のかつての紛争地帯を通り、ドイツやオーストリア、スウェーデンなど自分たちを受け入れてくれる国へと向かうからだ。

だがしかし、前にも書いたように「EU―トルコ協定」によって、このイドメニ国境が閉鎖されてしまった。天国への門が閉まったようなものだった。難民たちには行き場がなくなった。

実は前にくわしく書かなかったことがある。「EU―トルコ協定」では、1対1の枠組みが作られた。不法入国者が1人トルコへ送還されると、他の正式な手続きをした難民が1人、EUに送られる。だがしかし、ここに絶対的な不平等がある。EUに渡れるのは、シリア難民だけだから。

ここに俺たち東洋人の、遠い場所でのトラブルへの思い違いがある。それを俺自身、マリエッタさんから教わった。

難民はアフガニスタンからも来る。

アフリカ諸国からも来る。

イラクからもやって来る。

世界は紛争だらけで、経済的な難民以外に、自国が住んでいられない危険に侵食されてしまった人々がいる。

彼らは町を、住まいを破壊され、漂流するしかなくなる。

だが、どこに行けばいいというのか。

そこにドイツなどが手を差し伸べる（俺が帰国してからすぐ、メルケル首相の支持率が急落したというニュースが日本にも流れた。受け入れた難民によるテロが原因だと解説されていたが、それもひとつの情報操作によるだろうと思う。もしドイツが難民を受け入れなければ、彼ら国を出た者たちは一体どう生きればいいというのか。ドイツの寛容を一方的に非難して誰が得をするのだろう。難民をほとんど受け入れずにトランプ共和党大統領候補に誉められているような日本か？　いや、俺は帰りの飛行機の中にいるのだった。帰国後のニュースをまだ知りはしない）。

したがって難民になってしまった人々は北を目指す。にもかかわらず、そこで「EU—トルコ協定」が締結されてしまう。

1対1というあたかも非合法と合法の正当な人身交換のごとき枠組みで。

実際は1対1などではないと俺は思う。あえて言えば、あらゆる国の難民たちがシリア難民に権利を譲らされるのに近い状況なのだ。世界政治の複雑怪奇さが生み出した、これは非情な数学なのに違いない。

シリアの中でアサド政権と反政府勢力が戦い、過激派組織「イスラム国（IS）」

が勢力拡大を狙い、政権側のバックにロシアがいて、反政府軍はアメリカに支援を受ける。かの国の中の政治状況は泥沼化の一途をたどっている。シリアだけで1000万人以上の難民・避難民という現実から、その危機がいかに大きいかわかる。

そこに、まずEUは援助をする。

けれど、難民はアフガニスタンからも来るのだ。

アフリカ諸国からも来る。

イラクからもやって来る。

彼らは見捨てられ、日々増加し続けている。

「イドメニに今は3000人」

マリエッタさんは黒く大きな瞳をこちらに向けて言った。左手の指先はマケドニア国境を指していた。

「それからアテネ近郊のエリニコ、ここは昔空港だった敷地ですが、そこに1000人。他にも市内には700人。テルモピレス難民キャンプに200人」

示される場所は次々変わった。全土あちこちへと指は動いた。様々なギリシャの地名を俺はおかげで知った。

「あなたがたが取材する予定のアテネ近郊のピレウス港にもまだ1300人が残っています。なにしろギリシャ全体の約50のキャンプに5万5000を超える難民の方々がいるんですから」

ＭＳＦはそのうち、アテネ市内、イドメニ、レスボスやサモスなどのエーゲ海の島々で医療を提供し、他の援助団体との連携の中で多くの救護活動をしていた。

あたかもひとつの国の中で静かな戦争が起こっており、見えない怪我や死を迎える他者が少しずつ固まって収容所が出来ているかのようだった。経済破綻で強いイメージを作ってしまったギリシャは、同時にそうした不可視の困難がモザイク状に展開する国と化していた。

それは同時に、ギリシャが見えない争いに抵抗し、人道のためにあらゆる善意を注ぐ場所になっていることの証拠でもあった。例えばマリエッタさんがその見える形だった。

「とはいえ、移民・難民問題はずっと昔からありました」

自分のデスクに戻ってきたマリエッタさんは言った。

「ギリシャは地理的にヨーロッパの入り口ですから、中東からアフリカからトルコから逃れたり移住したりする人たちは常にいて、私たちはそれに対応していたわけです。ところが爆発的に増加してしまったのが昨年で、数十万の単位になった。シリア紛争が大きな原因です」

なんと１９９４年からの20年余りで、移民・難民の総数は１００万を超えるとも言われている。そのほとんどがつまり去年2015年の難民ラッシュで国外に逃れ出た人々だ。

難民の人々の尊厳

髪を振り立てて、と前にも俺はカタール航空の機内でこの時のことを思い出した。今は高度も安定したらしい飛行機の中、俺は自分が取ったメモを見て、マリエッタさんの様子を目に浮かべている。

あの時マリエッタさんは、俺と広報の谷口さんの両方を交互に見て、眉を少し寄せ、感情たっぷりに頭を左右に振って失望し、両手を振って自分をふるい立たせた。

問題は難民が移動して住む場所がないというだけではなかったのだった。

「移動の間に、あらゆる暴力があります。レイプがあります。強奪があります。病気や怪我にさいなまれます。それでも彼らは安住の地を求めて動き続けるしかありません」

彼らの地獄のような歩行、航海を想像しながら、俺は黙ってメモをとったものだ。

「しかし彼らは自分たちが非合法だと思っているから、誰を非難することもない。訴えることも出来ない。ただただ耐え忍んでいます。そしてひたすら、自分たちを通してくれと言うだけです。しかし、人道に非合法か合法かなどという区別はありません」

そうでしょう？　とマリエッタさんは無言で俺たちに問うた。もちろん俺たちはうなずいた。

すると、彼女はあらゆる世界の矛盾に鉄槌を下すかのように言った。

「生きるために紛争を逃れてきた身に、非合法なんてことはあり得ません」

まったくその通りだった。アテネのビルの中で、俺は人道主義の核心を民主制の発祥地ギリシャの女性から投げかけられていた。

dignity とマリエッタさんは付け加えた。

尊厳。

「彼ら難民の方々には、他の誰とも同じように尊厳があります」

この言葉は日本ではいかにも浮いて聞こえるようになってしまった。だが、少なくともＭＳＦギリシャ事務局長マリエッタ・プロヴォポロウが言う「尊厳」は本来的な重みを持つ言葉だった。なぜかに関しては、いずれ書くことになるだろう。今はマリエッタさんの止まることのない主張に耳を貸していなければならない。

「だから我々は政治がどうであるかにかかわらず支援をします。ＥＵが知らないふりをしていても、現実に対応するべきだからです。私たちは医療や心理のケアを提供し、毛布を運び、食べ物を送り、シャワーを用意し、トイレを設置し、同時にＥＵの大使たちにどう働きかけて状況を好転させるか試行錯誤しているところです」

と、ここで今度はマリエッタさんの表情が曇った。とても感情がわかりやすい人だった。不屈がベースだが、その上で動く気持ちを隠すことのない女性であった。

対岸トルコからゴムボートで来る難民のことを、マリエッタさんは話し出した。

彼らは密航業者に大金を払ってゴムボートに乗るが、操作を教えられずに海へ押し出されてしまう。エンジンが壊れていたり、油が入っていないことなどざらだ。それでも彼らはヨーロッパにたどり着きたくて必死になる。

船は風や乗員オーバーで容易に転覆する。または穴が開いて沈む。

難民たちはあらかじめ子供たちを守ろうと、小さな者たちを船の真ん中に乗せる。しかし非情なことに、船が壊れ始めるとそここそが弱い。水が溜まってゆく。船底が割れる。その上、彼らはニセのライフジャケットを買わされていることさえある。海に投げ出されてしまえば、自力で泳ぐしか生きている方法がない。

子供たちはまだ水泳を知らない。

「それが沖に見えるんです。しかし助けることが出来ない。すぐに船は沈んでしまう。そして海岸に子供の死体が上がります。自分の子供を遊ばせていたビーチに、誰かの子供の溺死体が流れ着く」

マリエッタさんは深く息を吸って言った。

「これが今、ヨーロッパで起きていることです」

そのあと、もし生きてギリシャにたどり着けても、という話をマリエッタさんはした。暑くても寒くても彼らは歩き続けるのだった。ギリシャの南端あたりに着けば、東側の海岸沿いをひたすら北へ北へと。彼らはすでに自国を出る時から、すさまじい距離を踏破していた。そして途中の国境で突然、軍隊に押し返されるのだ。「EU―トルコ協定」が決まったから、と。

ヨーロッパの中で今、100万人以上が流浪の身でいることを想像してみて欲しい、とマリエッタさんは言った。目のふちに涙が浮かんでいた気がするが、彼女は顔を伏せることはなかった。

彼女が話している事態はのちの世界史に必ず特記される大問題だと俺は思ったが、果たしてそれは解決した上でだろうか、それとも延々と出口のない難問であり続けるのだろうか。

「EUとトルコは資金援助と難民の移動の制限に合意し、協定を結びました。けれど問題はそれでは解けないんです。ですから私たちMSFは『EU―トルコ協定』に抗議をし、EUからの資金援助を断ることを決めました」

決然とマリエッタさんは言った。

俺は腹の底から息を吐いた。

こういう人間がいてくれることが、尊厳そのものではないか。

だから弱い者の尊厳が守られるのではないか。

そう俺は思ったのだった。


ではなぜ彼らは他者の尊厳をそのように自然に尊重出来るのか。

俺はギリシャでそのことをずいぶんあれこれ考えることになるが、ここで報告を少し休もう。

カタール航空ドーハ発羽田行きQR812では飲み物が配られ出したから。

オレンジジュースでも飲んで、俺はいったん落ち着くことにする。

こういう時に酒はだめだ。いい酔い方にならない。

暴力や拷問から逃れてきた人々

スケジュール変更

機体は異次元と接続するかのように真下にがくんと落ちた。

２０１６年7月20日、ドーハのハマド国際空港から羽田へと飛び立ったカタール航空ＱＲ８１２のことだ。

俺は読んでいたメモから目を離す。

両手で座席のアームをつかむと、ちらりと隣に視線をやった。大きな体を小さな席に押し込んで微動だにしないでいる、地中海周辺諸国の若者らしい薄い茶の肌をした男がいた。

彼は顔を動かさず、目だけを上げる。機内のライトがその瞳に映ってきらめいた。

また機体が落ち、続いて左右に揺れる。

ポンと間抜けな音がして、機長がアナウンスを始めた。

当機はただいま乱気流の中にある。揺れるが安全に問題はない。シートベルトを締めたままフライトを楽しんで欲しい。

同じ内容がアラビア語と日本語で俺たちに伝えられる。

ただし、もしかすると当日のフライトレコーダーにはこの乱気流が記録されていないかもしれない。

俺と隣の若者だけが記憶するだけで。

別の次元に俺たちは移動し、なおも各々そこから過去数日のことを思い返し続けるのだとしたら。

はっきりとした事実の数々を。

はっきりしない虚構の方角から。

7月15日。

マリエッタからのブリーフィングを聞き終えて、俺とMSFジャパン広報の谷口さんはタクシーに乗ったのだった。車を呼んでくれたのはMSFギリシャの広報ディミトリスさんで、彼は運転手に行き先まで告げてくれた。

数分で俺たちは細い道の中に立つ白いビルの前に着いた。1階は改装中で、ガラス張りのオフィスの中に工事関係者が3人ぼんやりと椅子に座っていた。

ビルの3階にMSFベルギー（OCB）のギリシャ・コーディネーション・オフィスがあった。アテネでの宿泊のため、そこで俺たちはスタッフ用宿舎のカギをもらわねばならなかった。

引っ越したばかりのようなきれいなオフィスは、真ん中に廊下があり、両端にガラス張りの各部屋がある形で、若いスタッフが詰めていた。

誰が誰か覚えられない速さで大勢の人と握手をし、自己紹介をしている間に、外国人派遣スタッフの渡航・宿泊の手配を担当しているエリーザこと、エリザベス・ビリアノウさんが2セットのカギをくれた。

その日は当初取材がなかった予定なのだが、俺たちが日本を出る日にスケジュール変更の連絡があったらしく、カギと一緒に宿舎の地図のコピーをもらって急いで外に出た。歩いて10分ほどのその場所に、まず荷物を置く必要があった。そこもタクシーで行くものかと思ったが、エリーザさんは歩くことしか前提にしていなかった。

これはギリシャにいる間にわかったことだが、彼らはよく歩く。飲みに行く時も、仕事の時も、出勤も帰宅も、20分以内なら（ひょっとしたら30分でも）絶対に歩行だ。地下鉄が走っていて、設置された自動改札はチケットに穴を開けるだけだからタダ乗りさえ自由なのにもかかわらず、ギリシャ人は、少なくともアテネ人はあまり電車に乗らない。

それにならったわけでもないが、俺たちは地図で指定された通りに荷物をゴロゴロ言わせて歩き、ひとつの通りに面したビルの2LDKに入ると、ひとつずつ無言で部屋を選んでそのカートを置くやいなやすぐにまた外へ出た。

予定が変わった行き先は少し遠かったから、そこはタクシーを拾った。住所が書かれた紙を運転手氏に渡すと、俺より少し年上といった感じの彼は機嫌よさそうにうなずき、車を発進させた。

運転手氏は煙草を吸い、灰を外に落とした。こちらもシートベルトをしなかった。いかにもヨーロッパ的なそういう振る舞いに妙な旅行気分を刺激された俺は窓の外をキョロキョロ見た。アテネは街路樹が多様で豊富だった。道の両側の建物の前にはイチジクやオリーブや火炎樹らしき木が植えられ、中央分離帯にも樹木が並んで木陰を作っていた。

拷問を受けた人々への治療

旅行気分が続くのも15分ほどだった。目的地近くに降ろされた俺たちは、自力で目指すビルを探さねばならなかった。いや、場所が見つかりにくいことが俺の気持ちを切り替えさせたのではない。現に谷口さんは携帯で先方につなぎ、ビルの特徴を聞き始めていた。

むしろ、俺が緊張したのは、行き先がＶｏＶ（the Victims of Violence project）、「暴力や拷問を受けた人びとを対象としたプロジェクト」だったことである。いきなりハードなインタビューが予想された。

どうやらこのビルらしいという建物が見つかり、中に入るとドアが引き戸になったエレベーターがあった。右に引くと格子が狭まるタイプだったと思う。乗って4階に向かったのだが、到着したはずのエレベーターはかすかに揺れ、ドンとかすかに落下した。次元がずれた感覚がした。

引き戸を開けて降りたが、あるはずのVoVの表札はなかった。

迷っていると、階段の下から呼ぶ声があった。

「ヒロコ？」

「シェリー？」

谷口さんが先に階下に行った。俺が続いた。

そこに白髪の恰幅のいい女性がいた。

シェリー・デュボアというアメリカ人だった。

VoVの医療活動マネージャー。プロジェクト唯一のエクスパット（外国人派遣スタッフ）である。

にこやかに俺たちを迎えたシェリーは、3階の事務所のドアを開けた。中が彼女たちのオフィスで、大きめのテーブルのこちらと向こうに俺たちは座って対面した。細い老眼鏡をかけ、黒い服に身を包んだシェリーはすぐさま話し出した。なにしろ、当初は週末に会うスケジュールだったが忙しいし、週末は休みたいという変更をした人だ。シェリーおばあさんには時間がなかった。

まず、MSFのVoVは現在世界に3つあるとわかった。

最初はエジプトのカイロに出来た組織は、次にアテネ、そしてローマへと拠点を広げた。当然それぞれは連携し、政治的宗教的抑圧や拷問から逃げてきた人々を保護し、ケアするのだった。

そんなハードな、かつ政治的な活動をしているのだと思うと、にっこり笑いながら話をするシェリーおばあさんがかえって凄い人だと感じられた。

「私たちが行うのは一次診療じゃなくて、専門的な二次診療なのよ。今は月水金の週3日。来る人たちはみんなそれぞれに酷い物語を持っているから、それはそれは気をつけて接しないといけません」

彼らは同時に、ギリシャの中で難民・移民を法律的に支援している団体「ギリシャ難民協議会」、そして心理ケア専門の「デイ・センター・バベル」と密接につながりあいながら、被害者の身体的心理的なケアと社会的支援をしていた。

シェリーは続けざまにどんどん話して、どんどん微笑んだ。急いでいるように見えた。

やがて、実際に治療をしているのはすぐ近くのビルでだとシェリーは言い始めた。

俺たちがいるのはあくまでも事務的な作業をする場所なのだった。

「去年はほら、シリアからたくさん難民の方々が来たでしょ。だからそれまでの４倍の人を診ることになったの。それでこっちもあっちも大変」

忙しいのにノンキに取材になど来てしまって申し訳なかったなと思っていると、シェリーが重い体を持ち上げて立った。

「さあ行きましょ」

と言う。

俺も谷口さんも面食らった。するとシェリーがある方角を指した。

「治療してるところも見たいでしょ？」

彼女は俺たちのために十二分な便宜を図ってくれていたのだった。

角を曲がってすぐにそれはあった。

政治的宗教的抑圧を受け、拷問にあった人々を〝実際に治療〟している場所だった。ビルのワンフロアがそうだった。

入り口に臨床心理士の男性が待っていてくれた。挨拶してさらに奥に入ると、すぐ右側に黒いヒジャブをかぶったアラブ人の女性が２人（親子だったろうか）、身を寄せて座っていた。シェリーが気を遣ってスタッフに質問すると、彼女たちは患者というわけではないようだった。

シェリーについて歩き、ぐるりとフロアの中の部屋を回った。

「ここは体力を検査する場所」

確かに簡素な運動マシンが中に置いてあった。そうか、体力測定までするのかと不思議な気持ちになっていると、きわめてそっけなくシェリーから〝拷問を受けた者がいかに身体を弱らされるか〟の話があった。

女性専用のセラピー室もあった。

ヨガ教室を開いて、レクリエーションを通した心身のケアをすることもあるそうだった。

メインの診療室も見せてもらった。一日6人程度が、初診なら一人3時間じっくりと診療とカウンセリングを受けると聞いた。

あちこちにとても明るい女性スタッフがいて、俺たちはまた握手して歩いた。彼女たちのほとんどが文化的仲介者《カルチュラル・メディエーター》という重要な役割を果たしていて、（これはのちのちギリシャの難民支援活動に非常に特徴的で大きな存在だとわかるのだが）要するにシリアからイラクからエジプトからアフガニスタンから逃げてくる人々に応じて、言葉を通訳し、それぞれの慣習を医師に説明し、また患者にこちらの支援方針や内容を理解してもらうのである。

患者になる人はたいてい英語を話せない。さらに宗教的な都合を持っている。女性がしてはならないことがある。治療者側がよかれと思っても、ケアを受ける側がまた抑圧だと感じてしまってはいけない。

そういう観点から、難民支援には文化的仲介者が不可欠で、しかもそれぞれがもともと難民として移動して来たことが多く、だからこそ気持ちもニーズもよくわかり、さらに難民の雇用をも生み出しているというわけだ。

世界の残酷でリアルな困難

「ここには歯医者さんも週1で来るの」

シェリーが部屋のひとつを指さして言った。

俺はまたノンキに、VoVは審美的なところまで面倒みるのかと感心した。シェリーもそれ以上説明しようとしなかった。だが、すぐに谷口さんが現実の厳しさを俺に教えてくれた。

「拷問を受けると歯を失うケースが多いので、歯科医が必要になります」

「あ……」

難民たち、しかも政治的宗教的抑圧や拷問にさいなまれた人たちは俺などとは次元の違う場所にいた。

シェリーがさらっとそのあたりの事情を、これまたにこやかに俺に伝えた。

「ひどい拷問のあと、不眠やパニック、あるいは発狂する場合もあるので、私たちが連携している心理ケア団体のバベルには精神科医もいます」

いや、もうにこやかではなかった。

シェリーの目の中に、マリエッタと同じような炎を俺は感じた。ひどい状況を俺に知らせ、共に絶望しながら同時に不条理に怒り、たてつき、諦めずに活動を続け、柔らかいジョークを口にして自他を解放する人々。


再び彼女自身のオフィスに戻ると、シェリーはなおも世界の困難について具体的な事例を挙げて説明してくれた。

ホモセクシュアルを探し出して殺そうとするアフリカの例。

難民登録が出来ずにゴミをあさって暮らす人々の話。

牢獄に収容された女性の90％がレイプされていること。

それでも俺たちは下を向いてはいけなかった。聞けばシェリーは68歳で、最初のミッションを俺と同じ年齢55歳で始めたのだった。それまでローマのアメリカ大使館などで医療スタッフをしていた彼女は、以後数々の活動地に赴いた。自分が出来ることをひたすら行うしかなかった。

「……そもそも、シェリーさんはなぜＭＳＦに参加したんですか？」

その基本的な問いに彼女ははにかむように、あるいはうんざりするように笑ってからこう答えたものだ。

「シュバイツァーを尊敬しているから」

実に簡潔な答えだった。続けてシェリーは口を開いた。

「そして家族もみんな独立して、ようやく私の番が来たから」

やはりそう言うのだった。自分は誰かのバトンをつないでいる、ただそれだけだ、と。まるでハイチのドイツ人、カールが俺に話したように。

「ここに来る前はスワジランドに13ヵ月いたのよ」

シェリーは時をさかのぼって味わうように俺の目をのぞき込んだ。

「そして5ヵ月休んで孫の世話をたっぷりした。でもそろそろリタイヤしようと思ってます。ＭＳＦだけが人生じゃないから。もうほどほどにして、他の生き方も楽しんでみなくちゃ」

そこでシェリーは一番の笑顔を見せた。

けれど、彼女はやめられないのではないか、と俺は思った。

世界に困難がある以上、彼女は力を尽くさずにいられないだろう、と。

ヨーロッパの自己免疫疾患

たった1日での変化

いつまで経っても俺は落ちた海に頭を突っ込んだままで息が出来なかった。波がぐらぐら揺れたあと、俺の体はぐんと海底の方に引っ張られ、より水温の低い層に吸い込まれた。なぜか頭皮ばかりが冷たかった。

宿舎の硬いベッドで目を覚ましてすぐ、夢の要素が前夜のシャワーに直接関係しているのを理解した。お湯が出ず、俺は真水で髪を洗い、近くのスーパーで買っておいたタオルで全身をふいたのだった。

ありがたいことにＷｉＦｉは「国境なき医師団」の関連施設に完備していた。俺は洗面所へ行き、歯を磨き顔を洗い、生乾きのタオルを使いながら、スマホを見た。そして、トルコでクーデターが起きかけたというニュースを知った。

ギリシャの隣国だった。数日後には至近の島へ取材に行く予定でもあった。そこでクーデターが実行されかけ、重要人物がこちらに向かっているとかいう記事も見た。前々日はフランスでテロがあったばかりだった。世界が不安定に揺さぶられ、あちこちで軸を失って物が倒れ続けている気がした。

当日の取材は変わらず行われた。俺たちは近くまで地下鉄に乗って行き、ギリシャの国会議事堂前、すなわちシンタグマ広場へと歩いた。衛兵が2人、旧王宮であった薄オレンジ色の議事堂前に立ち、白いソックスにカーキ色の上っ張りを着て赤帽をかぶっていた。その衛兵の姿をさかんに直す上官がいて、やがて集まっている観光客に向かって写真を撮るように促した。俺はどういうわけか、いつの間にか最前列に飛び出しており、撮りたくもないのにスマホを構えなければならなかった。

その観光地中の観光地で、俺たちはＯＣＰ（オペレーションセンター・パリ）から現地に配属された日本人スタッフ、梶村智子さんと待ち合わせていた。彼女はロジスティック・コーディネーターの下でサプライのマネージャーをしているとのことだった。つまり物資の供給を受け持っているわけだ。ちなみにこれがＯＣＢ（オペレーションセンター・ブリュッセル）だとサプライチームはロジスティックから独立して行動するというから、組織によって構成は異なるようだ。

相変わらず快晴でひどく暑い陽気だった。太陽の下、俺はギリシャの現在の民主主義を代表する場所におり、周囲を見渡した。それが経済破綻をした国だとは思えなかった。小ぎれいな人が歩いていた。住民の顔はのんびりして見えた。確かに店は閉まりがちだったがギリシャ人が夜型なのを聞き知っていたからさほど気にならなかった。

駅からの道で数人の物乞いは見た。中の2人は顔と手を白く塗っていて、白い布をまとっていた。古代の人物をあらわしているのだろうが、それが誰であるかわからなかった。がしかし、人々のチャリティ精神に訴えかける格好がいまだにあること自体、ひとつの社会の余裕のように俺は感じていた。果たしてこの国は本当に苦境に陥っているのだろうか。それがよくわからなかった。

頭頂部が暑くなるのを避けてしばし木陰にいると、やがて智子さんが来た。白い長袖シャツにジーンズをはいていた。サングラスを外して明るく挨拶をする彼女は、あたりを見てこう言った。

「今日は静かですね。近頃は週に2、3回は地下鉄も国鉄もストライキですし、デモもこのへんでしょっちゅうしているんですけど。日本大使館から色々おしらせが来るものの、多すぎてわけがわからなくなるほどで」

しれっとした冗談も交えながら、実際にギリシャ情勢がどうであるかを伝えてくれるあたり、クレバーな人だなと思った。

そのあと谷口さんとあれこれ世界中のMSF情報を素早くやりとりしているのを聞くと、智子さんは3月末に南スーダンから日本に帰り、途中地震の被害を受けた熊本のミッションに緊急参加したあとでギリシャに来たのだそうだった。

「ついこの間、6月1日から消費税が24%になった上に、失業率が25%で、若年層だと50%なんですよ、ギリシャは」

谷口さんと俺に、智子さんは短くそう言った。突然やって来た俺のような外国人には、その生活の厳しさがまるで見えていなかった。若者の半数に仕事がないというのは、先進国としては致命的な経済状態だった。

それでも他国からの難民に手を差し伸べるMSFギリシャがあるということが、逆に俺には夢のような非現実的な事柄に思われた。

先進国ゆえの難問

アテネのアクロポリス、2000年以上前に造られ、小高いその場所から地中海周辺の栄枯盛衰を見てきた建造物を、その日は見学することになっていた。というか、前日にそれを俺が希望した。

週末だからこそ智子さんに長く話を聞けると知り、どうせだったらギリシャの根幹が感じられる土地を案内してもらいながらにしようと思ったのだった。もちろん受け入れる智子さん側もそう考えていたようだった。

というわけで、俺たちは旧市街へと足を伸ばし、そこから遺跡群へと近づくことになった。昼どきのアテネ市街だったが、開いている店はまだまだ少なかった。

智子さんによると、ＭＳＦでの初めてのシティライフなのだそうだった。それまでの任務地では金銭を使う場所自体が珍しく、反対に現在は自炊にもかかわらず日当みたいなものを使い切ったと彼女は笑った。同じく世界各地での取材経験のある谷口さんも、その違和感に同意した。

道の左側にギリシャ正教の小さな、しかし威厳のある教会が見えてきた。外壁に聖人たちの絵があり、幾何学模様が描かれている。俺たちはそこにふらりと入ってみた。左右にロウソクを入れるガラスの箱があって、信者たちは次々訪れては寄付をしてロウソクをそこに供えた。天井を見上げるとドーム型になった脇の方がラピスラズリのような青色に塗られ、その上に点々と星のマークが刻まれていた。外の文化の中にいる俺からすれば、イスラミックな意匠と区別がつきにくかった。

教会から出て、左へ顔を上げると高い丘が見えた。その上に崩れた石壁があり、越えれば目指すアクロポリスだと智子さんが言った。そこに遠い昔のペルシャ戦争で灰《かい》燼《じん》に帰したアテナイの建造物があるのだと思うと、文明の交差が激しすぎる気がした。それは以前トルコに取材に行った時にも感じたことだった。ほぼ同一のものを各宗教、各文化が奪い合っているのだった。

そして今度は現在、異文化の中で生きてきた者たちがギリシャに流れ込んでいた。難民は北へのルートを断たれ、そのままギリシャに住み始めていた。前日に話を聞いたシェリーによれば、人のいない建物のスクワット（不法占拠）も珍しくないそうだった。

むろん難民キャンプにはもっとたくさんの人々がいるという。

「食料配布は今、ギリシャ軍がやっています。ですから私たちは主に医療、心理ケアに重点を置いています」

細い路地を抜け、土産物屋、貴金属店を横目に見ながら智子さんはそう言った。

「で、ここでの問題のひとつは、滞在が長引いていることです。例えばさすがにおんなじ物を食べ続けるわけにいかないですよね。となると、食事内容に不満が出てきます。もっとハードな現場なら食べられるだけで満足ということになるんですけど、そうもいかないんですよね」

軍はメニューに配慮した食事を提供しようと努め、MSFは身動きが取れない人々の心身の不調に対応する。

どんどん歩きながら、俺はギリシャでのMSFの活動の細かな部分に詳しくなっていく。

「南スーダンとか、アフガニスタンであれば〝ログコ（ロジスティック・コーディネーターの略称。こういう言葉を知るのが俺は本当に好きだ）〟は、水の供給に苦心します。何はなくても水がなくちゃいけませんから。でもギリシャは違います。先進国ですから水はあるんです。ところが」

智子さんはどう説明しようかと少し考えてから言った。

「ギリシャの場合、物資がEU内での移動になるんですね。むしろ中東やアフリカへの輸入ならそこにかかる税の計算はシンプルです。でもギリシャではEU内部での初めての大規模ミッションなので、前例がない。ということで、ものすごく込み入ったVAT（付加価値税）をまとめる作業が必要になりました」

「ははあ……」

先進国内での任務であればこその、それは誰も想像も対応もしたことのない事態なのだった。

アテネ市街

アクロポリスへと近づくにつれ、カフェが多くなり、客引きも大きな声を張り上げるようになっていた。道は細くなり、うねり、傾斜が強くなる。しかし人影はまばらだった。

もともとギリシャが好きで10年ほど前まで何度も観光に来ていたという谷口さんがしきりと首をかしげた。

「土曜日にこんなに閑散としてるなんて……いくらなんでも少ないですよね」

経済破綻と、難民問題での観光イメージの低下だろうか。丘の上の建造物も、石畳の坂も、カフェも、オリーブの小さな葉も、等しく日に輝いてまぶしかった。世界全体が光っているように見えた。その光の中にいるのは少ない観光客だった。アンバランスさが俺をまた夢の中に押し戻しかけた。このひたすら陽光で明るい国が、解けない困難のさなかにあるなんて。

「ギリシャ一国ではもたないと思うんです」

智子さんがぽつりとそう言ったのは、カフェで休んだ折だったかどうか。場所はもう忘れてしまった。

「ドイツとトルコの仲がまたよくないんで、なかなかうまい協力体制が出来にくいんですね」

「ああ、『EU―トルコ協定』でやっと、ということですか?」

「そうです。結局イドメニを閉じて追い返すことになっただけで。難民は別の北への道を探してイオニア海へ向かうといった動きになって、根本的には解決にならないので」

そしてその話のあとしばらくして、智子さんは自分の行く道についても語ってくれたのだった。

「このミッションの期間が終わったあと、ナイジェリアへ行かないかと聞かれてるんですね。たぶんボコ・ハラムの暴力で傷ついた人たちや避難民のケアだと思うんですけど」

むろんそれもハードな仕事だった。

「でも、MSFはギリシャで終わりにしようかと迷っています」

「あ、そうなんですか」

俺はうまく答えることが出来なかった。智子さんは寂しそうに笑いながら続けた。

「日本の会社だと、一度やめると元に戻ったり出来ないんですよね。それに、NGOで働いてるって言うと、暇な人みたいに受け取られてしまいます。他の国では理解されることが、どうしても日本だと違っちゃうんです」

俺は足に痛みを感じていた。日本にいる時から、特に右足の小指のつけ根に鈍痛があった。血液検査でも触診でもレントゲン撮影でも原因はわからなかった。アクロポリスへの坂道はぼこぼことした石畳の上、チケットを買って柵の中に入る頃には石の階段が多くなっていた。俺はある段をがくんと踏み外し、うっかり右足で体を支えたために痛んだ箇所をさらに痛めた。しかめた顔を俺は隠して歩いた。ギリシャ悲劇にそんな役があったような気がした。

実際、階段の途中に古代劇場の跡があった。その上方にパルテノン神殿の優美な柱が並んでいた。補修工事のクレーン車が横で目立っていた。むき出しの岩の上に左足を中心にして立ってアテネ市内を見下ろした。地中海が遠い南側に見え、北西すぐ下に古代アゴラがあった。人はアクロポリスで神聖なものに出会い、アゴラで政治演説を聞き、市場経済を成立させた。奴隷制の上ではあれ、市民たちの権利が打ち立てられ、暴力でなく議論によってそれは守られた。

その都市に今、難民が押し寄せていた。彼らが市民でないことは確かだった。だが、奴隷でもなかった。ではギリシャは、ヨーロッパはどのように彼らを位置づけ、共存していくのか。それがわからなくなっていた。

ギリシャが先進国であるからこそ、ＭＳＦが難民ケアのために必要とする薬剤が安く買えないという話も、帰りに寄ったカフェでのランチ中に聞いた。途上国での活動であれば途上国向けの安価な価格設定も利用できるのだが、ギリシャで使うとなると適用から外れてしまう。先進国内で使用される以上、一般価格になってしまうというのだった。

全体に、まるで免疫不全のような話なのだった。先進国である自己と、逃げてくる難民という他者が分けられなくなっていた。いや他者として敬して扱おうにも、例えば使う薬の価格が先進国のレベルなのだから、〝自己のようなもの〟になる。ひとつであるはずのＥＵのアイデンティティを、難民問題が分裂させ交差させ錯乱させていた。

なぜ彼らがそうなるのかの根っこの部分を、俺は他の取材で知ることになるのだが、ともかくその日、梶村智子さんにつきあってもらってアテネ随一の観光地へ足を伸ばした俺は、その古代的精神の中心地でひとつも解決していない問題の根の深さ、同時にそこに関わろうとする人たちの苦悩のようなものを知り、かすかに足を引きずりながら少し宿舎で休もうと地下鉄の駅へ向かうのだった。

そして夜、今度はＭＳＦギリシャの面々から興味深い話を様々聞くことになる。難問の前でギリシャ市民がどのように対応しているかを、そこではっきりと思い出すことにしたい。

いやその前に、現在カタール航空ドーハ発羽田行きＱＲ８１２で帰国の途に就いている俺は、少し先に智子さんに起こる心の変化を予言のように語っておこう。

彼女はMSFの活動をもうひとつ続けることにし、ナイジェリアへと旅立つのだ。

世界の困難と闘う人々の晩餐

ひたすら語りあうスタッフたち

同じ7月16日、土曜の午後8時に宿舎の呼び鈴が鳴った。

先に部屋を出て玄関に向かったのはMSFジャパン広報の谷口さんで、そこで明るい声を出しているのが聞こえた。

あわてて部屋を出てみると、高い背を丸めた同い年くらいの男性がいて、ギリシャ訛りの英語でさかんに話をしていた。

握手をして自己紹介しあえば、彼こそMSFギリシャのエリアス・パプロプロスさんで、俺に心の底からという感じで「ようこそギリシャへ！」と言った。白髪頭を短く刈り、早口で長身で目をきょろきょろ動かしてよく笑う、手振りの大きな顎の少ししゃくれた人物だった。

彼と谷口さんはスワジランドで一緒のミッションに関わったことがあったそうで、いわば顔なじみの一人だった。そのおかげでMSFギリシャの理事会後の食事会に、我々も参加出来ることになっていた。

「じゃ、歩いていこう」

エリアスさんは濃い眉毛の下の目を丸くしてそう言った。やはり歩くのだと思った俺はうなずきながらあとに従った。

数本の道路を渡って移動する十数分の間、エリアスさんはまず自分の境遇について話した。世界各国で活動を続けてきた彼は、まさかEU内にある自国の国内スタッフになると思っていなかったと言った。

「刺激的で不思議だよ」

と笑うエリアスさんだったが、心に混乱のある様子はなかった。ただただ本当に刺激的な毎日を過ごしているようにしか見えないのは、エリアスさんがタフなミッションを幾つも経てきたからだろうと思った。笑顔を絶やさないことには一定の効力があるのに違いない。

あれこれしゃべって、というか主にエリアスさんと谷口さんの会話を聞きながら歩いて、やがていかにも地元のレストランという感じの店へ来た。入り口から中を覗くと、英語の面影がどこにもなかった。ビールの瓶にもメニューにもギリシャ語ばかりがある。

促されて奥に入れば半野外の場所に長いテーブルがあり、そこにすでに8人のメンバーが一枚の壁を背にしていてそれぞれに誰かとしゃべっていた。紹介されて軽く会釈をして椅子に座ると、テーブルの端にMSFギリシャ事務局長のマリエッタがいるのが見えた。

パンが出て来た。イカのフリッターが出て来た。小魚を揚げたものもうまかった。まさに地元の名店なのだろう、出てくるものはすべて素朴だが味わいが深かった。俺はすぐにウゾという現地の強い酒を追加注文した。軽いおかずによく合うと思ったのだ。テーブルの向こうから「いいチョイスだ！」と親指を上げてくれる男性がいた。

小さなグラスに入った透明の酒は、水で割ると途端に白濁した。ぐいっとあおるとアルコール度の強い酒が口腔をしびれさせ、胃を握った。鼻から香りが抜けて出ていった。

さらに何人かが加わり、会は盛大になった。聞けばMSFギリシャの主要スタッフがほぼ全員参加しているらしかった。

目の前の席に来たジョージ・ダニエルはストライプのシャツの前をはだけ、小さな眼鏡をかけた医師だった。彼は俺が日本から来たと聞いて、すぐに福島の現状を質問してきた。特に放射能被害について、それは本当に大きな災厄だと表現しながら幾つかの医師的な意見を述べた。

そのあとダニエルは、医師としてミッションに行くのはもうやめたのだと話してくれた。「何時だろうが携帯で呼び出されるのはこりごりだ。あれは医療という名の売春だったよ」

きついジョークを言う彼はしかしＭＳＦから離れることはせず、ミッションが必要とするはずの医療機器を販売する仕事に転身しながら、現在もＭＳＦギリシャの理事として組織に関わっているのだそうだった。

その横にいるのは副会長のエレーニ・カカブ。ギリシャ語と英語のちゃんぽんで（なぜなら一人だけオランダのスタッフ、短い髪の男性ピム・デ・グラートがいたから）、彼女はＨＩＶの実例を語っていた。なんでもタイだけがゲイのＨＩＶを見事にコントロール出来ており、薬の投与のタイミングなど含め世界に類を見ないケースになっているらしかった。

「このタイの問題は今、ほんとに話題なの」

彼女はそう言ってギリシャ風の大きなフェタチーズの載ったサラダを食べ、ズッキ

ーニのコロッケを食べ、その間に俺たちが2日後にレスボス島の難民キャンプに行くと聞いて、

「泳ぐといいわ」

と明るく言い、またタイの話に戻った。エレーニが考えるに、まず第一にタイ保健省がゲイをよく理解しており、感染者を疎外せずに積極的に受け入れたことが大きかった。第二に、家庭にも同じことが言えると彼女は医療関係者でない俺の目までのぞき込んで言った。

「ゲイに対しても家族のサポートが厚いんです、タイは」

そんな調子で、MSFギリシャのメンバーは長いテーブルを囲んで実によく議論し、質問しあっていた。谷口さんいわく、それはイタリアとギリシャでよく見る光景なのだそうだった。ギリシャ・ローマ文明と言えば大げさだけれど、薄暗さも気にせずアルコールを飲みながらひたすら語り合っている大人の姿を見ていると、文化の筋力が違う気がした。

「MSFの総会でも、エリアスはよく手を上げるんです」

谷口さんは面白がってそう教えてくれた。その向こうでエリアス自身は当然別の議論に参加していた。彼は若い頃に医学を数年学びかけ（手術の見学中に貧血で倒れ、自分には無理と医学部を中退した、と言っていた）、ロンドン大学で公衆衛生の修士

課程を取り、保健政策と医療のバランスをより大きな見地からとらえるのに長けていた。いずれはMSFの活動から大学で教える側に行くはずの人物だった。

そのエリアスはいまや英国の資本主義の方がきつい、と話していた。アメリカがまだしもだと思えるほどだ、と。その後ろでカーティス・メイフィールドのソウルフルな演奏がかかっていた。店の選曲は70年代米国R&Bの渋いところを攻めてくれていた。

市民レベルのネットワーク

じき、ウゾを頼んだ俺を誉めてくれたヒゲ面の、ちょっとヒュー・ジャックマンみたいな風貌の男性が話しかけてきてくれた。彼こそがMSFギリシャの会長、クリストス・クリストウ氏だった。にこやかでありながら、時に目の奥に鋭い眼光がきらめくクリストス氏は、そのあと面白い話を色々教えてくれた。

まず、MSFと国際環境NGOグリーンピースが組み、エーゲ海や地中海に3隻の船を出しているとのことだった。その協力には多くの議論があったが、しかし海上にひっきりなしに現れる移民ボートを救助し、海岸で待ち受ける医師によって適切な病院に運ぶには、両者の力の連携が必要だった。

また、彼らMSFギリシャの活動は、そもそも市民レベルで培われてきた難民・移民サポートなしにはあり得ないのだ、と自身もウゾを飲み干しながらクリストス氏は言った。

「元々災害があれば駆けつけたし、資金も送る組織がずっとギリシャにはあったんです。誰かが困っていたらそこにおもむくというのは、人間性そのものの発露に過ぎません。珍しいことじゃない。そうやってギリシャの市民はボランティアを続けてきたんです」

ここにもまた熱い人間がいたのに気づき、俺はクリストス氏のいうことすべてを聞き取り、メモろうと姿勢を前傾させた。その集中力は強い酒のせいでもあったかもしれない。

「さらに僕らの国には経済危機がありました。社会が崩壊するような危険が訪れた。しかし、だからといって難民・移民への心遣いが消えることはなかった。これは奇跡ですよ。草の根運動は継続したんです」

その事実には学ぶことが多かった。特に草の根運動にも、他国民の困窮に手を差し伸べることにも疎くなっている今の日本人には。

クリストス氏はレスボス島の島民2人と女優1人がノーベル賞候補に上がったことを例に挙げた。昨年のシリア難民の漂流に関して彼らは徹底的に力を尽くし、たくさ

明るく騒がしい夕べ

MSFギリシャ理事会のあと、おおいに食べて飲んで語るメンバーの元気の源

MSFギリシャ会長クリストス氏

エネルギッシュな男、エリアス

んの人の命を救った。赤ん坊にミルクを飲ませているおばあさんの写真は、世界に配信された。

それは観光産業で生計を立てる島の普通の人々だった。難民・移民のおかげで訪問者が減っている場所でも、市民運動のネットワークは途絶えることがなかった。それが奇跡なのだ、とクリストス氏は再び強調した。

「この一連の苦難は、これまでのMSFとは違う大きなチャレンジを我々全世界のメンバーに与えていると思います。単にMSFだけが活動するのではなく、市民と共に救助を行う、継続する、発展させる。そこに新しい道が拓ける」

うんうんとうなずく俺に、目の澄んだ、そして微笑むと目が細くなってなくなってしまうヒゲ面のMSFギリシャ会長は、また真面目な表情になって言った。

「2000年に戻りましょう」

その年のどんな話になるのかと思うと、クリストス氏は続けた。

「つまりHIVの問題です。エイズが蔓延し、全世界で対応せざるを得なくなった。そうすると患者とその周囲の人々が自主的に組織化を始め、法的に闘い出したんです。その市民的ネットワークは南アフリカからまさにドミノのように世界へと連鎖しました。そしてARV治療、すなわち抗レトロウィルス薬治療が国際標準となり、ジェネリック薬の登場による価格競争でコストは1割、時には100分の1にまで下がることさえあった。私はね、現在の難民・移民の問題もこれとよく似ていると思うんです」

地球的な変化、それもポジティブな流れをクリストス・クリストウ氏は感じていた。あるいは強くアピールしようとしていた。

この歴史のどん詰まりの前で、彼は決して諦めようとしていなかった。それどころかMSFの活動を市民運動との連帯で拡大させ、自主的で人間主義的な動きへと導いているのだ、と思った。

MSFギリシャ会長は給料のない地位であることを、俺は谷口さんから聞いた。それでも会議の度に、クリストス氏は現在の住居のあるロンドンからアテネに来ていた。

残った男たちと彼が二次会へ繰り出す前に俺に伝えた言葉を、是非ここに再現したい。MSFギリシャの会議、その理事会を終えたばかりのクリストス・クリストウ氏はこう言った。

「理事会でこそ、私のような会長や事務局長は夢を語らなくちゃいけません。誰もが現実的になってしまうから」

この「夢」という言葉も、前に書いた「尊厳」と同じく小馬鹿にされて嘲笑されていいものではない。特に本当に困難に直面し、日々悲惨な事実と向き合っている人々が口にするその言葉、その概念は。

　黙り込む俺に、さらに会長は言った。

「議論は常に他者を尊敬しているから出来ることです。けれど私たちも西洋的に考えるとついマッチョになり、攻撃して議論に勝とうとしてしまう。そういう理事会の多くによって、我々は大切なものを失ってきました。これこそ反省すべき点です」

　いやはや、なんと深い言葉であったことか。それはギリシャが西洋と東洋のはざまにあるという長い時の向こうに埋もれた真実を、俺の目の前で掘り出してみせるようなものだった。


　すでにギリシャ側の女性は全員三々五々帰ってしまっていた。残ったMSFの男のうちの何人かは肩を並べてレストランを出た。

　俺はあとについてしばらく歩き、自分はこの国で起きていることから目をそむけられないと思った。遠い西洋で起きている無関係な事象ではなかった。それは人類の政治史の問題でもあり、戦争史のひと幕でもあり、哲学と行動の倫理を問う機会でもあり、何よりまず人間がどこまで人間的であり得るかの正念場でもあった。

　やがて彼らの次の店は見つかり、俺たちはエリアスともダニエルともピムともクリストス氏とも固い握手をし、別れを告げた。

俺としては、正念場の真ん前にいて屈することのない陽気な連中に後方からエールを送るような気持ちだった。

そして街路樹のスズカケの木の下を宿舎の方へと歩き出しながら、彼らの存在のありようをわずかなりとも書き残さなければたまたま今自分が生きていることの意味がない、とやにわに理解したのだった。

難民キャンプで暮らす人々への敬意

ピレウス港の難民キャンプへ

翌7月17日の朝には、トルコの東隣アルメニアで武装グループが警察施設を占拠したというニュースがあった。日々きな臭くなっていく世界の中で、俺と谷口さんは宿舎のリビングで前日買ったパンを食べ、ヨーグルトを食べ、コーヒーを飲んだ。

その日はアテネの南西にあるピレウス港へ出かけることになっていた。そこに近郊では最大規模の難民キャンプがあるからだった。

宿舎を出て、なじみ始めたガタガタ道を歩き、アンベロキピ駅まで行った。途中の気温表示モニターに30度と出ていた。まだ昼前だった。

4つ行った先のモナスティラキ駅で、緑のラインに乗り換えた。車内は意外に混んでいた。地下鉄はやがて地上に出て、強い日差しを浴びた。途中、前日に梶村智子さんから話を聞きながら歩いた古代遺跡を突っ切ったりもした。土を掘り下げて線路を通しているのだった。

前の車両から狂人が何か叫びながら移動してきた。その男がいなくなるとギター、タンバリン、アコーディオン、クラリネット2本という編成の楽隊が乗ってきて、1曲を陽気に演奏した。じきタンバリン担当の若い男が楽器をひっくり返して乗客の前に突き出して回った。誰も金を入れなかった。

楽隊が後ろの車両へ去ると、次の駅でボールペン売りの壮年が乗り込んできた。何か口上を述べたり、小さなコピー用紙を見せたりするのだが、もちろん俺には何の意味かさっぱりわからなかった。さらにわからないことには、ボールペン売りは車内にいたアフリカ系の家族のうちの小さな男の子に1本ボールペンをプレゼントして去っていくのだった。

ピレウス港の駅は終点にあった。

立派な駅構内のプラットフォームはいかにもリゾート風で、そこにかなりの人数が降りた。ほとんどが港からどこかの島へ遊びに行く人らしく、短パンだったりサマーワンピースだったりした。

町へ出てみると、屋台が並んでみやげを広げていた。中には蚤の市のように、家にあった小間物をすべて持ってきてシートの上に載せているような店も見受けられた。激しい人波は、どの店にも興味を示さなかった。それはそうだ。これからリゾートへ出かけようという人が、なぜ他人の家の物を買うだろうか。

すぐにカフェが続く地帯になり、少し太い道路に出た。俺たちはタクシーを拾い、指定されているというE1のゲートを目指した。港には巨大な船が幾つも停泊していた。駅に最も近い船舶が駅で降車した人々をどんどん吸い込むのが見えた。車ものろのろと船の腹に入っていった。

他にも大量の食料をコンテナで輸送する船、おそらく石油を積んでいるだろう船などがあった。それぞれにEなんとかと番号を振られたエリアに、ビルのような高さの船舶が泊まっていた。

さて、そのどこに難民キャンプがあるのか、想像もつかなかった。船の着いたコンクリートの埠頭はどれも太陽に向かってむき出しになっている。

陽光は困る、と思った。いつものようにありとあらゆる問題を簡単に隠してしまうからだ。その明るい場所に世界の困難があると思えなくなるのは、俺が暗い日本海沿いの町などを知っている日本人だからなのだろうか。

太陽と同じく明るい中年ドライバーは、ラジオから流れるライミュージックのような民謡調の歌を聴き、E1はこっちなんだが何をしに行くんだと聞いた。

「難民キャンプへ行きます。私たちはMSFです」

谷口さんがそう言うと、ドライバーは一瞬とまどったように見えた。それから彼は、

「あそこにはたくさんいるよ」

とだけ答えた。

車が真反対に向かっているとわかったのは、ドライバーがすまなそうな顔でUターンし始めたからだった。まったくのんきなもので右に行くべきところを、左へと車を走らせていたのだ。他の車からクラクションを鳴らされながら、ドライバーはあっちだ、あっちと言い、すまんねと俺たちに謝った。

E1ゲートは端っこにあった。船がまず泊まっていて、その横をタクシーはすり抜けた。がらんとした埠頭を行く車内から、やがて左右に地味な色のテントが幾つも見

えた。灰色、銀色、深い緑、統一性なくそのテントはびっしり続いたが、それはいかにも静かに隠れているかのようで目立たなかったし、じき途切れて何ひとつなくなってしまった。

「おいくらですか？」

止まった車の中で谷口さんが聞くと、ドライバーは不思議な返事をした。

「いくらでもいい」

逆の道を行ったからなのか、俺たちが難民キャンプを訪ねる者だからかがわからなかった。5ユーロを谷口さんが渡している間に、俺は先に外に出た。

車は突堤の部分まで来ていて、再び目の前に大型船が停泊していた。細長い埠頭の脇の海水の表面は白くきらめいて美しかった。

そこまで来る間に、身を低くするかのようにテントが集まっていたことなど、まるで嘘のようだった。

行き先をなくした人々

待ち合わせのクリスティーナ・パパゲオルジオさんは、智子さんも所属しているOCP（オペレーションセンター・パリ）のプロジェクト・コーディネーターだった。

谷口さんが携帯で連絡して数分、俺は暑い埠頭で目を細めていた。やがて小型車がやってきて、小太りでメガネの男性とやせた女性が乗っているのがわかった。女性がクリスティーナさんだった。

すぐに俺たちも車に乗った。小型車はまたのろのろと動き出し、通り過ぎたテントの近くで右折して港の脇へ入っていった。

そこに倉庫があり、先にプレハブの施設が建っていた。施設の入り口には白いアウトドア用の屋根が張ってあって、様々な形の椅子が置かれていた。クリスティーナさんが導くその場所には、とても若い男性ティモス・チャリアマリアスがいた。彼は看護師マネージャーだった。

蒸した施設の中にはけっこう人がいた。それは簡易的な医院で、訪ねてくる患者さんに薬を処方したり、体温や血液を検査したりする場所だった。医師の他に、もちろん例の文化的仲介者《カルチユラル・メディエーター》もいた。アラビア圏担当、アフガニスタン担当と分かれて、彼らは難民の方々と医師の間をつないでいた。

クリスティーナさんの話では、今年（２０１６年）の2月までそこはただの港だった。ところが難民の北の国々へのルートが断たれてから彼らの行き先がなくなった。アテネ周辺の難民キャンプの建設も追いつかず、一時は５０００人が倉庫を中心とするエリアで生活していたという。そして今もなお1300人が埠頭にテントを立てているというのだった。

近くに「SOLIDARITY」と書かれた車が止まっていた。それもまた「連帯」というNGOであり、食料や水道水を難民へと提供しているのだそうだった。他に、UNHCR（国連難民高等弁務官事務所）がトイレを担当しているとも聞いた。そうした団体に文化的仲介者を紹介しているのはMSFだった。

E1ゲート以外の埠頭にも難民キャンプがある、とクリスティーナさんは教えてくれた。そちらはそちらでまた別の市民団体が動いているようだった。ということはE1にはピレウス港で受け入れられた人々の何割かが暮らしているというわけだ。数百人だろう。

前日、MSFギリシャ会長クリストス氏にまさに聞いた通り、様々なチャリティ団体がそれぞれに力を出しあって難民キャンプを支えているのが、話によってよくわかった。それはEU内で起こった難事であるがゆえのメリットでもあろうと俺は思った。もともとさかんだった市民運動がネットワークしやすかったのだ。

白い屋根の下とはいえ暑かった。風は生ぬるく、汗がひっきりなしに出た。クリスティーナさん自身、インド更紗のスカートにタンクトップ、そして耳にはピアスというリゾートファッションだった。彼女の横でティモスがサングラスをかけたまま情報を加えてくれた。

最初は医療的に赤ん坊への対処が多かったのだという。急に具合が悪くなったり、ひょっとしたら出産も多数あったはずだ。しかし今は滞在期間も長くなり、糖尿病といった生活習慣病、皮膚のケア、感染症などが医療の中心になってきているそうだった。

そのへんまで聞いたあたりで、ヒジャブをかぶった黒い長衣の母親が訪ねてきた。彼女の夫も脇にいた。夫婦は半ズボンの子供を連れていた。母親が施設内に入っていくと、父と子供がその場に残った。

苦難への敬意に打たれて

その時だ。白い屋根の下で椅子に座っていた、さっき俺たちを車でそこに連れて来てくれた小太りの男性が跳ね上がるように立ち上がって、席を彼らに譲ったのだった。足りないもうひとつの椅子はすぐに別のスタッフによってととのえられた。父親は微笑んで頭を下げ、子供をまず座らせた。スタッフたちもほっとしたような表情で彼らを見、おそらくカタコトのアラビア語で話しかけたりし始めた。そこには簡単には推し量れないほど深い「敬意」が感じられた。

俺はこれまで何度か〝難民の方々〟という言い方をしてきた。それは谷口さんが必ずそういう日本語に訳すからだったのだが、ピレウス港の小さな医療施設の前で俺は、MSFのスタッフが基本的にみな難民の方々へのぶ厚いような「敬意」を持っていることを理解した。

ではなぜだろうとその場で考えた。そうせざるを得ないくらい、彼らの「敬意」は強く彼らを刺し貫いていたのだ。

それは憐れみから来る態度ではなかった。むしろ上から見下ろす時には生じない、あたかも何かを崇めるかのような感じさえあった。

スタッフたちは難民となった人々の苦難の中に、何か自分たちを動かすもの、あるいは自分たちを超えたものを見いだしているのではないかと思った。目の前で見た椅子の出し方に関して、最も納得出来る考えがそれだった。

施設を訪れる母親は毅然としていた。すでに傷つけられたプライドを、しかし高く保ち直している立派な姿だと俺も感じていた。彼ら彼女らは凄まじい体験を経ていた。長い距離を着の身着のままで移動し、たくさんの不条理な死を目の当たりにしたはずだった。父も子もそうだった。

彼らの存在の奥に、スタッフたちは、そして俺はどこか神々しいものを感じてはいないだろうかと思った。苦難が神秘となるのではない。それでは苦難が調子に乗って

港のE1ゲートへ入ると簡易テントがびっしり並んでいた

埠頭のコンクリートの上の鳩

しまう。

俺が電流に撃たれるようにしてその時考えたことは単純だった。

彼らは死ななかったのだった。

苦難は彼らを死に誘った。しかし彼らは生き延びた。そして何より、自死を選ばなかった。苦しくても苦しくても生きて今日へたどり着いた。

そのことそのものへの「敬意」が自然に生じているのではないか。

俺はそう感じたのである。

善行を見て偽善とバカにする者は、生き延びた者の胸張り裂けそうな悲しみや苦しみを見たことがないのだ。

むしろ苦難を経た彼らを俺たちは見上げるようにして、その経験の傷の深さ、それを心にしまっていることへの尊敬を心の底から感じる。感じてしまう。

それが人間というものだ、と俺はいきなりな理解へたどり着いた気がした。

イスラム圏の親子は薬をもらってすでにどこかへ消えていた。

港の海のそば、埠頭のコンクリートの上に半裸の子供がいて、数羽の鳩を追っているのを俺は見た。鳩はわずかに逃げるが飛び立たず、子供を導くように右へ左へちょこまかと動いた。水たまりがあちこちにあった。対岸に船のドックのような大きな建物があり、日陰になった壁一面に神話的な絵が描かれていた。

太陽は日なたと日陰をくっきり作るべく世界のすべてを照らしていて、俺は目がつぶれるように思った。

彼らがあなたであってもよかった世界

コンテナ診療所の若いスタッフたち

俺が帰国の機内でなお思い出している「俺」は、今もギリシャのピレウス港にいる。

雲ひとつないような晴れた空の下、アテネ近郊の難民キャンプは他にもうひとつオリンピック会場となったエリニコにあって、それが昔空港だった敷地であることを、他でもないこの俺はMSF看護師のティモス・チャリアマリアスから聞いているのだった。

実はそれらは正式には難民キャンプでさえなく、難民の方々が緊急にとどまっている場所に過ぎないこと、つまり政府が建設した施設ではないのだということも（ただし他に呼びようもないので以後も「難民キャンプ」と書く）。

ティモスも横にいるクリスティーナ・パパゲオルジオも日の眩しさに目を細め、不ぞろいのプラスチック椅子に腰をかけている。簡易的なプレハブの医療施設の前で。ピレウス港には合計40人のMSFチームがおり、医師は3、4人、看護師7人、文化的仲介者がなんと14人という層の厚さになっているという話も興味深かった。それは文化の違いで齟齬が起きないようにする繊細な対応ぶりを示すと同時に、それだけ多様な地域から難民が逃れ出ていることのあかしでもあった。

彼らチームはもちろん自分たち内部で患者のカルテを共有すると同時に、別の曜日にこのコンテナ診療所を受け持つ他の医療団体ともデータを共有し、もし難民の一人が他のキャンプへ移動しても、すぐに適応出来るよう努力をしているそうだった。

短い髪を立てているティモスはいかにも若いスタッフだったが、話を聞いてみるとまずアテネ市内のホームレスへの医療を2年前から始め、南スーダンの内戦で生まれた難民の救護を行い、マラリアで苦しむ同じアフリカの別地域で活動したあと、ギリシャに戻って7ヵ月をピレウス港で過ごしていた。

もともと国立病院で普通に看護師として勤めていたが、高校時代からすでに「自分を必要としてくれる場所へ行きたい。そこで働くことが自分を満足させてくれるはずだ」と思い、人道団体のボランティアをしていたというから、彼のキャリアは十二分なのだった。

「クリスティーナさんは？」

「私は医療が専門じゃないから、ただ自分のスキルや知識を活かしてもらいたいだけ」

クールにそう答えた彼女だが、地元ギリシャからトルコ、エチオピア（ソマリア人難民援助）、インドで多くのミッションを経てきた人物だった。元々は政策系のプラン作りを専門としているが、今は戦争や貧困に苦しむ人々に手を差し伸べるＭＳＦでマネージメントをしているわけなのだった。

つまり、どんなキャリアであれ、それを他者のために活かすことは出来る。

その中で俺だけが最も外野からわかったようなことを書いて彼らの活動を報せるだけの、いわば無責任な立場なのだった。

彼らは俺だ

そこに美しい長衣をまとった女性が青を基調とした派手なヒジャブを頭にかぶって、これまた身なりのきれいな子供と共にゆったりと歩いてきた。どう見ても中流以上の暮らしをしてきた人だった。しかも、移動の苦難を経てもなお、身だしなみを変えずにいるプライドを彼女は持っていた。

尊厳それ自体が歩いてくるように感じた。

まさに前に書いた「敬意」を自動的に持つ以外ない、それは悠々たる姿であった。

それで俺はさらに気づいたのだった。

彼ら難民が俺たちとなんの違いもないことに。

通常、難民と聞くと俺たちはまず経済難民を想像してしまう。貧しいがゆえに活路を他に求め、国を渡ってくる人々だ。むろん彼らも支えられるべきなのだが（ほとんどの場合、彼らの貧困には彼ら自身なんの責任もないのだから）、俺がその時目の前にしていたのは戦乱、紛争で理不尽にも家を爆撃され、街を焼かれ、銃で追い立てられた人々なのだった。

もし日本が国際紛争に巻き込まれ、東京が戦火に包まれれば、とすぐに想像は頭に浮かんだ。

明日、俺が彼らのようになっても不思議ではないのだ。

だからこそ、ＭＳＦのスタッフは彼らを大切にするのだとわかった気がした。スタッフの持つ深い「敬意」は「たまたま彼らだった私」の苦難へ頭《こうべ》を垂れる態度だったのである。

青い衣を風になびかせて自分の前を通りゆく女性を視界に入れた俺の脳裏に、「同情」という言葉が続いて浮かんできた。

いかにも安っぽい感情として禁じられがちな「同情」。しかしギリシャにいる俺の頭には、それは同時に「compassion」という単語になった。気持ちを同じくすること。思いやり。

なるほどそれは「たまたま彼らだった私」への想像なのだった。上から下へ与えるようなものではない。きわめて水平的に、まるで他者を自己として見るような態度だ。

それは心の自己免疫疾患かもしれなかった。他人を自分としてとらえ、自分を他人としてしまうのだから。

けれどその思考は病いではないはずだった。

むしろ「たまたま彼らだった私」と「たまたま私であった彼ら」という観点こそが、人間という集団をここまで生かしてきたのだ、と俺は思った。あるいは「彼ら」を植物や動物や鉱物や水と置き換えれば、それはインドでは輪廻転生になる。私は前世鹿やコケであったかもしれないという考えが、「たまたま私だった彼ら」「たまたま彼らだった私」という倫理を生む。また、自分のエゴで自然を脅かすべきではないと考えるエコロジーも、こうして俺たちの心の自己免疫疾患から生じているのに違いなかった。

偉大なる「compassion」から。

女性と子供がプレハブに入ってしまうと、あたりはまた静けさに支配された。俺は変わらず椅子に座り、気づきを言語化するのに混乱しながらしばらく時間を過ごした。

時間と空間さえずれていれば、難民は俺であり、俺は難民なのだった。

「テントの方へ行ってみますか？　彼らに話は聞けませんが。ただ、診療所に来る患者さんに同意を得てあとでインタビューを受けてもらうことは可能ですし」

クリスティーナさんがそう言った。

施設の裏に倉庫があり、そこを回り込むと暗い色調のテントが連なっていた。もともと俺たちが車で通った時の道路があり、その向こうの高架の下にもテントは並んでいた。

低いテントの群れの横にトイレらしきプレハブが並び、またしばらくテントが続くと今度はシャワーを浴びるためのボックスのようなものが建てられていた。

暑いさかりでもあり、生活している人々はほとんど外にいなかった。いるとしたら子供たちにホースで水をかけている母親と、黙ってバスケットボールをついている男の子たちくらいのものだった。
高架の壁にスプレーで大きくこう書かれていた。

NO BORDERS

その言葉は受け入れる側の歓迎、あるいは難民側からの強いメッセージにも見えた。
俺たちは常に境界を作っている。国境を、心理の境を、宗教や人種の壁を。
それが誰かの苦境を生み出しているのだ。

バグダッドの紳士と息子たち

道路沿いにテントを見ながら黙って歩いていると、ある中東の壮年男性がふらっと近づいてきた。手にビニール袋を持っていて、中がパンなのが見えた。配給を受けてきたのだろうと思った。彼が微笑みを送ってくるので、俺も会釈をし、微笑んでみせた。
「どこから来ましたか？」

ダイレクトなグラフィティ

難民キャンプの一角に描かれた「家」

訛りの濃い英語で彼は言った。

「日本からです。MSFの者です」

俺はわかりやすくそう言った。

あなたは？　と聞く前に、ヒゲを鼻の下にたくわえ、白い布の上下を着てサンダルを履いている彼は話し出していた。

「私はフセインと言います。イラクのバグダッドから来ました」

歩きながらフセインさんは国のIDカードらしきものを出して俺に見せた。それは別のカードフォルダーに並べて入れられていて、次のページには見開きに2枚、かわいらしい男の子の写真が入っていた。雨にでも打たれたのだろうか、写真は少し褪色していた。

「これは私の息子たちです」

「あ、かわいいですね」

「でも、もういません」

俺は黙った。

フセインさんは右手の指で銃らしき形を作り、自分の斜め前を撃つ真似をした。

「チュク、チュク」

それが銃弾の発射される音だった。

彼の目の前で2人の子供は撃たれたのだった。情勢自体は安定していると言われるバグダッドで何が起きたというのだろうか。

俺は首を振って、同情の意を精いっぱい示した。自分が子供を殺されたらどうだろう。そして国にいられなくなったら。

「私の妻も……」

フセインさんは申し訳なさそうに言った。俺にショックを与えたくはないが、しゃべらずにはいられないのだというように。

そしてまたあの銃の音を出した。

俺はスマホを取り出し、フセインさんが再び開いて見せるページの、彼の子供たちの写真を撮った。レポートとして使用するつもりはまるでなかった。フセインさんが他人の記憶にもとどめて欲しいと思っている素敵な男の子たちの姿を、俺も忘れるつもりがないという決意を伝えたかったのだった。

そこにも、あり得べき心の自己免疫疾患が起きたのだった。

「どなたか他にご家族は？」

俺はシャッターを切ったあと、わざと軽い調子で聞いてみた。

するとさっきまで銃の形になっていたフセインさんの右手の指が、ずっと続く金網のフェンスをさした。髪の毛がくしゃくしゃと巻いている小さな子供が、フェンスの向こうにいて金網につかまったままこちらを見上げていた。

「ハロー」

と俺はその子に手を振った。

けれども巻き毛のかわいい子は俺に心を許さなかった。

父親がきちんと自分を抱き上げるまで、子供がかすかな緊張を続けていることがわかった。

俺がその子であってもよかったし、その父親であってもよかった。

そして、これを読んでいるあなたが銃弾を撃ち込まれる小さな男の子であってもよかったし、あなたのかわりに彼らが命を失った世界もあり得た。

勉強したい少年

一家で母国を追われて

俺はまだピレウス港にいる。

本当はレスボス島に移動して、そのごくトルコに近い観光の島で何が起きているかを見に行っているべきなのだが、メモ帳に残っているインタビュー相手の言葉がまだ行かないでくれと俺を呼び止めるのだ。

例えば、プレハブの診療所に来ていた痩せた少年、黒い長袖シャツを着てエリを立て、コットンのパンツにサンダルをはいて鼻の下の産毛を濃くし、洒落た黒縁メガネをかけて憂い顔をしていたアフシン・フセイン君は、アフガニスタンからそこへ流れ着いていた。

両親と妹と自分で国を出た彼はイラン、トルコ、そして最後はボートに3時間揺られてギリシャに来たのだ、という。全部で1ヵ月の不安な放浪だった。

ちなみに、アフシン君の言葉を訳して俺に伝えているのは例の〝文化的仲介者〟の男性で、薄くしか冷房の効いていない診療所の中で汗をかきながら熱心に伝達をしてくれていた。

当のアフシン君は風邪をひいており、ピレウス港の他の診療所にも通ってみたが治らず、E1ゲートの診療所を訪れたのだそうだった。幸い咳のみで熱はなく、点鼻薬を2種類もらって帰るところだった。しかし、彼自身の身の振り方にはなお先が見えなかった。

「また新しい難民キャンプに行かなければならないのだろう、と思います」

17歳だという少年は利発そうに答えた。彼らがゴールなくたらい回しになっていることをアフシン君はしごく冷静に語り、むしろそれまでの国境を越える移動が大変だったとこれまた低めの声で教えてくれた。

「紛争があって母国を出たんですか？」

そう質問すると、アフシン君は急に言語を替えようとした。

「I mean……I mean……」

おそらく仲介者なしで直接俺たちに話をするべきだと思ったのだろう。

しかしアフシン君の英語は続かなかった。結局彼はアフガニスタンの言葉であとを継いだ。

「紛争ではなく、政情不安がひどくて国にいることが出来なくなりました」

英語はしゃべれなかったが、彼が知能指数の高い子供であることは立ち居振る舞いからも伝わってきた。さらに言えば、その服装のセンスから所属する階級が決して低くないことがわかった。けれど彼ら一家は国を出た。ひょっとしたらインテリ一家であるからこそ母国を追われたのかもしれなかった。

そこで谷口さんが質問をした。俺がもじもじして聞けないでいることを、かわりに口に出してくれたのだった。

「厳しい質問かもしれませんが、アフシンさん、将来の望みはなんですか？」

するとアフシン君は谷口さんの方を向いて短く少しずつ答えた。

「まず勉強がしたいです。そして状況が好転したら早く帰りたい」

学べないことが彼にはつらいのだった。就きたい職業があるのかもしれない。知的好奇心が若い彼の才能を開かせようとしているのを、自身でも感じているのかもしれない。

そして何より彼は元の自分に戻りたいのだった。

文化的仲介者の境遇

アフシン君が静かに席を立って診療所を出てから、俺たちは文化的仲介者に問いを向けた。いったいどのようなキャリアで、彼はそこにいるのかを知りたくなったからだ。

すると、ナズィールという名の、意外にも24歳と若い彼自身、もともとはアフガニスタンからわずか2年前に逃れてきた人なのだった。

たった一人で国を出ざるを得なくなった彼はギリシャまでたどり着き、そこで収監センターに収容されて8ヵ月を過ごしたのだという。

短髪で筋肉質の彼もまた、きわめて頭脳明晰であることは、経験を簡潔に語る姿でわかった。そもそも母国にいた時代、彼は他の人道団体で働き、「国境なき医師団」の活動もスタッフもよく知っていたそうだ。発展途上の国の中でそうした活動に関わること自体が、彼の社会意識の高さと教育上のキャリアを示していた。

そうした人物が他国で収監センターに入り、目の前に2つの選択肢を提示された。

ひとつは、国に帰ること。

もうひとつは難民申請をし、書類上の手続きをしながらギリシャ語を学んで他国に身を寄せること。

当然、彼は後者を選んだ。それは当然、働き口を見つけることでもある。

「だから、僕はどんな人がこの診療所へ来てもまったく他人事じゃありません」

ナズィールはそう言った。

「そして彼らの役に立てることが自分にとって大きな喜びであり、深い体験なんです」

前にも書いた通り、彼もまた自らを〝たまたま彼らだった私〟だと感じていた。そ

RESTORING FAMILY LINKS
April 5
I am looking for my .
0000445
family
0000446
daughter
0000449
mother
family
0000451
mother
0000453
son
0000454
children
daughter
0000457
brother
0000458
family
0000459
children
0000462
brother
0000463
family
0000464
brother
0000465
brother
family
any information,
contact us! Your information
kept confidential!
Ελληνικός
Ερυθρός Σταυρός
ΔΙΕΥΘΥΝΣΗ ΑΝΑΖΗΤΗΣΕΩΝ
Tracing Service
21, 3rd Septemvriou Str.
104 32 Athens
210 52 30 043
210 52 37 700

行方のわからない家族を探すポスター

れはそうだ。彼もまたまごうかたなき難民であったのだし、これからのEUの政治的判断次第では再び流浪の身になることだってあり得るのだから。

そういう意味で彼はいまだに、難民だった。ただし、他の自分を助けることの出来る難民だ。その立場と経験において、彼は心の安寧、そして収入を得ているのに違いなかった。

ナズィールやティモス、クリスティーナに別れを告げて俺たちは診療所を離れた。港の先の方にぶらぶら歩いて行くと、最初に見えた堅牢な建物があった。壁に反体制側からのメッセージがスプレーで書かれていた。ふとそれをスマホで撮影しようとすると、途端に柵の向こうの警備隊の一人に鋭い声を出された。明らかに彼はイラだっており、まるで野犬を追うような手振りで向こうへ行くよう命令した。

建物は政府の管轄下にある施設らしかった。すぐそばでは多国籍の人道団体が難民の方々に医療を提供し、食物や水を配っていた。どこまでが赦しの世界で、どこまでが支配の世界かがわからなかった。

さらに先まで歩いてみようとする俺たちの後ろから、すぐに大きなバイクが近づいてきた。操縦する男は同じ警備隊にしては制服を着ておらず、ジーンズをはき、趣味で買ったような昔のマッドマックス的なヘルメットをかぶっていた。

「何してるんだ？」

男はつっけんどんに聞いた。

「私たちはMSFです」

谷口さんが答えた。俺は迷惑にならないよう、黙っていた。すると警察なのか自衛団なのかわからない男は、こちらを見ずに指を背後に向け、

「バス停はあっちだ。早く行け」

と言った。

そしてまたアクセルを強く踏んで去った。

あたりは自由なようでいて、厳しく監視されているのだった。

マッドマックスに指示されたバス停に行き、ベンチに座っていると、周囲に中東出身とわかる少年たちの姿が増えた。14～15歳だろうか。さらに年下の男の子も現れた。

彼らはそれぞれ髪の毛をソフトモヒカンにしたり、後ろと横を刈り上げてその上に豊かに波打つ髪を載せたりし、正規品ではなさそうなブランドスニーカーを履いていた。

さっき話を聞いたアフシン君がもし彼らの中に交じっていたら、また見え方が変わ

ってくるだろうと思った。

少年たちはいかにも移民の、周りの目にさらされてタフにならざるを得ない不良の卵だった。それが10人くらいになってバスに乗り、駅の方へ移動しようとしていた。街での軋轢、少なくとも冷たい目が容易に予想された。

そこに何も知らなそうな観光客がガラガラと大きなトランクを持って現れた。俺たちを含めて、全員がよそ者だった。そして各自がどう外部からそこに関わっているかが違った。それでも一団になって俺たちはバスを待った。

来たバスは無料だった。少年たちは小さな声であれこれしゃべりながら外を見た。その景色の中にたくさんのテントが並んでいた。

それが彼らの唯一の家だった。

やっとレスボス島へ、そして……

その夜、国内線でレスボス島へ移った。

古代ギリシャの女性詩人サッフォーの生まれた島。かつてはサッフォーが女子専門の学舎を作ったためにレズビアンという言葉の発祥地として名をはせていたが、今は島民の抗議によってすっかり観光の島として有名だ。

空港を出てタクシーをひろうと、行き先まで2時間かかると聞いて俺たちは驚いた。どうやら予約した場所が違っているらしかった。

ひたすらに海岸道路を走り出す車から、海に映る月光が見え、そのすぐ向こうにアジア大陸、つまりトルコの海岸の灯が見えた。あまりにそれは近かった。

黒い空には雲が流れ、ほぼ満ちた状態の月があった。

こちらがMSFと聞いてドライバーは、

「海を渡ればすぐに難民になれるよ」

と冗談を言ったが、しばらく走ったあとガソリンスタンドでいったん車を止め、俺たちのために水のボトルを買うと、照れ臭そうにそれを後部座席に差し出してきた。

車はえんえんと走って夜の小さな町を突っ切り、盆地のような場所を通り、ついにはドラクエに出てきそうな小山の上の城へと近づいた。城は下からライトで照らされていて、魔術的な雰囲気が十分だった。俺は自分が死んでいるのではないか、とさえ思った。石積みの城が浮いているように見えたからだ。

2時間以上をかけて着いたリゾートホテルでフロントに出てきたのは一人の女性と、さらにもう一人、たぶん20歳ほどの年齢の、すなわちアフシン君とさして変わらない青年で、色が白く、少し首を揺らしながら下を向いて微笑する癖があった。

彼もタクシードライバー同様に親切だったが、俺が日本から来たと聞いてすぐにすべてを理解したというように人さし指を立ててこう言った。

「君たちの国は矛から垂れた塩によって出来たんだよね？」

俺は一瞬何を言われているのかわからなかった。

「そう、確か最も古代の神はジンム」

青年は神武天皇のことを言っているのだった。矛から垂れた塩とは日本の創世神話のことだった。なぜギリシャの青年がそんなことを知っているのだろうか。あの城のそばだけに、余計に奇妙なところへ迷い込んだ気がした。

彼の名前はそのあとで告げられた。

「僕はニコラス、我々の神話の中では屈強な神の名前だ」

そして俺はもうひとつ、不思議な事実に驚く。

間違えて長時間かけて着いたホテルの裏の港こそ、初期の救援活動で文字通り流れてきた大勢の難民を大型船で救助し、難民を下ろした場所だと知ったからだ。

まるで誰かに呼ばれているように、俺たちはそのリゾートホテルに引き寄せられ、そして翌日、とうてい難民のボートでは近づけないような大洋を見下ろして彼らの苦難を実感するのだった。

リゾートの難民キャンプに至るまで

世界は悪い方向に向かっている

　翌日目覚めてすぐ、俺はカーテンを引き開け、幾つかのプールの向こうに存在する紺色の水の集積を見た。その海はいかにも深そうで、しかも向こう岸に何があるかわからなかった。陸地側は小高い丘の重なりになっていたが、海の近くで絶壁のように切り立っていたから、難民の乗るボートが着岸出来ないのは明らかだった。

　果てもないような海水の塊を、俺は重力の溜まり場のように感じた。力に引っ張られて小舟などはすぐに沈んでしまいそうだった。

　モリヴォス、というのが自分が来てしまった場所の名前だった。見下ろすプールには白いパラソルが広がり、朝の光がその脇でふくらむ小山の肌と、歩き回る子ヤギを照らしていた。

広いベランダとつながった大きな食堂に降りていくと、あのニコラスがいた。日本から来たと聞いて「ジンム」の神話を話し出した不思議な青年だ。

ニコラスは例によって首をもじもじ動かし、右下左下を交互に見るようにしながら、顎に指をあてて俺に言った。

「セイコーくん」

この時、彼は「くん」までを発音した。つまりそこだけすべてが日本語なのだった。面くらう俺にニコラスは英語で続けた。

「世界は悪い方向に向かっている。違うかね？」

突然そう問われて、俺は思わず、

「おそらくそうだ」

と答えてしまった。

するとニコラスは顔色も変えず、

「やっぱりね。いずれにしても、僕の友達がアニメ好きだといいんだが」

と婉曲な話法で言った。僕の友達というのが俺のことだと気づく頃には、ニコラスは食堂を背にしてどこかへ歩き去っていた。

まるで意味がわからなかった。〝世界は悪い方向に向かっている〟というのが有名な日本アニメの名セリフだと言うのだろうか。なぜニコラスは俺にアニメを思い出させようとしたのだろう。

狐につままれたような思いでリゾートホテルのバイキング朝食を食べ、そこに合流してきた谷口さんから「今もＭＳＦのオフィスに連絡を取っていますが、返事が来ません」という報告を聞いた。

俺たちは難民キャンプを管轄する行政からの、取材申請への返信を待ったまま、来てしまえば彼らもむげにはしまいと祈るような思いでレスボス島へ渡っていたのだった。

ともかく、とホテルの従業員たちに話を聞いて俺は時間を過ごした。食堂を囲む広いベランダに出て、ある眉毛の濃い女性は海を指さしながらこう話した。

「去年はすごかった。女性や子供もたくさん舟に乗って、そこの海に集まって来たの。あれは本当に悪夢だった。彼らはもうどこかへ行ってしまったけれど」

彼女は難民の方々の行き先を知らないかのように言った。俺は別の質問をした。

「観光にも影響が出たんじゃないですか？」

「そうね。７割くらいお客さんは減ったわね。国連の補償がないと大変。でも来年は元に戻るわよ」

目の黒々とした明るい女性は自分もまたビーチで遊ぶようなリゾートファッションで、そう展望を語った。

その間、ニコラスは出てこなかった。

10時半、いずれにしてもいったんMSFのオフィスに向かってみることになった。すぐにタクシーを呼んでもらい、十数分後俺たちはニコラスのいたホテルをあとにした。

ほど近い、城のふもとの小さな村でいったん車を止め、谷口さんは銀行で金をおろした。まさかタクシーで往復2時間半以上を移動するとは思っていなかったからだ。郵便局みたいな感じの銀行のそばでうろうろしていると、土地を離れたことのなさそうなおじいさんたちが好奇心を抑えながらこちらを見るのがわかった。ギリシャの田舎そのものという場所に、いきなり異国から難民が数万人やって来た時、彼らはどう反応したのだろうかと思った。

ただ、おじいさんたちは露骨に俺を見るわけではなく、そこにある上品さがあるのが感じられた。考えてみれば、彼らは大昔から海の向こうから来る者と交流しているはずだった。歴史が彼らを鍛えているのかもしれなかった。

村からは、岩と褐色の土で出来た丘の横を通り、オリーブ畑を通り、小山を越えてひたすら南へ移動した。途中の町の角に青年がいるので道を聞くのかと思いきや、何か小さな袋をドライバーのおじさんは受け取った。

「速達だよ」

とドライバーは言った。せっかく港町に行くので運搬を頼まれているのだった。

タクシーはそこからカッローニという大きめの町を目指した。山を行くと松林で道路が松かさだらけだった。オリーブが点々と生える向こうに白馬がいた。奇妙な夢のようだった。

ようやくカッローニに着くと、今度はドライバーが交代した。やはり道角に息子さんが待っていて、そこからは彼の出番だった。

英語で自分たちは「国境なき医師団」でここへ来たと息子さんに言うと、すぐに意味がわかり、何千人の難民がここに来たとか、今はきついが来年はいいだろうとか、ホテルの女性と同じようなことを言った。

そこからさらに1時間半ほど。

俺たちはようやくミティリーニという港町に着き、MSFの陣取る2階建てのかわいらしいオレンジ色の瓦屋根の家を見つけ出した。

レスボス島のホットスポット

門から入っていくと、家の脇の薄暗いところで女性が3人ミーティングしていた。

か。

正面扉の前には椅子があり、おばあさんが腰をかけていた。来客を迎えるのだろう

中に入ると、そこにもたくさん人がいて部屋の中で事務をしていたり、2階から下へと移動したりしている。

俺たちを迎えたのは茶色いヒゲを生やしたイギリス人でプロジェクト・コーディネーターのアダム・ラッフェルで、彼が使っている部屋に招き入れられてそのまま「レスボス島の状況」についての概説を聞いた。

彼自身、去年から活動に参加したそうだったが、ピーク時にはメディアも難民も一日に1000人から3000人訪れていたのだそうだった。すさまじい数の人を、アダムたちは適切な場所へ誘導しなければならなかった。

当時、MSFとグリーンピースは地中海で共同して事にあたることにし、レスボスの北部に3つの難民上陸拠点を作った。そのひとつ、モリヴォスが俺の泊まっていた地点であった。

海の上でさまよう難民のボートを大型ボートで見つけて乗船者を救助すると、MSFは彼らを拠点へと上陸させた。そのあと、難民たちは行政の指示で東側の海岸沿いに南へと徒歩で移動したのだそうだ。大変な旅は終わることがなかった。MSFは彼らが歩かなくてもすむようバスの運行を行い、やがて国連もバスを出したらしい。

さらにアダムたちは、マンタマドスなどの一時滞在センターで食事や救援物資や医療を提供した。中でも最大5000人が島に到着しながらも、もともとの滞在想定人数が700人だったというホットスポットのひとつモリア(漂着した移民・難民など〝保護希望者〟の審査・登録を行う目的で2015年10月からギリシャの主要な島に設置された難民管理センターがある)では当然フル回転の援助が続いたという。

モリアで難民申請が通った者は管理センターの保護下に入るはずだったのだが、例の「EU—トルコ協定」によって彼らの立場が不安定になってしまい、追い返される事態が発生した。

トルコ側は国境警備隊を配置し、ギリシャとの境を見張っているため、かつてのような流入はないものの、それでも今も一日に1隻程度のボートは海上で発見され、10人から15人が乗っている計算になるという。

MSFでは彼ら苦難を経てきた人々に、グループセッション、あるいはあまりに厳しい経験を経た人へはマンツーマンの心理ケア、また法的支援、ないし健康教育の広報を通しての啓蒙などを続けているとも聞いた。

ちなみに、マンタマドスでは特に親を失った子供の保護施設を設け、それまであった場所を勉強のためのものへと変えたそうで、そこにはギリシャ行政の協力も入り、MSF側は場所と医療を提供しているという。

　俺たちが話を聞きに行っているその場所はOCB（オペレーションセンター・ブリュッセル）が統括しているのだが、彼らだけでも現地スタッフが70人ほど、そして外国人派遣スタッフが8人。ほとんどが現在は港町ミティイリーニのコーディネーション・チームと、マンタマドスに集中している、とアダムは言った。

　活動領域を考えればその人数でもてんてこまいだろうし、難民流入のピークには相当なハードワークだったろうことが推測された。

　概況を教えてもらってから、俺はアダム自身のことに質問を向けた。彼はもともとイギリスの人道医療組織におり（ただしその組織自体、元MSFの人が作ったものだそうだ）、セーブ・ザ・チルドレンに移ってアフリカ諸国を巡ってからMSFに参加し、南スーダンのピボールに9ヵ月いて武力衝突による情勢悪化にも遭遇したそうだった。

　彼のような歴戦の勇者がいるのは他の人道団体との連携を深めるMSFギリシャにとって確実に有益で、実際に国連難民高等弁務官事務所（UNHCR）、赤十字国際委員会、セーブ・ザ・チルドレンなどと彼らは週1回は情報共有をして意見をすり合わせ、課題ごとに常に連絡を取り合っているという。顔見知りなどがいればなおのこと、話が早くつくというものだ。

さて、ずんぐりむっくりしたその重要人物の一人アダムはブリーフィングのあとで、俺たちにおもむろにこう言ったのだった。

「では14時30分までランチを取って、それからまた来てくれますか？」

それはつまりどこかへ連れて行ってくれるということか……。

現地取材が可能になったというのだろうか！

アダムは机の上の書類から少し上目遣いをするようにしてこちらを見ると、少しだけ強い調子で続けた。

「カラ・テペの難民キャンプに僕がお連れしましょう」

未来が見えないんです

消えていく青年を身代りにして

メモ帳に書かれた俺は、レスボス島東南部ミティリーニにある「国境なき医師団」

オフィスに戻っている。遅い昼食を港のケバブ屋でとり、コーラを飲んで喉はうるおっている。

ただ、実際の俺は相変わらずカタール航空ドーハ発羽田行きQR812で東京に向かっている。機体はすでにインド上空やタイ付近を過ぎ、日本海に入ってきているところだ。そしてじっと隣に座っていた地中海周辺諸国の出身らしき体の大きな青年は、いまや半透明の存在になりつつある。

飛行機の中でメモ帳を開き、ギリシャで見てきたことを思い出すにつれ、彼は空気のように軽くなってゆき、向こう側まで透け、実体を失っていくのだ。俺はその奇妙な事実にとまどいながら、しかし一方では直感的に受け入れているのでもある。

思い出すほど事実は遠のく。俺は帰国してから書き残したいことをメモ帳から選んでいくのだけれど、選ばれなかったささいな出来事がむしろ重要なのではないかと感じている。けれど何かを削がなければ書くことにはならず、その度に削がれたなんでもない日常、出会った人々のちょっとした癖や空の色、鳩の飛び方などなどは、より強く世界から消されていく。まるで隣の青年のように。

小説家の俺は彼をこそ消さずに現世に居残らせたいはずであるのに。

だからといって俺は書くことをやめない。

思い出すことを。

消えゆく隣の青年への全面的な罪を背負ってガタガタ揺れながら。

ＯＣＢの借りた一軒家の2階でアダム・ラッフェルと再び会い、彼が運転するヒュンダイの小型車でカラ・テペへ向かった。

方角としては東南部から海岸に沿って少し北上する形で、右側に延びる海の透明度は高かった。その日も日差しが強かったから、地元の家族が海水浴をしているのが見えた。そして海のすぐ向こうにトルコがあった。

難民のボートが今出現してもいいのだ、と俺は思った。実際にそれは日々、次々に現れた。つまり海水浴の家族の目の前に。時には見ている間に沈み、死体となって浮いて打ち寄せる姿もあったろう。見てしまった者の心に、その悲惨な体験はこびりついているに違いなかった。

数分行くと、車は右折した。

そこがカラ・テペ難民キャンプだった。

細い金網で出来たフェンスがいきなり左右にあった。車はその中央に作られた目の粗いアスファルトの坂をあがった。右にある空き地に車を止め、少しだけ緊張しているらしきアダムの後ろをついていった。

すぐに左奥にコンテナが見えた。外側に色とりどりの魚やサンゴ、タコの絵が描かれていた。前に4つの小さなベンチがあり、一部はオリーブの樹の影の中に入っており、そこに4人の人が座っていた。彼らが順番を待っているのは、コンテナの中にいる現地ギリシャの管理者に話があるからだった。それは俺たちも同じだった。

近づいていき、なんの気なしにコンテナの絵をスマホで写真に撮ろうとすると、アダムがそれを手で制した。難民の姿を撮影するわけでもないのにと思ったが、アダムは目で「頼む」と言っていた。おそらくコンテナの中の人物の機嫌を損ねるわけにいかなかったのだ。

先にマリアという熟練の秘書らしき女性が出てきて、アダムにこう言った。

「お返事遅れてごめんなさい。とても忙しいものだから」

確かにコンテナの奥からは強いアラブ訛りで口々に何かを訴える者たちの声がしていた。俺たち極東からの取材者に許可を与える暇などないだろうことは推察された。だが、それをおしてアダムは俺たちをカラ・テペ難民キャンプへ導き、取材を実現させようと力を尽くしてくれているのだとわかった。写真撮影はつまり強引な取材の開始になってしまう。そこには微妙な交渉の機微があった。

スタブロス・ミロギアニスさんという、立派なヒゲの生えたいかにも地方の偉い官吏といった感じの責任者に会えるまで、俺たちはコンテナの外で待った。白い砂利だらけの敷地にはUNHCR（国連難民高等弁務官事務所）のコンテナ、世界の医療団のコンテナもあった。様々な援助団体が乗り入れているのだった。

しばらく待つと、がたいのいいスタブロスさんが笑顔で出て来て、厚い手のひらでみんなと握手をし、「緊急会議があってすぐに出なければなりませんが、ようこそカラ・テペへ。どうぞ取材をなさって下さい」と大きな声で言った。

そこでようやく俺たちは正式に受け入れられたのだった。

仮設住宅の心理ケア

いったんコンテナのエリアから坂を下り、フェンスの中を歩いた。右側にＲＨＵ（レフュジー・ハウジング・ユニット）、つまりは仮設住宅が並んでいた。もともと全体はゴーカート場だったそうで、左側には名残として子供用サッカー場やすべり台があった。難民の子供たちにはうれしい施設だろう。

オックスファムという団体の青年男女が各仮設住宅に飲み物を配っているのも見えた。アダムによると、気温が高いため、難民の方々を配給の列に並ばせるわけにいかないからだそうだった。気配りは左奥にある屋台にも見て取れた。そこはごく普通のカフェになっていて、集った子供が冷たいコーヒーをストローから飲んでいるのがわかった。

どんつきを左に折れると、医療サービスのエリアがあり、MSFのマークの付いたキャンピングカー型の車両が幾つか止まっていた。スタッフたちが立って輪になり、ミーティングをしているらしいタイミングだった。

彼らに話しかけて聞いてみると、チームは全部で6人の医療・非医療スタッフと3人の文化的仲介者《カルチユラル・メデイエーター》で構成されているそうだった。中にいた医者は中東系の若い女性であり、心理療法士の女性は唇にピアスをしていた。とても自由な感じがした。

まず医療用の車の中を見せてもらった。救急車の2倍以上の広さはあったろうか。前の活動責任者がアレンジしたもので、ベッドがふたつ入ることもあるそうだった。元来は沿岸に出動して、着いた難民をすぐに診療出来るようになっていた。あちらに点滴、こちらに包帯、様々な薬もコンパクトに収納されていた。

車の外に出ると、例のピアスの女性が待っていてくれた。今度は心理ケア用の車の中を取材させてくれるとのことだった。ありがたくついていって車の中に乗り込んだ。小さなベンチシートみたいなものがあって、目の前にテーブルがしつらえられていた。いわゆるキャビン仕様で、彼らはそこで難民たちの心の苦しみに耳を傾けるのだった。

カラ・テペがまだ一時滞在の場所だった頃は、救助した人々にグループ・セッションを行っていた。しかし、彼らがヨーロッパを北上出来なくなり、そこが現在のよう

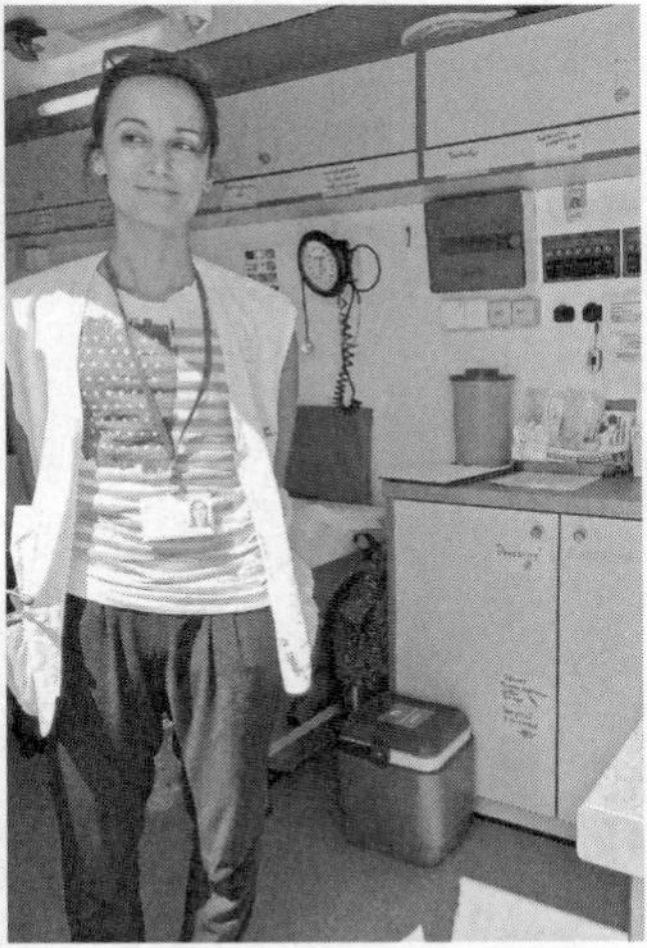

カラ・テペ難民キャンプの医療車内

アダムの熱いブリーフィング

心理ケアのタフで明るいスタッフ

な難民キャンプになってからは個別の心理ケアが中心になっているらしかった。子供がストレスで不眠になったり、家族の中でのいさかいが絶えなくなっていたり、自分たちがどこに安らぎの場所を求めればいいかわからなくなっているままの状況に、全体の不安は募っていた。

「今は何人くらいが来るんですか？」

「一日、5、6人になりました。忙しかった時は100人という日もあったんだけど」

「一日100人！」

「そう」

聞けば、彼女はギリシャで心理療法士として働き、学校にカウンセリングに出たりなどしていたそうだった。それがいまやMSFに参加し、自国の中に出来た難民キャンプで働いていた。やっていることは同じであるように見えて、それはずいぶんハードな変化に違いなかった。

けれど、彼女は車内に貼られた子供の絵、彼女を描いてくれた絵を見て言った。

「ここで働くのは素晴らしいことよ。もうすぐアテネに戻らなきゃならないんだけど、すぐまた来たい」

生き甲斐、という言葉をしばらく忘れていたなと俺は思った。

この絵に彼らはどれだけ励まされていることだろう

文化的仲介者イハブ。後ろは難民キャンプの仮設住宅

難民となったジャマールさんに話を聞く

アダムに連れられてとうとう仮設住宅エリアに足を踏み入れた。日本で見知っている仮設より頑丈なタイプのものが整然と並んでいた。しかし、実に小さな窓しかなく、電気もないという住宅は夏ともなれば暑くて中にはいられず、人々はたいていマットやクッションを外に置き、その上でくつろいでいた。

文化的仲介者のイハブ・アバシというお洒落なアラブ人がいつの間にかそばにいて、通訳をかって出てくれた。彼とアダムは少し小声で話し合い、誰にインタビューすべきかを決めた。

近くの仮設住宅に近づくのでついていくと、住宅の間にある狭い通路の上に日差しをやわらげる布が張ってあって、少し過ごしやすくなっていた。角の仮設の前に置いたウレタンマットの上に、中東系の長衣を着た男性がいた。イハブが話しかけると、男性は立って挨拶しようとした。非常に礼儀正しい人だった。

けれど、足もとがぐらついていた。アダムと俺は彼の肘を持ち、どうか座ってくれと言った。しかしおじさんは首を横に振った。「じゃ僕がこうして……」とマットの上に座ったのを見て、彼も腰をおろすことにしてくれた。アダムとイハブ、そして谷口さんもその場で膝を折った。

おじさんはジャマール・サラメという名前でパレスティナ人だった。母国を出たジャマールさんは、レバノン、シリア、トルコまで移動してきたのだと言った。途中で4日間を砂漠で過ごしもした。そして最終的にその年の3月24日、ゴムボートに乗ってギリシャにたどり着いた。共に国を出た家族は、今も移動途中のシリアで動けずにいるとのことだった。

現在、ジャマールさんは腰の痛みと呼吸困難に苦しめられていた。3日間の入院も経ていた。モリアの難民管理センターにいたが、カラ・テペ難民キャンプに移って体を診てもらうようになり、本当に助かったとジャマールさんは言った。

70代だろうと思ってくわしい年齢を聞いた。

ジャマールさんは答えた。

「49歳です」

驚いて返す言葉がなかった。

彼は俺よりずっと年下なのだった。

なのに彼は足腰を弱くし、気管を痛め、皺だらけになっていた。それほど暮らしが、そして難民としての旅、生活がつらかったのだった。

同じマットの上では他にも隣に住んでいる、中東系の人らしき小太りのおじさんが豆スープとパンを食べていた。反対側の仮設住宅の前には幼い女の子たちが遊んでいた。さらにその向こうのオリーブの太い樹にアフリカ人女性が背をつけて座り、携帯電話でしゃべっていた。

あらゆる地域から難民は来ていた。

そしてかつてと異なり、母国や旅の途中で残してきた人たちと日々、援助団体から支給された携帯電話を使ってスカイプで話し、画像を送りあっていた。けれどその便利さは逆に新しい切なさを生んでいるのではないか、と思った。彼らは家族を一時も忘れることが出来ない。裂かれるような思いだろう。

「今の望みはなんでしょうか？」

気づくと谷口さんがジャマールさんに質問をしていた。ジャマールさんはすぐに答えた。

「未来が見えないんです。私はこんな状態を早くやめて子供に会いたい」

うなずくことしか出来ない俺たちに、ジャマールさんは続けて何か言った。

けれど翻訳をしてくれるはずのイハブは、黙ってジャマールの頭を胸に抱きしめてそこをなで、キスをするばかりだった。

しばらくそうしてから、イハブは遠くを見やりながら口を開いた。

「彼はこう言いました」

イハブはひとつ間を置いて言った。

「私が死ぬ前に問題が解決してくれればいいんですが、と」

俺もジャマールさんを抱きしめたいと思った。

背中を何度でもさすりたかった。

年下の友人がなぜそんな目に遭っているのか、俺にはまったく意味がわからなかった。

「弱者の中の弱者」の場所

民族を超えた「町」の出現

思えば7月18日の午後のことだった。

俺はその一日に閉じこめられるようにして、つらつらとこの文章を書き綴っている。

ギリシャはレスボス島の、カラ・テペという場所にある難民キャンプは、日差しの透明さといい、生ぬるい風の吹き方といい、空の青さといい、まるでリゾートのようだった。もちろんそこに仮住まいする難民たちにとっては地獄のような過酷な地域だ。

ジャマールさんに話を聞いてから、俺たちはアダムとイハブと共にまたキャンプの中を歩いた。途中、中東系の女の子たちが地面に敷いた布の上で座って遊んでいた。そちらに向けてイハブは右手を上げ、巻き舌のアラブ的な言語で明るく話しかけた。女の子たちは見知らぬ俺や谷口さんがいるのに気づいて、はにかんだような笑顔を返した。

「あの中にいたマラカという子は」

イハブはリズミカルな足取りで歩きながらうれしそうに教えてくれた。

「この間まで弁護士になりたいと言ってたんですが、今は医者になるそうです」

つまり自分たち難民を救っている者に憧れ、自らもそうしたいと願っているわけだ。イハブとしてもそれは何より心動かされることなのに違いなかった。

仮設住宅の列を抜けると、空の広い場所に出た。簡易な塀があり、中にトタンと木を組み合わせて作った施設があった。そこがシャワー、トイレのエリアだそうだった。

すぐそばにキオスクのような小さな小屋があって、棚に石鹼やシャンプー、生理用品などが置かれていた。衛生関係の物資はそこで配給されるらしかった。ひとつの仮設住宅にごっそり運ぶというより、個人ごとの事情に応じて渡すという気配りが感じられた。

同様の気配りは、そのあたりにしつらえられた金網の中の仮設住宅群に特に濃く存在した。その場所には女性しか入れないのだとイハブは説明した。キャンプ内にさらに金網で守られたエリアがあるのだ。家庭内で性暴力に遭っている者もあるだろう。移動の過程でそうした過酷な経験にさらされ、他人に会うことを避けたい者もあるだろう。

むごい目に遭っている難民たちの中でも、さらに厳重に守られるべき女性たちがいることに、俺は身体が固まってしまうようなショックを受けた。吹きさらしの施設の群れの中で、そこだけがハイチで見た性暴力被害者専門クリニックのような深い静けさの中に沈んでいた。

カラ・テペ難民キャンプにはその時点で５００強の仮設住宅に１５００人が暮らしていることを、俺はそのキャンプ全体の中心部に立ちながら聞いた。見回すとそれぞれの方向に道があり、砂ぼこりが舞い、点々とオリーブの樹が生え、子供たちが見え隠れし、その上を雀が飛んでいた。向こうになだらかな山並みが見えた。

子供たちの後ろには親がいた。アフリカのゆったりした服、中東の白い着衣、女性の腰に巻かれた鮮やかな色の布が目についた。様々なデザインが行き交っていた。

この豊かな国際性はなんなんだ、と頭が混乱した。国や文化を超えてひとつのエリアに住む者たち自体は、まるで世界共和国の具現化に見えた。それが砂の舞う太陽の下に、あたかもアメリカ西部劇のようにあった。

けれど彼らはそれぞれの場所を追われてそこに逃げ込んでいるのだった。好んで国際的なのではむろんなく、世界そのものが各地で人を支えきれなくなっているからこそ、俺が目の前に見ている民族を超えた「町」が出現しているのだ。


「ここはまだいい方だ」

とアダムは俺の心を見透かすように言った。

「彼らはファミリーのままでいられる。ただし誰かは必ず、拷問や暴力に遭った人、あるいは病人だ。弱者中の弱者がここに集まっている。そしてきわめて平和に暮らしている」

俺は聞いて胸が張り裂ける思いになった。

世界各地で傷つけられ、移動中に犯され、怪我や病にさいなまれ、今彼らは誰も暴力を受けない「町」に共存しているのだ。

道を走って横切る子供がいた。

オリーブの樹の陰で椅子に座る老人がいた。

住宅の前で女性たちが話し込んでいた。

働き盛りだろう中年のアフリカ人がただ立って目を細め、遠くを見ていた。

乾いた葉がこすれる音がした。

黙り込む俺にアダムは言った。

「ここに平和があるからといって、もちろんこういうキャンプがあってはならない。我々は根本にある問題の解決を望みながら、世界に訴え続けるしかないんだ。そしてその間、あらゆる傷に絆創膏を貼る」

その〝傷に絆創膏を貼る〟というのが「国境なき医師団」の、彼ら自身を例える表現であることを谷口さんが教えてくれた。彼らは過酷な現実を外界に伝えながら、被害者たちの傷を癒し続ける。

解決自体は各国の政治家が行わねばならない。だからMSFは証言と、必要なら訴えを怠らず、同時に現場へと赴いては〝絆創膏を貼る〟のだ。

アレッポのアミナ

やがて出口の方まで歩いたアダムとイハブは、2人でこそこそと話した。どうやらもう一人、俺たちに紹介したい人物がいるのだが、果たしてインタビューに応じてくれるかどうか、あるいはインタビューを申し込むこと自体が相手を傷つけるかどうか、きわめて繊細な判断が必要だという会話が漏れ聞こえてきた。

そして俺たちはすでに、その討論の対象となる人物を視界にとらえていた。

少し遠くに柵のようなものがあり、それが難民キャンプの中の簡易なカフェになっていた。奥のテーブルの上にたくさんの使い捨てカップを置き、援助団体の若い男女が立ち働いているのが見えた。

その中に、一人だけ黒い上着に黒いパンツをはいた女性がいた。頭には灰色の布を巻いていて、中東の国から来た難民のようだった。彼女はたくさんのカップを前にして、ひたすらに紅茶を淹れていた。

その人へのインタビューを、アダムが最終的に決めた。彼は無言でついて来るように指示し、カフェへと近づいた。俺たちもそうしながら、重大な事実を知らされた。

アミナ・ラマダンさんというシリアの、それもあの空爆が続くアレッポ出身の女性は、その年の3月20日、つまりわずか4ヵ月前、トルコからギリシャへと渡ってくるゴムボートの中で、車椅子に乗っていた夫を亡くしていた。

柵の向こうにいる彼女の横まで不用意に歩いて行ってしまった俺は、実際には聞くべきことを持っていなかった。アミナさんは悲劇から立ち直ろうとしている。彼女が忘れたい事実を、俺などが蒸し返していいものだろうか。

だが、イハブに声をかけられ、なぜ多国籍の俺たちが彼女に近づいたかを聞いたアミナさんは、むしろ大切なことをどう正確に伝えるべきか慎重に考える様子を見せ、それから深くうなずいてインタビューに応じてくれた。人生の苦難が彼女の顔に皺を刻んでいたが、きっと俺よりずっと若いのだろうと思った。

ここでも質問は谷口さんがした。俺は黙って彼女の顔をじっと見ているばかりだった。どうしても俺はジャーナリストになれなかった。

「アミナさん、答えにくいことをうかがってしまいます。申し訳ないことだった。このキャンプに来るまでの道のりはどんなものだったんでしょう」

すると、布の下にある痩せて日に焼けたアミナさんの表情が一瞬ほどけた。なぜ笑顔のようになったのかと驚く間もなく、彼女は谷口さんに向かって訴えるように言った。

「ベリベリベリベリベリー・ディフィカルト」

本当に大変だったとアミナさんは言い、そのあとでどのように国からたどり着いたかを、今度はイハブに自国語でしゃべった。

幾つもの国を越境していた。夫が病によって車椅子に乗る身だったから、移動には一層倍の苦労が要った。シリアからレバノンへは徒歩、そこからトルコまでは飛行機も使ったそうだからずいぶん財産を使ったことだろう。

そして、答えは当然、最後のトルコからギリシャへのゴムボートに触れざるを得なくなった。

3回、渡航にチャレンジして失敗したとアミナさんは言った。それでもトルコ側で粘っていると、ゴムボートに乗れることになった。周りはほとんど女性だったと言う。仲介業者は銃を持っていてとても恐ろしかったそうだから、彼女たちはだまされていたのだと思う。

明らかに乗り過ぎだった、とアミナさんは谷口さんに言った。俺たち取材者の中で唯一の女性へと、アミナさんは伝承を授けるように目を向けてしゃべっていた。イハブはその脇で素早い通訳を続けた。

海の上でモーターが故障した。もともと乗り過ぎだった重量オーバーにより、浸水が始まった。彼女自身何が起きているのかわからないまま、それでもボートは奇跡的にギリシャに着いた。

けれど、舟の底で夫は既に亡くなっていた。心臓発作だったのかもしれないし、すし詰めの中で窒息死したのかもしれない、あるいは浸水してきた海水を飲んだのかもしれない、とアミナさんは言った。

よくぞそんなつらい体験を話してくれるものだと俺は途中から頭を下げたい思いだった。話し続けるアミナさんの横顔からは荘厳さがにじみ輝いていた。目は透明度の高い海か井戸のように深いところまで澄んでいた。水が湛えられた底に、薄茶色の砂地が乱れもなくあった。

「私は夫を助けることが出来ませんでした」

そう言ったあと、深い沈黙がキャンプに訪れた。アミナさんは顔を下には向けなかった。彼女は谷口さんをじっと見ていた。あなたにもわかるでしょう？　と問うているように思ったし、だからといって同情を求めるというのではなく、人生の中に起きる危機を共有することで一緒に未来への道を歩み出そうとするかのように感じられた。

谷口さんは一度礼をするように頭を下げてから言った。

「将来は、アミナさん、どうなさろうとお考えですか。もちろん今そんなことまでは思いもよらないかもしれませんが」

すると、翻訳を聞いたアミナさんはひとつ深いため息をついてから言った。

「学んで働いて……」

そして彼女は振り向き、背後のボランティアたちを見てから続けた。

「人のためになりたい」

そのあと一瞬、ほんの一瞬だけ、アミナさんの目の底にある砂地がその奥からの水の噴出のようなものでだろうか、揺れてかき乱された。なぜかわからなかった。

アミナさんは続けて幾つかの言葉を吐き出した。文化的仲介者のイハブは彼女の言葉をしばらく訳さずに、自分の心の中で十分に受け止めてからこう話した。

「人のために働くことは、旦那さんと二人で決めていたことだそうです」

彼女の目の奥に乱れがあった理由を知った俺は、今度は自分の目の奥から噴き上がってくるものがあるのを感じた。

アミナさんが紅茶を淹れているのは、その〝人のためになる〟ことのひとつだった。

彼女は毎日、昼と夕方に大量の紅茶を淹れ、キャンプの難民たちに配っていた。それは「今私に出来ることをしたい」という訴えによるものだった。その作業の途中に俺たちは取材を申し込んでいたのだった。

つまり、アミナさんが自分の苦しみを忘れるようにして一心に働いている時間に。

キャンプを守る鳩

カラ・テペ難民キャンプの入り口あたりに看板があった。

一度それをスマホで撮ったが、よく見るとさらに寄って撮っておくべき絵が描き添えられていた。

鳩だった。

ノアの方舟から飛び立って、のちの人類たちの隆盛を予感させた鳥。

平和の象徴ともなった一羽の動物。

それが国際色豊かな難民キャンプを守っていることが皮肉なのか、それとも理想的なのか。俺には今でもよくわかっていない。

ただ、それからアテネに戻り、ＭＳＦの他のスタッフにもたくさんインタビューをした。

彼らは眼前のリアルな困難から目をそむけず、無力であるという人間存在の条件を受け止めながら、しかし未来がよりよくなるという信念の方向へと活動を続けているのだった。

それは方舟にとっての鳩のようではないか、と俺はカタール航空ドーハ発ＱＲ８１

2が羽田へと高度を下げるのを感じながら改めて思うのだ。

鳩は自己の安全を感じて舟を去ったのでなく、去って新たな世界を作ろうと意思したのではないか。それが平和を生むべき人間の、大切な行動の指針になるのではないか、と。

俺の隣の席にいた身体の大きな青年は、もはやどこにもいない。

彼もまたどこかへ飛び立っていったのではないか、と俺は感じている。

そして、そうやってよりよい世界を作ろうと飛ぶ「鳩」たちの横に、俺はいつでも寄り添っていたいと思う。

看板の右下に飛ぶ鳩

フィリピン編

2016年11月

フィリピン共和国

面積　　29万9404㎢　(日本の約8割：日本外務省)
人口*　　1億811万7000人
首都　　マニラ
平均寿命*　71歳

*国連経済社会局人口部「世界人口推計2019年改訂版」

国境なき医師団（MSF）は2016年、首都マニラのスラム地区トンドで、現地団体「リカーン」と連携してリプロダクティブ・ヘルス（性と生殖に関する健康）のプログラムを立ち上げた。現地診療所が行う家族計画《ファミリープランニング》指導を支援するほか、性感染症の検査・診断・治療を改善、子宮頸癌の検査と凍結療法も開始。2017年には予防措置として9～13歳の少女2万5000人を対象に、子宮頸癌ワクチンの集団予防接種を実施した。

厳しい都市マニラ

苦手な場所だったはずが

フィリピンのマニラは昔から苦手な場所だ、とずいぶん昔、南の島を幾つも渡り歩いていた折に書いたことがある。

人々の貧困を空港を降りてすぐに目の当たりにしてしまうからだ。

それは隠れようもなく、向こうから手を伸ばして近づいてくる。

そして市内には常に警備員やＳＷＡＴ（特殊火器戦術部隊）が配備され、緊張感が絶えない。

同じ貧困はインドでも見てとれたものである。だがそことは別の壮絶な富の不均衡を、俺はかつてマニラで何度も感じた。より西洋化された都市だからかもしれない。不思議なもので、そのマニラに行くことになった。もともとどこへ行ってもいいように空けておいたスケジュールに、出発5日前くらいに指令が下ったのである。

観察すべきはマニラ市内の「リプロダクティブ・ヘルスに関わるミッション」だと、広報の谷口さんからのメールには書いてあったのだが、俺はそもそも「リプロダクティブ・ヘルス」というものがなんであるかよくわからなかった。今はすでに取材済みだから理解しているが、それでもうまい日本語がない。

日本ではこれを保健医療用語として「性と生殖に関する健康」と訳し、公的機関や「国境なき医師団（ＭＳＦ）」でもそれを用いているらしいのだけれど、ストンと胸には落ちないのだ。

要は妊娠や出産、避妊といった生殖、または性感染症・性暴力ケアなどにまつわることの総体であり、実質は「女性を守るプロジェクト」と言っていいと俺などは思うのだが、ＭＳＦ的にそれが正確な表現だと認め得るかどうか、すべてはこの「フィリピン編」を書きながら俺なりに考えていきたい。

さて、11月21日にマニラの空港に着き、入国審査もすませて荷物受け取りをしようとした俺は、自分が持っていた小さなデイパックを機内に忘れてきたのを思い出した。

クレジットカードも入っていたし、読みかけていた大事な本もあったし、大変な失態である。俺は焦って入国審査の一番脇の通路へ行き、カバンを忘れた！　と乗ってきたフィリピン航空の飛行機があるだろう方向を指さした。まず間違いなく止められるだろうと観念していたのだが、そこにいた係のおばさんは早く行け！　と俺を中に導いた。

途中、検疫のデスクもあって現地の人が群れていたが、彼らも俺の訴えを聞いて通路を通し、どっちに到着機があるかを教えてくれさえした。

そして細い通路を小走りに行くと、その向こうからフライトアテンダントのきれいなおばさまが、あー！　と俺を指した。彼女の周囲にいた整備士やら他のアテンダントやら何だかよくわからない人々がみな喜びの声を上げ、ほとんど胴上げせんばかりになって俺を歓迎し、肩を叩いてくれたり、デイパックを受け取ったしるしのサインを紙の上に書かせたりした。

で、俺はまた小走りに元に戻り、つまりは入国審査所も素通りしたのである。

フィリピン人はなんて親切なんだ！

もともとマニラに苦手意識を持っていた俺は、そのあと空港を出て物乞いがいない状況を確認し、ますます自分の思い込みが時代にそぐわないし、現地の人に失礼きわまりないと反省しつつ、決してボラれない認可タクシーを選んで乗って夜のマラテ地区へ向かったのだった。

ジョーダン夫妻に迎えられる

マラテにはMSFのエクスパッツ（外国人派遣スタッフ）の宿舎があった。宿舎といってもハイチのような借りきりの家ではなく、ギリシャのようなビルの一室でもなく、高層中級マンションの部屋だった。

タクシーを降りた俺と谷口さんは、まず近くのキャバレーみたいなものの前にソファがあり、そこに赤いミニワンピースの制服のようなものを着た若い女の子たちがずらりと座って「っしゃいませー」と高い声を張り上げるのを横目で見た。日本語の店名が看板にはあった。盛り場にしては他にコンビニ、薄暗い通常のホテルといったものしかない。謎の地区だった。

俺たちは目指すビルを守る警備員の横を通り、早くもクリスマスの飾りが目立ちつ、つあるフロントの女性に挨拶し、そのマンション内で活動責任者であるアメリカ人スタッフ、ジョーダン・ワイリーに会って鍵をもらうことになっていると彼女に説明した。

フロントからジョーダンに電話が行き、俺たちが目指す階がすぐに告げられた。そこで彼は奥さんと2人で俺たちを待っているそうだった。ガラガラと荷物を引いてエレベーターに乗り、目的階のボタンを押し、するすると上へ吊り上げられていくと、やがてドアが左右に開いた。

そこに背の高い、スキンヘッドで顎と鼻の下に短い髭を生やした屈強な男がいた。それがジョーダンだった。

「ナイス・トゥー・ミーチュー」

と握手を交わした俺だが、その横にいる彼のパートナーがあまりにも素敵なので半分現実感を失っていた。あとでエリンさんと名前のわかる、やはりアメリカ人の彼女はハリウッド女優よりも美しい印象で、しかも内面から何かが光る人物だった。

何か虚構の、つまり映画か何かのVRみたいなものに入り込んだような気に俺はなりつつ、ジョーダンの優しげな笑顔（キアヌ・リーブス似）にも魅入られながら彼らの導く部屋へついて行った。

そもそもミッションに夫婦で向かうということ自体、珍しいことであるはずだった。俺は羽田で谷口さんから、もうひと組（こちらはスペイン人と日本人）夫婦が滞在していると聞いていた。

しかも通常は半年から1年程度の任期が多いと聞いていたところが、ジョーダンたちの場合はそうではなかった。なぜかと言えば、そこでスタッフが挑戦している「リプロダクティブ・ヘルスに関わるミッション」と国の状況が他とは根本的に異なる性質を持っているからだった。

詳しいことはまた別の機会に話そう。

ともかく現実味のないくらい格好のいい2人に連れられて入った部屋には、さらに3つの部屋があり、リビングダイニングがあった。ただし、そのリビングには段ボール箱が積まれ、中に注射器や保存用の水が入っていた。ミッションに使う道具もまた、その部屋には置かれていたのである。

ジョーダンは俺たちにそれぞれ小さなビニールの袋を渡した。中には部屋の鍵、主要スタッフ全員の役職と名前と電話番号が表になったコピー用紙が入っていた。

その説明を軽くしながら、自分も同じマンションに住んでいることをジョーダンは教えてくれた。近くのマンションにはまた別のスタッフたちがいることもわかった。

彼らスタッフが集まるマラテ地区は一般的には評判のあまりよくない場所だが、決して危ないところではないとジョーダンは言った。ただし、ジョーダンは俺たちがこれから取材で連日訪れることになるスラム地区でさえ「言われるほど危険ではない。住人はきわめて親切なんだよ」と評価するのだが。

翌日の早朝、ビルの下にMSFの日々の迎えの車が来ることをジョーダンは俺たちに丁寧に告げ（迎えが来ること自体がある種のリスク回避なのだが）、にこやかなエリンと仲よく去っていった。

マラテ地区の夜

さて明くる日からどんな取材になるのだろうか。

とりあえずは車で近くのエルミタ地区にあるMSFのオフィスまで行き、ジョーダン本人からくわしいブリーフィングがあることはわかっていた。これまでの2回の渡航でも必ずそうなっていたから。

で、俺たちは自分たちだけで外に出て軽い夕食をとろうとした。

下の道に降りると、例のキャバレーがあり、その少し先にも同じような店があるのがわかった。だが他にレストランがない。

キャバレーの向かいにあるセブン－イレブンの前にがたいのいい男たちが数人いて、格闘のふりをしたりしているのに気づいた。おそらく用心棒的なものだろうと思った。

道は少し行くと暗くなった。警戒のレベルを上げながら、比較的明るい横道へ入った。ただ俺は空港での体験の続きを味わっていて、マニラ市民が親切であることを疑わなかったし、南の島を巡った昔とは経済状態が違うという思い込みを捨てられなかった。

横道を抜けた先がさらに明るかったので俺はそこを目指した。遅くまでやっている現地のファストフード屋みたいなものがあった。周囲はバーのようなもので、その前をジープを改造したジプニーという移動手段や、バイクに補助車を付けた乗り物（トライシクル）が走っていた。

ほぼ誰もいないファストフード屋に入って、奥のガラスケースの中のおかずを選び、ライスを頼んだ。谷口さんはおなかが減っていなかったらしくジュースを求めた。

忙しくプラスチック皿の上の肉とライスを食べてから、店の向かいのセブン‐イレブン（とにかくマニラにはセブン‐イレブンとミニストップばかりあった）に行った。水を買っておきたかったし、翌朝のパンも欲しかった。

店内に2人の少女がいた。7、8歳といったところだろうか。こんな夜にと思ったし、髪が乱れているなとも思った。だがそれよりも俺は自分が買うべきものに頭がいっていた。

そしてコンビニの外に出た途端、さっきの少女の一人がレンゲの花で作った飾りを束ねて差し出しているのに気づいた。子供は花売りだったが、もう売ることに飽きていた。

はっと思うと、もっと小さな女の子が店の入り口につながるコンクリートの上に寝ていて、もう一人のさっき俺が見た少女に何か掛けてもらっているのがわかった。ビニールのようなものだった。寝ている少女も世話している子も、ともに髪と身体が薄汚れていた。頬や眉の下などはススで真っ黒だった。

家のない子供たちだった。

遠くで「っしゃいませー」という嬌声が聴こえていた。

俺が見ているホームレスの女の子たちから、ミニワンピースで働いている若い女性たちまでが一直線であることに思いあたった。

そうなるしかなくてそうなっているのだった。

マニラはなお厳しい都市だった。

そこでMSFがどんな活動を、それも「女性を守るプロジェクト（俺の仮命名）」を進めているのか、俺は翌日から毎日スラムに入って取材を重ねることになる。

あまりに知らないスラムのこと

警備員に守られた現地オフィス

そして2016年11月22日、早朝に一度起きてＷｉＦｉのつながったスマホを見ると、福島で震度５弱の地震が発生していた。報道やツイッターでのつぶやきをちらほら読む限り、日本が安全で「国境なき医師団」活動地が危険だとは決して言えなかった。世界のどこが彼らの活動地であってもおかしくないし、実際先日の熊本地震では日本がそうだったのである。

7時半に前夜買っておいたパンを食べ、インスタントコーヒーを飲み、待ち合わせ時間ぴったりの8時に広報の谷口さんと共にマンションの1階に降りた。フロントに女性係員がいて、外には警備員がいた。それは24時間体制であるらしかった。

建物を出ると白いバンが止まっていて、フロントガラスの端に小さくＭＳＦのシールが貼られているのがわかった。ハイチなどと同じくエクスパッツ（外国人派遣スタッフ）は決められた車で移動するとは聞いていたが、四駆が必須でない地域ではその横腹に目立つように名前を貼ったりせず、カスタマイズを最小限にするらしかった。

異なる点はまた、車の出発前と到着時に氏名を確認しないことにもあった。現地オフィスがスタッフの動きを逐一把握するスタイルではなく、どうやら自分たちで視認する程度でよさそうだった。

中にはすでに青いシャツを着た活動責任者のジョーダンがいた。挨拶するとすぐに「よく眠れたかい？」と聞いてくる。実際マラテ地区の道には朝方まで車が走り、クラクションを鳴らし、例のキャバレー風の店から女性たちの嬌声が聴こえ続けていた。だから、俺もひどく早い時間に起きてしまったのだ。

「なんなら耳栓があるから言ってくれればいつでも」

「あ、ありがとう。とりあえず大丈夫」

そう答えつつ、後ろの座席に巨体のアフリカ人がいるのに気づいて軽く挨拶すると、彼ジェームス・ムタリアは眼鏡の奥のクリッとした目を動かして小さな声でようこそと言い、そのまま口をつぐんだ。この独特な人物に関しては、また別な場所で書く。

その日、マラテのマンション前からすぐ近くのエルミタ地区にある現地オフィスまで行くのは、この4人だった。

着いたのは5分もしないうち。まったくもって至近距離であった。目的地の建物の入り口にも警備員がおり、中のフロントに人が詰めていた。マニラ自体がセキュリティ度の高い都市であることを、俺は思い出した。昔中心部で夕飯を食べた時、レストランの入り口にウージー銃のようなものを持って立つ男がいたことなどを。

そこは変わらないんだなあ。

と思っているとエレベーターの前に小柄なアジア女性がいて、手にテイクアウトのコーヒーを持っていた。ジョーダンが彼女に挨拶をし、俺たちを紹介した。後ろから、身体の大きなジェームスはチノパンを低くはいた状態でゆっくり近づいてくる。

彼女はMSF香港の広報スタッフ、ロセル・アン・G・ジュニオだった。その時は気づかなかったのだが、俺たちの取材に同行し、通訳をしてくれるのが彼女だった。ロセル自身フィリピン人なのでタガログ語の翻訳もしてくれる上、かの国の人々の多くが英語堪能なのでこちらとの意思疎通も安心出来る。MSF香港の所属ではあれ、彼女はフィリピン人スタッフとして、今回ジェームスから要請を受けて俺たちのために日々働いてくれたのであった。

さて、8階の現地オフィスへ行き、2部屋に分かれたうちの海側に入って現地スタッフと握手などした俺たちはやがて大テーブルを囲んだ（ただしジェームスはすぐに別の部屋の自分のデスクの前に黙ってひょうひょうと移って行ってしまったのだけれど)。

そこからがつまり、活動責任者によるマニラ・ミッションの概略説明であった。

なぜMSFが都市部にいるのか

元来MSFは度々フィリピンの災害時に出動をしていたんだ、とジョーダンは話し始めた。それは1987年に始まり、数度の地震や津波被害への緊急救助活動を経て、2013年の台風30号ハイエンの時にも及んだという。この未曾有の被害を生んだ台風では日本からも1000人を超える自衛隊員が派遣されたから記憶に新しいだろう。被害は深刻なものだったし、治安が悪化して武装集団と治安部隊との銃撃戦も起こった。

ハイエンでのミッション時、MSFはフィリピンに「錨を下ろして」活動する必要があるんじゃないか、と考えたのだとジョーダンは言った。この考えが彼らにとって相当に特異であることは、たった2度の取材しかしていない俺にもわかった。MSFと言えば、〝災害や紛争があればすかさず現地入りする組織〟として有名だからである。

彼らは先進国や新興国（中所得国）での災害の場合、風のように現れて、風のように去るのが通常なのであって、それも特に発祥の地パリにオペレーションセンターを置く、〝緊急〟援助にひときわこだわりのあるOCPが、「錨を下ろして活動する」必要性を感じるというのはきわめて変わったことなのだ。

では彼らはフィリピンの何に継続的な援助があるべきだと結論づけたのか。

「理由がトンド地区だ」

活動責任者ジョーダンは立ち上がり、入り口近くの壁に貼られた地図に近づいた。

「我々がいるのはここ」

俺も谷口さんも、それどころかロセルも地図に急いで寄っていった。ジョーダンがペンの先で示しているのは地図の南だ。

「そしてトンドがここ」

ジョーダンはペンでくるりと輪を描くようにした。

それはパシッグという川の北にある、およそ9キロ平方のゾーンだった。

「ここがおおむねスラムとなっている。我々の活動はこのスラムへの援助だ」

ジョーダンの話ではトンドに60万人が住んでいるとのことだった。最初は広い地区だと思っていたが、頭の中で人の数を割り当てていくと3キロ平方に20万。およそ1キロ平方に7万人。

「過密で、しかも人々は貧困に苦しんでいる」

だからこそ医療不足も暴力もそこにあり、しかもその地区が都市の内部に抱え込まれてあることが事態を複雑にしていた。

そもそも、地図の中のパシッグ川のすぐ下は有名な観光地だった。そこにはスペイン占領時の最初の要塞があったはずだ。緑色が事実、地図にも広がっていた。芝生が美しい公園のような場所に違いなかった。

「だが、そこにも」

ジョーダンは観光地イントラムロスの西に打たれたピンク色の丸印を示した。

「人口密集地がある」

なんのことかと思う我々の前で、ジョーダンは地図の一番上を見るように言った。そこには6つに色分けされた丸があり、各々の右側に数字が書かれていた。説明上手な活動責任者の言葉によると、数字は世帯の数だった。同じような面積でも色分けの下に行けば行くほど過密であり、ピンクなら最大1600世帯ほど。さらに灰色だと3200世帯かそれ以上だという。一世帯に4人としてもおよそ1万人がきわめて狭い区域に住んでいることになる。

「えっと……」

と俺は不意に始まったスラムへの認識をさらに明確にすべく質問をした。

「となると、それぞれ色分けされた丸の中に書いてある数字は？」

地図内には点々と細かく丸が印刷され、各々に3ケタの数字が振られていて、それが何百とある。

「バランガイのナンバー」

即答がジョーダンのものだったか、背後にいるロセルからのものだったか覚えていない。ともかく不覚にもその言葉を俺は知らなかった。

「バランガイ？」

「そう」

「何ですか、それは？」

そう言うと、ジョーダンは向き直って答えた。

「うーん、そうだな。つまりネイバーフッド」

「ネイバーフッド？」

「そう」

この〝ご近所〟という感覚をどうとらえるかとまどったが、のちの説明をまとめると、フィリピンにはもともと「村」のような自治組織があり、とはいえ悪名高いマルコス大統領治政下でそれは体系づけられたのだった。マルコス以前にあった「バリオ」という仕組みを新しく利用したのである。

ただ、〝村のような〟と言っても血筋や出身地とはまるで関係がなく、今でもバランガイには「南から流入してくる移民が参加する」のだというから、日本の俺たちにも理解しにくい。第二次世界大戦時の「隣組」のようなものかもしれない。フィリピン全土で5万を超えるバランガイがあり、それぞれの長が選出されているというからまさに自治のシステムのようだ。

そうしたバランガイがひしめきあうようにしてトンド地区は成り立っている。ちなみに貧しさのシンボルともなっていたスモーキーマウンテンというゴミ集積場は、このトンドの中にかつてあった。しかもトンドは中国人移民によって王国が建てられたあとに出来ている（「東都」と書いてトンドと読んだ）から、中国↓ブルネイ↓スペイン↓アメリカと支配者が替わり続けてきた複雑な場所でもある。

さて、その歴史の屈折した、スラムの多いトンド地区で、ＭＳＦは「リプロダクティブ・ヘルスに関わるミッション」を始めているのだった。くわしくはこのあとジェームスに講義をしてもらうことにして、活動責任者ジョーダンから直接伝えられた取材における注意事項を先に書いておきたい。

まず、スラム地区の人々は今、神経質になっているとジョーダンは言った。なぜならドゥテルテ大統領の麻薬撲滅政策によって満足な調査なく人が処刑されてしまうからで、「夜楽しく別れた者が朝には逮捕勾留されている」ことなど日常茶飯事だからだ。

「しかしセイコー」

ジョーダンは滞在中、こうして何度も俺の名前を親しく呼んでくれたものだ。

「スタッフにも住人にも政治の話は聞かない方がいい。彼らを窮地に追いやる危険があるからね。その上、もし彼らが微笑んで穏やかに答えていても、それが本音とは限らない。彼らは優しく感情を隠すんだよ。それが礼儀だと彼らは考えている」

これには谷口さんからもコメントがあった。

「とっても日本人に似てますね」

「そう、君たちに似ている。そしてセイコー」

「はい」

「写真にも気をつけて欲しい。彼らはどんどん人を紹介してくれるし、写真を撮るように促しさえする。けれど彼らの好意に甘えていると彼らに危険が及んでしまう」

俺は取材が急に剣呑なものになるのを感じ、思わず息を止めたままジョーダンの注意を受け入れた。

「それに我々は政治を変えようとしてここに来ているわけではないんだ。それは彼らの問題であって、我々が行うのはあくまで医療不足を埋める方法を提示することだけ

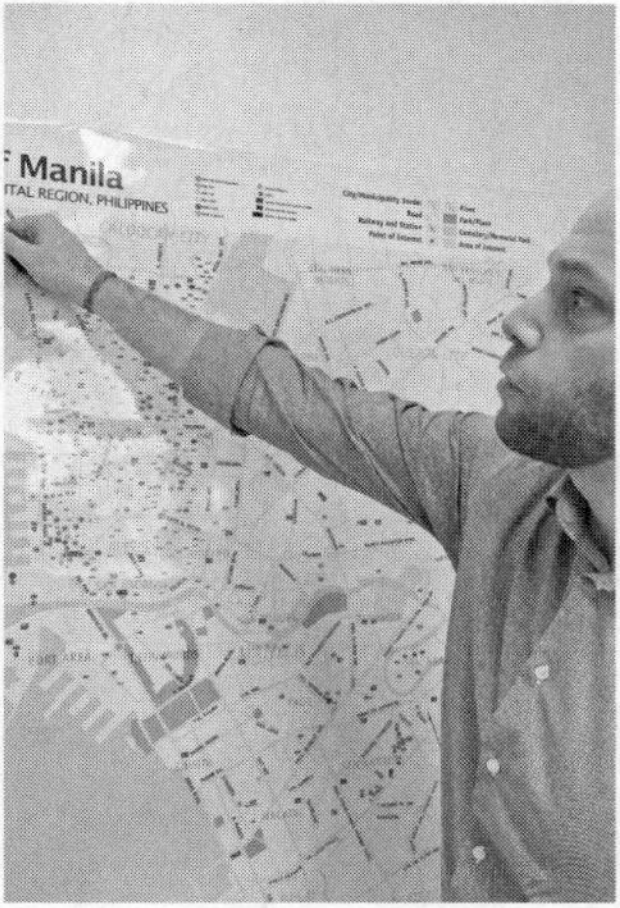

ジョーダンが地図について説明を始める

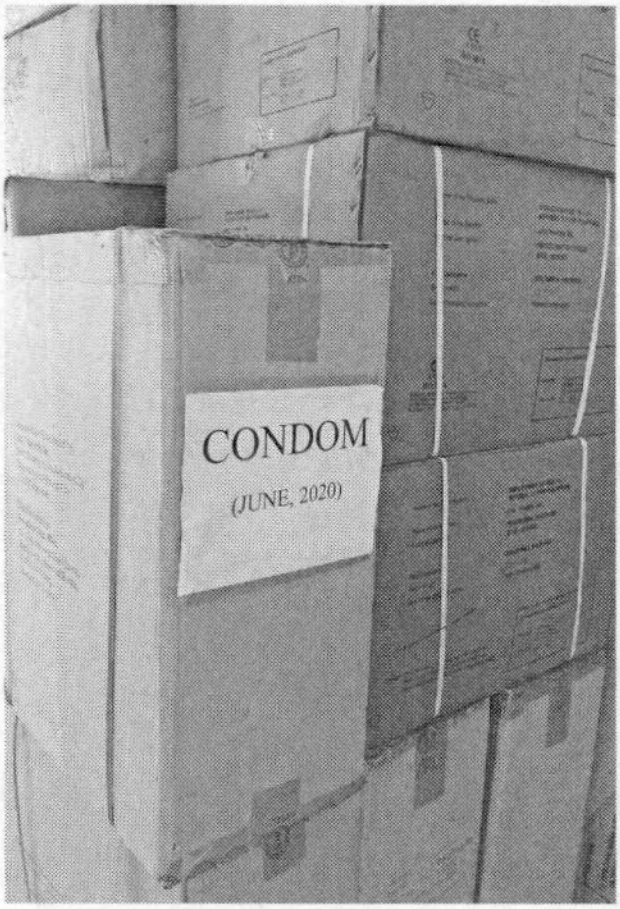

マニラのMSFオフィスに積まれた配付用コンドーム

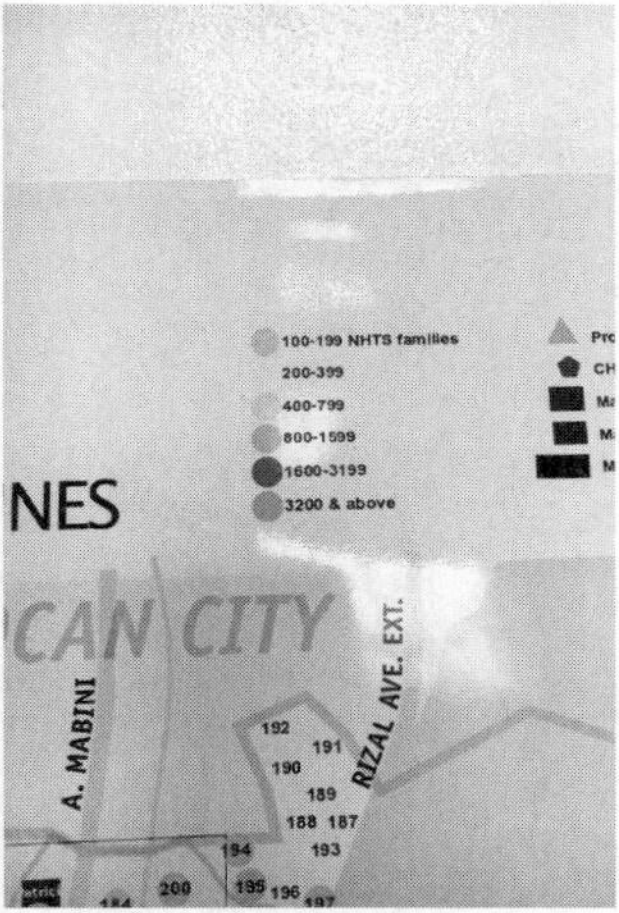

色分けされた丸が世帯数を表す

だから」

青いシャツの奥にジョーダンのよく鍛えられた胸と腹の筋肉があるのがわかった。にこやかで親しげで頭脳明晰なジョーダンは、肉体だけでなく倫理的にも自己をよくトレーニングしており、その上で日々のミッションを冷静にこなしているのだった。

さて、俺たちは別部屋にいるケニア人ジェームスからさらに短い説明を受けて、午前が終わらないうちに実際にスラムの中での活動を見に行くことになる。

ごくごく母国に近いフィリピンのことを何もわかっていなかった俺は、このあと混乱気味のまま広い貧困地区へ足を踏み入れるわけだ。

昭和30年代のような路地

現地組織リカーンと手を組んで

ケニア人ジェームス・ムタリアはどこからどう見ても冷静な巨漢で、現地オフィスの隣にもうひとつある部屋の奥で椅子に腰かけ、細縁の眼鏡の向こうからつぶらで少し眠そうな視線をこちらに向けている。そして時々表情を変えずにジョークを言う。

俺と谷口さんは活動責任者ジョーダンからブリーフィングを受けたあと、プロジェクト・コーディネーターであるジェームスからも話を聞いたのだった。熱っぽいジョーダンの説明と違い、ジェームスは簡潔に自分たちの役割と将来像を語った。

当然それは例のリプロダクティブ・ヘルスに関わっていた。そして最も重要なことは「ＬＩＫＨＡＡＮ（リカーン）」という団体との関係だと彼らは両者ともに強調した。

リカーンは医師が創設した地元NGO団体で、80年代以来、社会から取り残された女性と家族を対象としたリプロダクティブ・ヘルスケアの提供を活動の主目的としている。故マルコス大統領の独裁時代、メンバーは反マルコス・グループとして非暴力運動を繰り広げ、１９８４年からは「Gabriela」という女性団体の一部でもあったが、１９９５年に「リカーン」として独立した。その医療活動は今に至るまでたゆまず続けられ、スラムの民衆の信頼を得て、その中に深く入り込んでいるそうだった。

「我々ＯＣＰ（オペレーションセンター・パリ）は」

と静かな男ジェームスは下からのぞき込むような仕草で言った。

「彼らと手を組んで活動することを決めた。リカーンと共に歩むことで、スラムのより奥まで活動が行き届くからだ」

マニラに「錨を下ろす」こと自体が緊急援助で有名な「国境なき医師団」にとって珍しいと前に書いたが、現地の団体と連携する方針もまた非常に希なことだった（地中海で他団体と共に救助船を出してはいるが、それは主に彼らの技術や装備によって話が進んでおり、リカーンとのように医療NGO同士が連携するのとは異なっている）。

さらにジェームスはミッションを素早くまとめて語った。

リカーンと共にファミリープランニングを広めることの他に、性暴力の調査と対処、子宮頸癌の検査・治療と予防、無休の産科を作る、性感染症の予防と治療、医療保険加入へのサポート、巡回医療の確立……。

以上には「無休の産科」「巡回医療」などまだ着手出来ていないことも入っているが、彼らのビジョンとしては始められるところから確実に進めようとしているらしく、そこにはフィリピン社会との難しい問題もあった。

例えば、彼らの多くはカトリック教徒である。今年ようやく法王が中絶の罪を許す期間を無期限とすることを明らかにしたが、それでも信者は産むことを選ぶ。というか、周囲が中絶を許さないから、貧困家庭はより貧困になる。彼らは避妊を知らず、知っても抵抗があり、妊娠すれば必ず産まねばならず、育児にまた金がかかり、子供と共に貧困が深まり、という悪循環が起こる。

　また、もうひとつ非常に重要な問題が横たわっている。フィリピン自体はすでに貧困国ではなく、中所得国だということだ。ゆえに国際機関、あるいは団体からの援助の順位が下がってしまうのである。その首都マニラの中に広大なスラムがあっても、全体が中所得国であるがゆえに、例えば安くなるはずの薬価が一般価格になる。実は貧困国よりも援助が行き届かないのだ。

　ジェームスたちのミッションは、だからこそ難しいのだった。簡単に進みそうなことのひとつひとつに壁があり、したがってリカーンのような現地組織との連携が必要なのである。

スラムでのファミリープランニング教育

　さて、ブリーフィングが終わると、まさにそのタイミングでオフィスのフィリピン女性が飛び出してきて、俺にスタッフの種類の違う一覧表をくれた。話が済むのを陰でじっと待っていたらしい。

　彼女は「日本で有名な作家さんなんですよね？」と俺に微笑みかけながら言った。

「そんなことないですよ」と答えると、彼女は「いえいえ知ってます。あたし、ネットで調べたんですよ」と恥ずかしげに、しかし人懐っこく言う。そうした気遣いの細かさに、俺は自分が小さな頃の日本と同じものを感じた。俺たちがすでに失っている雰囲気を、彼女は持っていたのである。

あれやこれやが完了して、俺たちはジェームス、ロセル、そして現地スタッフのくりくりした目のフィリピン人男性（健康教育担当スタッフのジュニー・アベラ）と共に、バンに乗り込む。

車が発進してすぐ、右側に芝生の美しい公園が見え、スペイン建築らしきものが確認出来た。それがイントラムロスという観光地で、左の海岸手前にも芝生の一帯があった。実際に中国からの観光客だろうと思われる団体がバスから降りていた。

ところが、公園地帯を過ぎて川を橋で渡ると、すぐに掘っ立て小屋の連続になった。左側には巨大なトラックのタイヤが積まれ、その脇に大量の土砂とゴミが山になっていた。ところがそれはゴミ置き場ではなかった。後ろ側に崩れた木造の家々があり、人が歩き回っている。男は上半身裸が多かった。うろうろする幼児の中には丸裸も散見された。

気がつけば、道路の中央分離帯に女性が数人いて横になって眠っていた。彼女たちのすぐ横をトラックが往来していた。

スラム地帯はきれいな観光地の隣に広がっていて、行けども行けども終わる様子がなかった。あまりに瞬時に景色が変わったので、感慨の持ちようがなかった。スラムを抜けたなら気持ちのまとめようもあったろうが、木造の半ば潰れかけた小屋や、建て増ししていびつになった家、からまる電線はいつまでも続いた。やがて、それら住居の間に人が通れるかどうかの道があり、奥にずっと小屋が並んでいるのがわかってきた。

とんでもない密集度で人が暮らしていた。

と、そういえば俺は自分がスラムのどの地点へ行くのかを把握していないのに気づいた。

一体俺は何をしているのか。

目の前の状況を客観化出来ず、そこに援助が届き得る気もしなかった。ただただ手のつけようもない貧困がそこにあり、しかも車で別方向に20分も行けばマカティという超バブルなビル群のある地域だった。差は歴然とし過ぎていて、かえって事態が不明瞭な気がした。すべてがあまりに露骨で、把握しがたかった。

バンが右折し、狭い道の中に入った。

屋台があり、子供たちが走り、大人はこちらをじっと見ていた。頭上に電線が張り巡らされていた。

そうやって実際にスラム内に入ると、しかし俺は視界に飛び込む光景を懐かしいと感じた。自分が育った昭和30年代の東京も、ほとんどそんな雰囲気と思えた。俺の家自体、壊れそうな木材とトタンで出来ていた。

じき車が止まった。

ジュニーがまず降り、ジェームスも巨体を揺らして黙って続いた。ロセルもあとを追い、俺も谷口さんもそうした。スラムに音は少なかった。静かな横丁だった。ひとつ3階建てだったか、広めの家があった。向かいにもスペイン風の別荘めいたものがあったから、スラムでもすべてが一様に貧しいわけではなさそうだった。その広めの家の中にジュニーやジェームスがにこやかに入った。狭い廊下の先の方で明るい挨拶が交わされていた。

皆にしたがって2階に上がった。10畳ほどの会議室があって、大きなテーブルが置かれ、まわりに椅子が点々とあった。

量の多い髪をした浅黒い顔の中年女性が、目を細めて各自に声をかけていた。彼女がリカーン側のプロジェクト・コーディネーター、その名もホープだった。黒い袖なしのワンピースにやはり袖なしの丈の長いジャケットをはおった彼女、ホープ・バシアオ＝アベッラは実に元気な人で、挨拶をするジェームスの腹に自分の身体をぶつけるようにして歓待の意を示した。笑う彼女のがらがら声はひときわ大きかった。ホー

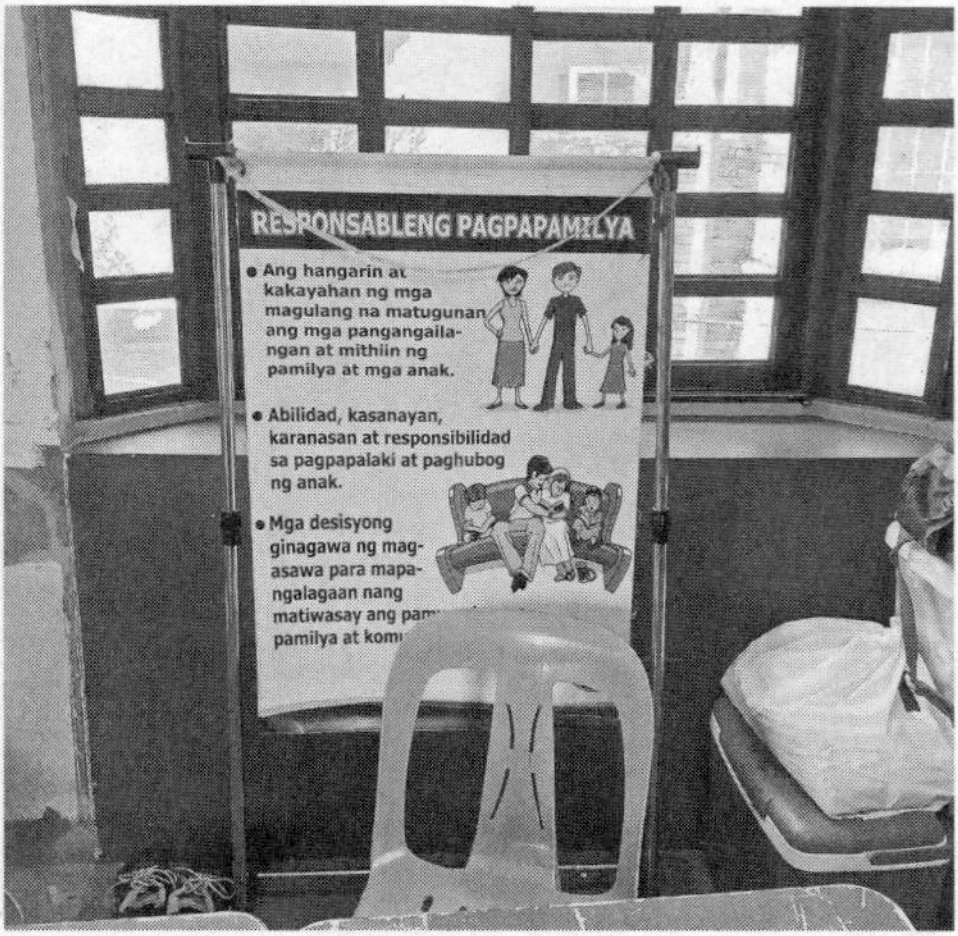

現地団体リカーンのオフィス

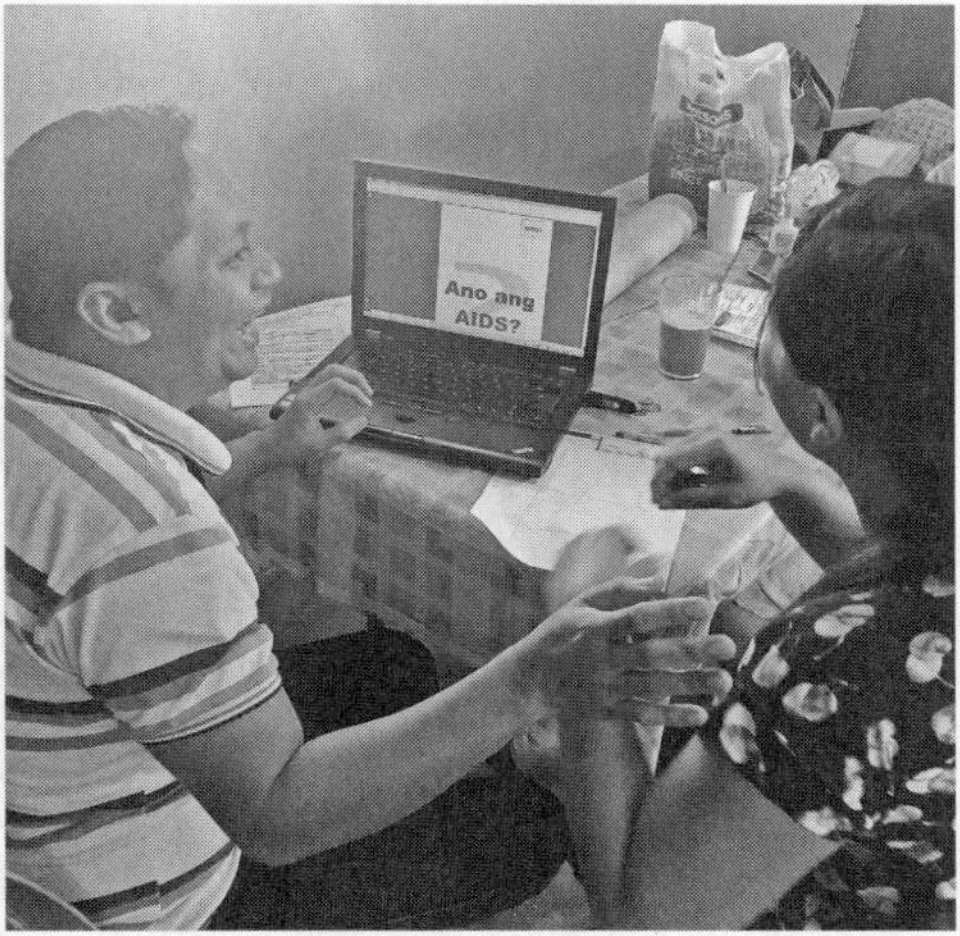

ジュニーがリカーンのスタッフと笑いあい、エイズの啓蒙を進める

プが笑うと、無口だと思っていたジェームスもよく笑った。

外からバイクの音と子供の声が響く中、それからはしばしホープの説明が続いた。使われてすっかりくたびれた緑色のノートを彼女は出すと、急に知的な目になって白髪混じりの髪をかき上げながら現状を俺たちに訴えた。

プロジェクトの責任者であり、元来活動家であるホープにとって、ファミリープランニングの遅々たる進み方は決して満足出来ないものだった。おまけに5年に1度ずつ更新される医薬品の使用許可のうち、避妊薬に関して最高裁はまだ結論を出していないとのことだった。それまで使っていた避妊薬が不許可になったらどうすればいいというのか。

ホープはさらに助手の若い女性が持ってきた白い布を壁にかけ、そこに幾つかの英語のスライドを映して彼らリカーンの活動を教えてくれた。あまりに熱量のあるホープの説明は、避妊用インプラントの値段からそれまでのフィリピンでの使用率データ、生命は受精からが個体なのかどうかの議論、薬事法の変遷と多岐に及んだ。

やがて頭の中がしっちゃかめっちゃかになってきて、俺は子供の頃の夏休みに親戚のおばさんの難しい話を聞いている気分になった。それでも明確にわかることがひとつだけあった。

目の前のホープおばさんは、既定の方針を一方的に話したいのではなかった。彼女は様々な問題を俺と共有し、その上で議論をしたい様子なのだ。日本から来た俺、フィリピン女性であるロセル、そしてケニア出身のジェームスから意見を聞こうと考えているらしいのである。活動家としてよく鍛えられた人間の姿がそこにはあった。

そして彼女はますますがらがら声で笑った。誰かが意見を言うと自分の主張をし、ホープは必ず笑うのだった。この国の活動家は陽気でないとやっていけないのかもしれない。

ブリーフィングの終わりに彼女がこう言ったのを思い出す。

「子供を持つかどうか。それを教会、政治、法律、隣人が決めてしまうのが私たちの国なのよ」

この言葉のあとに彼女は笑わなかった。

少し皆に沈黙があった。

するとホープは顔を上げてにっこり目を細めた。

「で、みんな何食べる？」

極上のスラムめし

彼女について外へ出た。

さっき白い布を出してくれた若い女性も横についてきてくれていた。

MSF側はジェームス、ロセル、ジュニー、そして俺と谷口さんだった。

スラムと言っても道は車が通れるくらいあり、両側に屋台があってにぎやかだった。犬が歩き、自転車が引くタクシー（トライショー）が走っていた。ホープがすたすた行くのであわてて小走りになったが、彼女はそっちの道に入れと指示したきり姿をくらました。どうやら煙草を買いに行ってしまったらしい。

若い女性一人にくっついて俺たちは小道を行った。両手を広げたらくっつくほどの幅の道だった。上に青いビニール布が張ってあった。丸椅子を出して床屋を営む者、目の前で洗い物をする女、売店の狭い板の上にある黒ずんでカビだらけのバナナ、カラオケを出して歌っている者などなど、なんというかそれぞれがいたしかたなく好き勝手に生きている気がした。

その勝手ぶりに再び俺はかつての日本の姿を見て、懐かしさに胸を衝かれた。けれども、彼らスラムのフィリピン人たちに「高度成長期」が訪れるとは想像しにくかった。それが問題なのだった。

ずいぶん行ったところに広めの板がせり出しており、そこに銀色の食べ物容器が並んでいた。奥の家で調理した様々なおかずがそこに入っていて、細い板で作った長椅子に座って白めしをかっこんでいる若者もいた。椅子の下には犬と猫が1匹ずついた。

おかずには鳥の甘辛煮、野菜炒め、揚げ豚、魚を揚げたもの、パスタ、そしてなんとゴーヤチャンプルーまであった。俺たちは言われるままにそれぞれ好きな物を選び、それを店のおばさんに薄いビニール袋の中に入れてもらい、やはり各自が頼んだ白めしを袋に入れてぶらぶら元の建物まで帰った。危険なムードはまるでなかった。オフィスで皿を借り、スプーンを借りて食べたその「スラムめし」のおいしかったこと（俺の選んだゴーヤチャンプルーは沖縄のそれと素材も味もまったく同じで、このメニューの世界性を感じさせた）。

しかも、値段は各々で総額40円くらいなのだった。

マニラの人道主義者たち

フィリピン人は「ノーコンフリクト」を選ぶ

その日、11月22日の夜、俺と広報の谷口さんは自分たちが寝泊まりしているマラテ地区の中にもうひとつある、「国境なき医師団」海外派遣スタッフ用のマンションに招かれていた。彼らは現地組織「リカーン」の主要メンバーも含め、パーティをするのだという。

各々の部屋で休んでから、ビルの下でジョーダン夫妻と待ち合わせた（実は谷口さんの部屋の鍵が壊れてしまい、それが2度目の待ち合わせであった。最初に迎えに来てもらった時は、2人ともちょっとしたよそゆきを着ていたので、その夜の集まりが立派な社交なのだと俺にもわかった）。

路地を抜けて4人で歩いていくと、やがて細長い高層マンションが目の前にあらわれた。警備員にはジョーダンが挨拶し、中に入っていく。エレベーターに乗ってずいぶん上に行き、しっかりした造りの廊下へ出た。その階にスタッフの部屋があるのだった。

チャイムを鳴らすと、中からスタッフの声がした。すでにパーティは佳境に入っていた。ふたつのソファで挟まれたテーブルの上にデリバリーの中華、チキンなどがあった。

それを囲むのは海外派遣スタッフのみでなく、現地のジュニーもMSF香港のロセルもいた。リカーンからはホープが来ていて、やっぱりよく笑っていた。

部屋の奥側のソファにはホープと共に、白髪の女性が悠々とにこやかに座っていた。それがリカーンの創設メンバーであるジュニス・メルガー医師であることはすぐにわかった。長く活動を続けてきた人の迫力というのだろうか、オーラのようなものがあった。どこか中国の大人《たいじん》のようにも思えた。

ジェームスは機嫌がよかった。瓶ビールを持っていたと思う。大きな体のおかげで瓶はおもちゃに見えた。また、ジュニス医師の隣で笑ったり、他のスタッフのからかいに異論をはさんだりしているのは若き日本人女性スタッフ菊地寿加《すが》さんだった。小さな体でエネルギッシュに話をする彼女は、すでによく飲んで明るかった。

少し一緒におかずをつまんでから、俺は海が眼前に広がる高層階ベランダに出た。周囲のビルの灯がチカチカとまたたいていた。そこに一人の痩せたヨーロッパ人男性がいて、煙草を吸っていた。若いが髭面を見ると旅慣れたヒッピーにも見えた。

「こんばんわ、日本から来ました」

「やあ聞いていますよ。ヴィアネ・デルピエールです」

「セイコーです」

そこからしばしポツポツと言葉を交わすと、彼ヴィアネが翌日の朝に母国フランスへ帰ることがわかった。プロジェクト・コーディネーターとしての8ヵ月のミッションを終えたところだというのだ。

すでに送別会は済ませてあったそうだから、ジョーダンたちが少しフォーマルないでたちを心がけていたのはリカーンのメンバーを迎えるためだったようだが、むろんヴィアネへの感謝がなかったわけもない。

しかしヴィアネ自身はといえば淡々とベランダで海の闇を見ている。

彼はアフリカや中東を経てマニラに来ているのだそうだった。もともとは学生の頃から人道主義者で、その延長線上で電気技師としてMSFに参加し、その後ロジスティシャンとして活動地に必要な物資を輸入し、管理してきたという。

「なぜMSFに入ったか……そうだな、答えはひとつに決められないな。姉が活動に参加していたけど、だからといって僕が今こうしている理由かどうかわからない」

ヴィアネはわかりやすい回答を拒んで、困ったように微笑んだ。

少し考えて俺は言った。

「ただ、君は今とても満足してそうだけど」

「あ、ああ、そうだね！　それは確かだ。活動地でこうしてたくさんの素晴らしい人と出会って、自分も人道主義者として目標を達成出来ているんだよ。だから満たされてる。まさしくそうだ」

ヴィアネはうれしそうに瓶ビールをあおった。

2人で部屋の中を見た。ヴィアネの役職を継ぐのがアフリカ人ジェームスだった。彼らはともに人種や体型を超えてシャイで冷静で、忍耐強いのがわかった。

重ねて言うが、彼らの任務は簡単ではない。

例えば未成年が妊娠すれば親に判断を仰ぐことになり、それは教会の意向を反映したものになる。コミュニティであるバランガイは彼らの間をとりもっている。

ジェームスは昼の取材のあと、スラムの中を歩きながら言った。

「僕たちの国ケニアであれば教会に逆らうよ」

ホープは両手を広げて答えたものだ。

「でも、私たちフィリピンは『ノーコンフリクト』なの。事を荒立てない方を選ぶ。

従順が美徳だから」

それを聞いて俺はそこにも日本と同じ問題が横たわっていることに気づいた。視界に広がるスラムの奥の、きわめてフィリピン的な古風さが、そこに生きる人々の枷《かせ》になっていた。


ヴィアネにひとまず8ヵ月の活動へのねぎらいの言葉をかけてから、俺は部屋に戻った。人々はふたつの群れに分かれていた。

ひとつはリーダーであるジョーダンの周囲に自然に出来た群れで、その真ん中でジョーダンが熱っぽく質疑応答を繰り返していた。

もう一方はジュニス医師を囲む数人で、こちらはごく静かにゆっくりと小声で話していた。東洋の賢者といった風体だった。ジョーダンとやり方は違うが、人を惹きつけていることに変わりはなかった。

そして2人は時おり会話をした。それを俺たちは熱心に聞いた。

彼らはいわばトップ会談をしているのだった。

バランガイの複雑な人間関係について賢者はしゃべった。対して熱い西洋の改革者は世界の保守傾向と難民について語った。

新しい政権のもとで、その意見交換がいつ「共謀」と取られるかわからない状況が彼らに訪れ、目の前の女性や子供をひたすら守ろうとしている彼らの背後にもまた、困難が覆いかぶさっていた。

それでも臆することなく、時に冗談を言いあって笑いながら彼らは持ち寄った食べ物と飲み物を分け、長い時間話し続ける。

俺はその様子をメモに取り続けた。

俺に出来ることは限られていた。

彼らの姿を記録すること。

そして彼らの視線の先に、またあのドーハ発羽田行きQR812で隣に座っていた青年を見出すこと。

俺の中に何度も何度も彼を出現させること。

コンドームの付け方さえ知らない人へ

女性を守るプロジェクト

翌日11月23日、朝8時にマンションの下でバンに乗ると、中にジョーダンやジェームス、菊地寿加さんがいた。俺と広報の谷口さんを入れて5人で全員だった。

そのままエルミタ地区へ5分。オフィスの階までエレベーターで上がれば、国内スタッフが数人階段に座ってスマホを見ていた。ジョーダンがカギを開けるのを待っていたのだった。

中に入ってソファに座る。

2日目に過ぎないのに、前夜のパーティや国内スタッフの親しげな様子もあって俺はすでにすっかり周囲に慣れ、日々のルーティンをこなしているような錯覚を起こした。

30分後、バンに乗った俺は朝の強い光の中、スラム地区トンドへ移動し始めた。すぐにあの橋が現れ、貧しい人の群れが目に入る。プラスチック椅子に座ったまま道路脇で寝ている人、ほうきで外をはく人、けだるいような朝の光景がそこにもあった。いったん道路沿いにある小さな2階建ての医院に寄った。それがリカーンと「国境なき医師団」の運営する場所で、いわゆる「リプロダクティブ・ヘルス」に特化された医療機関だった。俺的に言うところの「女性を守るプロジェクト」の一環だ。

ちょうど数人の女性スタッフが医院の前で狭いリキシャに乗るところだった。バイクにサイドカーが付いているものだが、どのアジアで見た物より小さかった。一人乗るにも背をかがめていなければならない。スタッフに聞くと、その日は「アウトリーチ（地域への医療サービス）」をすることになっていて、先に行って準備をするのだという。

一方の俺はジェームス、それからロセルとジュニーに導かれ、谷口さんと共に施設の中に入った。薄暗い受付にプラスチック椅子が並び、数人の女性がそこに座って順番を待っていた。受付といっても木の机があって厚いノートが載っていて、その向こうに若い寡黙な女性が一人いるだけだ。

いや、体重計もあった。分銅みたいなものとの釣り合いで重さをはかるタイプの、もはや俺でさえ体験として知らないような古いものだったが、少し見ている間にも一人の女性がそれを用いて記録を付けられた。彼女は乳幼児を抱えていたので、自らの重さをはかる間、受付の女性がごく自然に子供を抱いた。俺は自分がスラムにいることをそこで忘れてしまった。

キャリアの長そうな、背の小さな女性看護師が俺を診察室に入れてくれた。子供用とさえ思える簡素な小型ベッド、患部を照らすライト、そして冷たい窒素の出るボンベ、さらに医療器具とも思えない酢の瓶があった。

のちに詳しく取材してわかることだが、ボンベから噴射する冷気も酢も、子宮頸癌の初期状態への治療に要するものだった。感染していれば患部は酢で変色する。その部分のみを窒素ガスで凍らせて除去するのだ。

あまりに簡素な診察室だった。だが目的が明確だから豪華にする必要もないのだった。ただ、もし彼らにもっと資金があれば器具も最新の物になり、プライバシーも十全に守れるようになるだろうと思った。

出発は9時20分。俺は谷口さん、ジェームス、ロセル、ジュニーと5人でバンに乗った。すでに出発していたリカーンのメンバーが活動しているバランガイ220へ行くためだった。

幹線道路から外を見ていると、ゴミがあちこちに積まれる中、カゴに1羽ずつニワトリが入れられて飼われていたり、上半身裸の少年が歩いていたり、木造の家の真ん前にまた木造の小屋を建てている者がいたりした。一様にホコリと泥ですすけた色をしている中、小学生や中学生らしき者だけが真っ白なシャツを着ていた。

　やがてバンは横道へ入った。少し行く度に路地のようなものがあり、その狭い道の上に看板があってバランガイの何番であるかが示され、誰がそこの役職についているかが細かく書かれたりもしていた。たいてい「ようこそ」と親しげに呼びかけている。

　ジュニーは運転席の横で目的地を割り出そうとしているが、住所だけではなかなか難しいらしかった。スマホで地図も見ているのだが、バランガイ220がどこかがわからない。

「バスケットコートのあるとこなんだけど」

　ジュニーがそう言うと、ジェームスが後方座席からとぼけた声を出す。

「バスケットコートはそこら中にあるよ」

　これもあとからわかったことだが、マニラの村のような組織バランガイのあちこちには広場があり、そこにバスケットコートがある。なんだかニューヨーク郊外のスラム地域みたいな状態になっているのだ。

トンドでのアウトリーチ（地域への医療サービス）

数ヵ所で情報をもらって、ジュニーはようやく目的のバランガイにバンを近づけることが出来た。古い車の部品が乱雑に積まれた倉庫の前で降りてついていくと、スラムというほど家々が壊れていない道に出て、遠くからマイクを通した女性の声が聞こえてきた。

すぐに道の脇に大きなコンクリートの施設が見え、その前に屋根と柱だけがついた横長の集会所らしきものがあるのがわかった。一列に10個ほどプラスチック椅子があり、それが15列はあったろうか。かなりの規模の集会が出来るはずだった。

そこでビニールの解説図を立て、マイクで説明しているのは医院をリキシャで出て行った女性の一人だった。聞き手の住民も30人以上いて、がやがやはしながらも熱心に耳を傾けている。

見れば解説図は男性女性の性器の断面図で、何か女性が説明すると聞き手が間《あい》の手のような言葉を発したり、質問に答えたり、照れたように笑ったりした。

その人の群れに出席表がぐるぐると回っていて、中には白髪のおばあさんもいる。隣にはテーブルがひとつしつらえられていて、どうやらそこで登録をする仕組みにな

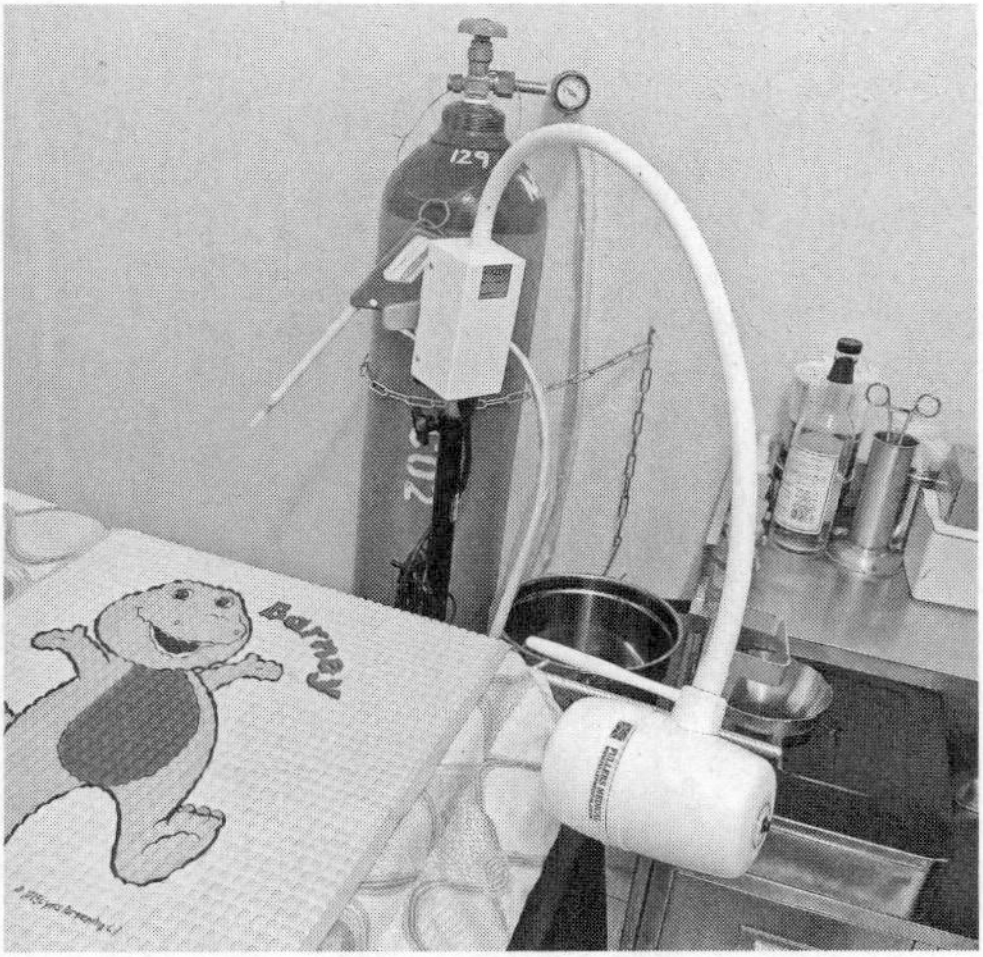

子宮頸癌の治療器具。簡素な医療器具が女性を救う

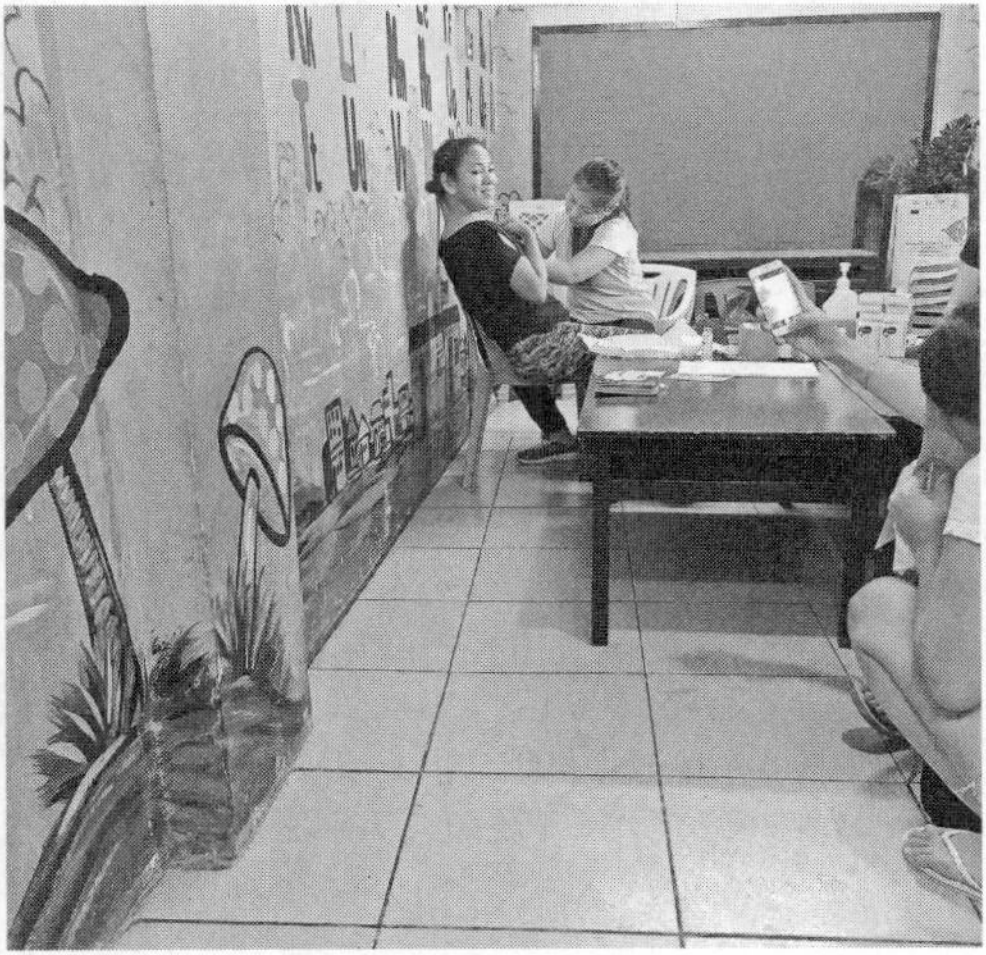

避妊用インプラントを注入中

っており、すでに何人かが名前を書き入れていた。

マイクを持ったスタッフはファミリープランニングの重要性を説いた。男女双方にどのような利点があるのか。政府にまかせるだけでなく、自分たちで知ることが必要だと訴えかけると人々は前向きな声を出したが、話が一回の射精につき精子の数がどのくらいかという話になると急に静まり返り、「数億」だと聞くとまたがやがやした。

いかに彼らが教育に飢えていたのかがよくわかった。みな総じて何かを知りたいのであり、むろん自分たちの生活に役立てたいのだった。

集会の横の施設には壁に派手な原色が塗られ、バランガイの数字が描かれ、「デイケアセンター」と飾り文字で書かれていた。中に入れてもらうと、そこにも数人の女性がいて奥に机が2つ置かれ、看護師らしき人がそれぞれ1人ずついて、次々により詳しい説明をしている様子だった。

が、しばらく見ているると番が終わった女性が1人来て、腕をポパイのようにふくらませて見せた。二の腕に包帯をしていた。中に一本、小さなふくらみの筋があるだろうことは、前日リカーンのオフィスで避妊具をあれこれ見せてもらったからわかっていた。つまり彼女は避妊用のインプラントを入れたばかりなのだ。

マリーシェルというその女性は38歳で、すでに10代後半の長男を含め3人の子供があった。

「7年間、ピルを飲んでたけどとても面倒なの。体調も悪くなるし。インプラントなら無料で入れてくれるって言うし、取り出すのも無料だそうだから」

と彼女は晴々と笑った。ロセルの話だと今回はMSFが資金を出しているが、やがてリカーンの医療がフィリピン政府の健康保険の財源でカバーされるようになればと考えているらしかった。

なるほどそういうビジョンを持ったプランなのかと思っていると、今度は看護師の一人が木で出来たペニスを机の上に置いた。女性たちは色めき立ち、明るく恥ずかしそうに笑いながらその後に続く看護師の説明を聞き、なぜかさかんにスマホで写真を撮った。外での断面図の説明とその木で出来たペニスの説明がどう違うのかまるでわからなかったが、とにかくバランガイ220は男性器の話で持ち切りだった。

少しすると、看護師はコンドームを出し始め、木のペニスにつけてみせた。するとすでに子供を抱いていた母親さえ目を丸くしたし、写真を撮る女性たちの中にも手を止めて見入る人が出た。これには俺も驚いた。

彼女たちはコンドームの付け方さえ知らなかったのだ。

外に出ると、風の渡る集会所にはあふれんばかりの人がいた。子供を作る年齢を少し超えていそうな中年男性もいて、道端に立ったままノートにメモを付けていた。あとで谷口さんが話を聞いたらしいが、もう今以上子供を作れば貧しさが深まるばかりだと切実な思いだったようだ。

マイクは別の「女性」に渡っていた。

今カギカッコをつけたのは彼女が生物学的には男性だろうからだ。髪を伸ばし、口紅をつけ、メイクをし、女性的な仕草で彼女はしゃべった。どうすれば女性が女性の体を守れるかについて、彼女の説明はタガログ語のわからない俺にもいかにもうまく聞こえたし、実際に聴衆は話にひきつけられていた。

誰一人、彼女の性別を気にしたり、ましてや嘲笑する者はいなかった。

問題は語られている内容であり、それを伝えたい者の熱意であった。フィリピンではそういうジェンダーがあって当たり前なのだ。

俺はそのことに何より感動し、同時にスラムの中にある自由な性の先進性と、一方でファミリープランニングの具体例を知らないという事実の併存に戸惑った。

しかし「オカマ」だ、「オネエ」だと性同一性の不一致を笑って遠ざける近代の日本人的不健康さが彼らに一切ないことは明らかで、それが差別だらけの世界の中で光明のように俺の心を救ったのは確かなのであった。

バランガイ220で懸命に啓蒙活動をする「女性スタッフ」

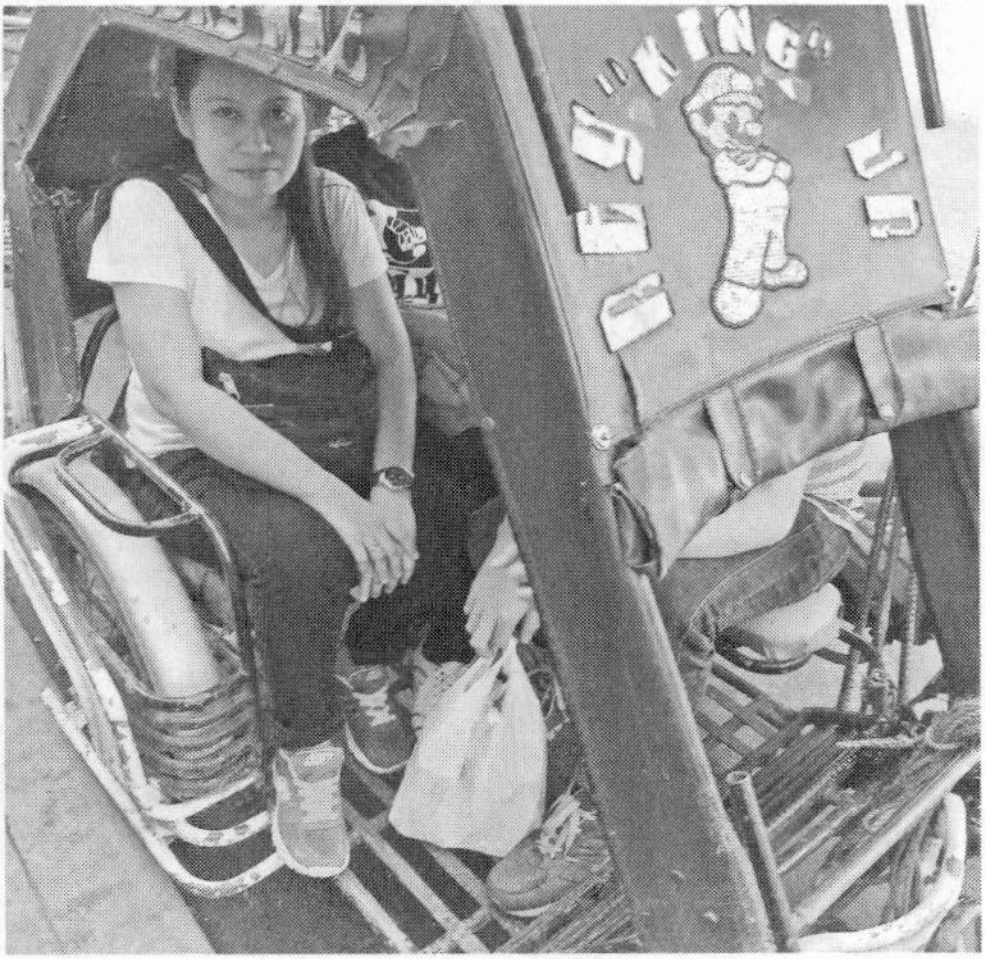

小さなリキシャでアウトリーチ活動に出かけるスタッフ

スラムの小さな病院で

道の上の飢えた子供たち

一度医院に戻ってから、昼食を昨日の屋台で買うことにした。俺は豚の血の煮込み、巨大なナス入りのオムレツ、白い米（計60円）を半透明の薄いビニール袋にそれぞれ入れてもらって、すっかり慣れたスラムの道を歩いた。前にはジェームスとジュニーがやはり各々のランチを手にぶら下げていた。

向こうからクズ拾いのカゴを背負った少年たちが来た。日本で言えば小学校低学年から高学年の5人組は一団になって歩いていてほほ笑ましかった。

けれど、彼らはジェームスが持った白飯をまじまじ見た。その目を俺は忘れることが出来ない。彼らは飢えているのだった。ぶらつく白飯が彼らにはごちそうなのだ。

むろん後方から少年たちに近づく俺の手にも食べ物があった。出来ればそうしないで欲しいと願ったが、彼らはやはり俺の手の先をまじまじと見た。見れば腹に入るとでも言うように。

食事は医院の1階ロビーの奥でとった。スラムで唯一の医療機関の狭い廊下にジェームス、ジュニー、ロセル、俺、谷口さんがひしめきあった。

食後、前に書いた受付の「若い寡黙な女性」に話を聞けることになった。あの旧式の秤で母親たちの体重を記録している黒目がちの人だ。長い髪の彼女は名前をクリスティン・T・タレスと言った。30歳になる既婚女性だった。

もともと2008年からアウトリーチ（地域への医療サービス）の手伝いをしていたクリスティンは3人の子供を持ち、大工である夫との生活をニンニクの皮むきで支えていた。そして5年ほど前のある日、4人目の子供を出産直後に亡くしてしまう。それですっかり失意の底に落ちていたところを、リカーンの一員であるアテリーナというエネルギッシュな中年女性が何度も元気づけ、医院で働いたらどうかと連れて来たのだった。

インタビュー中もクリスティンは度々他の何かを言おうとしてかすかに唇を動かし、結局そのまま無言で寂しそうに笑った。そういう人だった。

4人目の子供をトライシクルに乗せて、クリスティンは方々の病院を回った。どこも受け入れてくれなかった。走るトライシクルの中で、彼女はもう子供は作らないと決めた。

アテリーナの勧めを受け入れた彼女は、以来毎日医院に来て受付をしているとのことだった。これ以上自分のような女性を増やしたくないと考え、リカーンが行っている最高裁の前での避妊薬の許可を求めるデモにも積極的に参加していると聞いた時、俺は心の中で驚いた。そして、おとなしく無口な彼女の中にある信念の存在に打たれた。

「クリスティンはね」

とジュニーがにこやかに言った。

「誰よりもエモーショナルに抗議をするんだよ」

クリスティンは例によってわずかに唇を動かした。続く言葉を待ったが、それは呑み込まれた。あとには伏し目がちな微笑みが残るだけだった。

「ここでの仕事はお続けになりますか」

と谷口さんが聞いた。するとクリスティンは堰を切ったようにスムーズにしゃべり出した。

もちろん活動を続けたいと思っています。なにしろここはすべて無料なのです。みんな来たがっています。たとえ朝の5時に起きてでもここへ来て助けて欲しいのです。私はそういう人のお手伝いをしたい。

彼女自身、2010年から避妊用インプラントを体に入れているとのことだった。2014年に2回目の処置も行った。苦しむ子供、亡くなっていく赤ん坊を彼女はもう二度と見たくないのだ。

彼女は彼女自身を救うために日々医院に来ているのだった。

看護師アントニーという個人

じきに2階の診療室も見ることになった。

狭い階段を上がると小さな部屋が4つばかりあり、それぞれがカーテンで締め切られていた。中に母親や幼児がいるのは声でよくわかった。

俺たちのインタビューに答えてくれたのはアントニー・タネオという背の高い看護師で、挨拶をする段階で彼が、いや彼女がというべきだろうか、セクシャルマイノリティであることがわかった。

あたりの柔らかいアントニーは長い足を組み、狭い診察室の椅子に座ったまま、

「日本語わかる、少しだけ」

とふさふさの髪に触れながら言った。そしてまったく臆することなく、自分はLG

BTの関係で新宿にいたのだと言い、なんでも聞いて下さいと言った。

ここでもまた俺はフィリピンの性に関する自由、寛容に感銘を受けた。そして彼の、彼女の、いやアントニーという個人そのもののキャリアへと質問を向けた。

そもそもは政府系の、つまり公立の病院で働いていたアントニーは、2014年1月にここに来たのだと答えた。公立病院にいれば安泰だろうに、リカーンの病院はリプロダクティブ・ヘルス（性と生殖に関する健康）に特化していてユニークだということ、また他の公立診療所などでは資金不足から「塩」が給与として支給されるところもあること（どうやらフィリピンではいまだにそんなことがあるらしい）、そしておそらく何よりも女性と子供の権利を守ろうとするリカーンの姿勢があらゆるセクシュアリティの権利運動と結びつき得ると考えて、アントニーは今もその〝NGOが草の根運動で開いている医療機関〟にいるのだった。

「交通費もバカにならないから、ここに来られるのは周辺のスラムに住む人に限られているけど、ここで紹介した病院も無料になりますよ」

とアントニーは英語で付け加えた。つまりまだまだ多くの患者を診察したいし、リカーンとMSFによる無料の医療機関が増えることを願っているのに違いなかった。

そしてアントニー自身、ジプニーやトライシクルで通って来ては、一日に50人から100人を診ているのだという。

「リカーンが受け入れるのはリプロダクティブ・ヘルスケアを通して、実は性暴力に傷ついた女性、虐待を受けた子供、そして貧困に苦しむ人々なんです」

核心部分をアントニーはそう話した。〝リプロダクティブ・ヘルスに特化していてユニークだ〟と初めに言ったその奥に、硬質なリアリティがあるのがわかった。

アントニーはマイノリティからの視線を失わず、自分のあるべき居場所を見つけたのだと思った。

それがリカーンとMSFの営む病院だった。

なぜ彼女たちは通うのか

階下に下り、今度は患者の女性にも話を聞いた。

チャンダ・U・フエンテスというその41歳の女性は「ブルックリン」という文字が大きく描かれたTシャツを着てタオルを首に巻き、髪は茶色に染め、きれいに眉を整えて唇にピンクのリップを塗っていた。そしてファミリープランニングの話を小さな声でする度に、顔を赤らめた。

2013年からIUD（子宮内避妊器具。T字のプラスチックの先にナイロンの糸のようなものが付いていて、子宮に入れておくことで受精卵の着床を防ぐ）を入れていたが、建設業を営む夫がニュージーランドへ働きに出たため避妊が要らなくなり除去。しかし1ヵ月後に帰って来るのでもう一度入れてもらいに来たのだという。ピルは体に合わないので前と同じIUDを希望しているのだそうだった。すでに3人の子供がいて全員が男の子、上はもう18歳で下が5歳、もうそれ以上に子供は産みたくないし、育てることも出来ない。

こういう時にフィリピン男性は避妊を〝男らしくない〟と考えがちなのだと言う。それはかつての日本もそうだったから俺にもよくわかった。

だが、子供を育てるのを男たちは女性にまかせっきりにしてしまう。おまけに稼ぎもとうてい足りない。結局食べるものを削るのは母親であり、寝る間も惜しんでアルバイトをするのも女性になる。実は俺自身、たった二人兄妹だけれどそれでも小さな頃は母が昼食を抜いていたと大人になってから聞いた。母親は子供の俺たちにその分の食事を与えていたのだった。ひどく痩せていた母の写真を、俺は今でも机の引き出しに入れている。

俺だけでなく、チャンダさんへのインタビューのあと、ロセルとそんな構造的な男女差の話になった。彼女は自分が育ってきた環境の中でも裕福さは遠くにあるものだったと言い、俺は深く共感した。

そのうち谷口さんが、ギリシャの難民キャンプで出会ったアレッポ出身のアミナさんの話をロセルにした。アミナさんは難民を乗せたボートの上で夫を亡くし、ヨーロッパの受け入れが厳しくなってキャンプで暮らし続けながら、自らの悲劇をじっと耐えていたのだった。

ロセルはつぶらな瞳に涙を浮き出させて何度もうなずきながら、その見知らぬ女性の境遇に思いを寄せた。

すると谷口さんがなぜか俺に話しかけた。

「私はいとうさんの『想像ラジオ』はどの国の言葉に訳しても理解されるだろうなとよく思うんです」

俺にはなんのことかわからなかった。谷口さんはロセルに短く俺の小説の解説をした。巨大な災害と人災によってたくさんの人の命が失われ、生き残った者がどうやってその事態を受け入れるか、いや自分が亡くなっていることに気づかない者がいかに死を受け入れるか。

ロセルは真剣に聞き、やはりうなずいた。

谷口さんはその上でまた俺に言った。

「残念なことですけど、苦しみは普遍的ですものね。アミナさんのこともロセルのことも、チャンダさんの暮らしも、あの小説のメッセージの中にきっと入っていますから」

そうか、そう言われればそうだったと俺は思った。ギリシャ取材で現れた機内での人影もまた、そうした普遍性を通して俺に寄り添い、無言でいなくなったのではないか。

俺はやはり代弁者であることの誇りととまどいと偽善への疑いを持ち続けながら、このあとも他人の話を聞き続けるのだ。

私たちは「聖人君子の集まり」じゃない！

MSF看護師、菊地寿加さん

「わたしは4月末からこっちへ来て、本来ならもう任務を終えて帰ってるはずなんですけど、子宮頸癌のワクチンが手元に届くのに時間がかかってしまったので、まだステイしてるんです」

と「国境なき医師団」の日本人看護師・菊地寿加さんは言った。場所はマンションから歩いてすぐのフィリピンレストランで、俺たちは夜の8時過ぎに玄関で待ち合わせて、薄暗い道を歩いてきた。11月23日のことだ。

けっこうきちんとしたレストランだったので、特に俺は挙動不審になった。なにしろ2日間をスラムめしで過ごしていて早くもその生活に馴れてきていたからだ。背は小さいが元気あふれる女性、寿加さんも同じように店に少しおろおろしつつ、フィリピンの典型的な料理を注文したあとで気さくにインタビューに応じてくれる。

冒頭の言葉はその中で出たもののひとつだ。

「届かないっていうと？」

「今は手元には届いているんですが、認可が思うように下りないので使うことが出来ないんです。医薬品の輸入にとにかく時間がかかります」

「あ、マネージャーとして困ってるわけですね」

「そうです。医療チームの予防接種マネージャーとして。よくご存知ですね」

そこで広報の谷口さんが説明する。

「いとうさんは何度か我々MSFへの取材をして下さっているので組織図も理解されているんです」

「あー、なるほど」

さらに寿加さんは言った。

「あと少しですべての認可が下りるはずなんですけど、あと1週間で12月じゃないですか？」

「はい」

「そうするとフィリピンの人はもう休暇モードなんです。クリスマスの月だから。なにしろカトリックの国ですし、こちらでは9月からクリスマスの用意が始まるんで」

そういえば、マニラの空港からマラテ地区へ向かう最初のタクシー内で、すでにワム！のクリスマスソングが流れていたのを思い出した。11月にずいぶん気が早いと思っていたが、あれはフィリピン的には季節にぴったりの選曲だったのだ。そして、あの頃はまだジョージ・マイケルも生きていた、とこの原稿を書きながら俺は感慨にふける。

「おまけにフィリピンの税関はリストをかなり細かく出さないといけないので、ますます時間がかかります。ノルウェーからフランスのロジスティック・センターを経由してマニラに運ぶはずだったんですが、色々ともつれまして。その間にもワクチンの有効期限は迫ってくるのでこっちはヒヤヒヤで」

すでにビールの乾杯は済んでいたかと思う。寿加さんはビール好きなので笑顔も漏れていたはずだ。しかしそれは寿加さんがタフなだけで、状況はなかなかに厳しかった。

「なんで、当初のミッション期間は過ぎたのですが、現地チームの要請もあって、いったん日本に帰って、また戻ってくることにしました」

そのタフさがどこから来るのか、俺は見慣れぬフィリピン料理がテーブルに届くのを横目にあれこれ質問を続けた。いつの間にか、レストランの中に濃いキャラクターの音楽家がトリオであらわれ、各テーブルで歌を聴かせ始めていた。やはり歌舞音曲にたけた人々の国だ。演奏は民謡らしきものから世界のポップスまで多様だった。

音楽の中で聞いた話によると、そもそも寿加さんは数年前インドへ着任するはずがビザが取れず、常にMSFが展開している南スーダンへ行き、1ヵ月半のミッションを行った。北東部のメルートが任務地だったそうだが、そのうち戦闘地域が拡大してMSFの診療所が続けられなくなり、国連の基地に4日間避難し、そして国外に退避した。もともと3ヵ月の予定だったミッションは、1ヵ月半に切り上げとなったらしい。

ストレスがかかる任務のあと、MSFは必ずスタッフに心理ケアの機会を与える。寿加さんの場合、ナイロビに送られてカウンセリングを受けた。なにしろMSFの診療所を開いていたときには、川の向こうから常にドーンドーンと爆弾らしき音がし、その診療所からさえも現地の患者が逃げて行くのを見るという壮絶な日々だったようだ。さらに、国連基地でも土嚢に囲まれた気温50度にもなるコンテナで避難生活を送り、武力衝突の銃弾がそのコンテナをかすめていくこともあったという。

「でも1ヵ月半しかいられなかったんで、もう一度メルートへ戻りたいって訴えたんですけど、現地の医療チームリーダーからは無理だとの返事で。ちなみに今でもその時に一緒だったメンバーとは交流が続いていて、彼らに会いにスペインに行くんです」

寿加さんはぎゃははという感じで笑った。やはりタフだ。

日本人スタッフはどう機能しているか

もともとは小学校の時にニュースでルワンダの大虐殺を知り、MSFに入りたいと思った人だった。高校時代はどんな仕事でも英語は身に付けておきたいと、米国オレゴン州のポートランドへ留学した。偶然にもそれはMSFマニラオフィスのリーダーであるジョーダンの故郷だから縁のようなものだ。大学では美術史を専攻したが、途中で自分が本当に何をしたいかわからなくなり、考えた末に大学を中退した。

進路を見つけられないまま、インドで放浪の旅をした。人生は長い。自分は何が出来るだろうか。そう思ううち、コルカタのマザーテレサのもとへたどり着いていた。そこには日本人の看護師がたくさんいて、自分も医療系の資格が欲しいと思った。

おまけに私が選んだ看護学校は学費が安かったのだと寿加さんはまた笑った。それで大学を中退し、看護学校に入り直した。やがて築地の国立がん研究センターで働くことにもなった。そもそも自分はＭＳＦに参加したかったのだとその頃にはわかっていたのだろう。

寿加さんはもう迷わなかった。

彼女は「国境なき医師団」の一員になった。

「南スーダンの任務のことは母親にずっと言えなかったんですよ。そんな危ないところに行ってるのかって言われちゃうと困るんで」

「ああ」

「でも久しぶりに家に帰って酔っぱらってる時、ぽろっと話しちゃって」

「あはは、そうなんですか！」

「あなたは小さい頃から『国境なき医師団』に入るんだって言ってたわよって、やっぱりそういう道に行ったのねって、ＭＳＦに入った時にすでにそう言われてました。理解はしてくれてると思います。心配はもちろんですが」

それからは谷口さんと寿加さんの２人で、日本人スタッフはどのようにＭＳＦで機能しているかの話になった。

例えばアフリカの活動地ではスタッフの出身国や言語の背景などから、ヨーロッパ系、アフリカ系が各々自分たちだけで集まってしまう場合があるので、その真ん中にいるように心がけているし、日本人はそれを期待されているのだと思うと2人は言った。ほとんどの場合日本語を話す人はチームに1人で、相対的に自己主張が激しくなるから、逆に調整機能としてうまく働けるのだという。

日本が平和を重んじて外に軍隊を出さないというのも、国際社会で日本人が調整的な役割を果たすのに大きく役立っていたという個人的な感想も聞いた。すでに武器使用を許された部隊の南スーダンへの駐屯が海外でもニュースになっていたタイミングだった。実はこれには他の時間に別の外国人スタッフからも惜しいという声が聞こえていた。

そこに例の音楽家トリオが来た。俺たちが日本人だとわかって、彼らは『昴』を片言の日本語で歌った。我はゆく、あおじらくホーのままて、我はゆく、さらまスバルよー。

その歌詞をバックに聞いたのだが、寿加さんは思ったことをすぐに口にしてしまうのでよく注意されるとのことだった。それでアフリカ人に胸ぐらをつかまれ、助けに入ったヨーロッパ人も背の高いスタッフだったので彼らの間で宙を舞っていたらしい。それでも寿加さんは黙らなかったのだろうと思った。他人のこちらから見れば喜劇そのものの図だ。

だがそれも日本人で徒手空拳で女性で小さいからこそ成り立つのではないか、とも俺は考えていた。そうでなければ宙を舞うどころか単純に殴りあいになっている。とても殴れないほど弱いからこそ、宙に放り投げるしかなかったし、助ける者も出た。それは実に醒めたリアリズムだ。そのバックで歌は続いていた。ああ、ひつの日か、たれかがくのみちを。


ぴかぴかの頬をしてニコニコと微笑みながら、寿加さんがこんなことも言っていたのを思い出す。

「これが4回目のミッションですけど、やりたかったことがやれてます。自分で決める裁量も大きいし、プレッシャーを越えた達成感もあるし、わたしは迷いなく活動を続けると思います。ただし……」

「ただし？」

「MSFを聖人君子の集まりみたいに見ないで欲しいんです。こんな風にいつもビール飲んで、文句たらたら言って、悪態ついて、それでも働いてるんです。だいたい、『国境なき医師団』ってなんか四角い感じじゃないですか？」

「そう、いかにもマッチョみたいな、ね」

と女性である谷口さんも言葉を加えた。

「そうそう、でも海外ではMSFなんですよね。もっと丸いって言うか、日常的と言うか、そういう活動だし、集団なんです」

なるほどその通りだと思った。女性的で、しかも活動的。そういう面をMSFの中に見なければ、結局力の強い者が支配する世界は変わらない。確かに俺はハイチでもギリシャでも〝丸いって言うか、日常的と言うか〟、そんな女性たちを見てきたし、ミッションにはそのしなやかな力が不可欠なのだった。

寿加さんはそれから、フランス語の勉強を始めるつもりだと言った。MSFではフランス語が共通語の活動地も多いからだ。寿加さんはどんどん前進していた。とどまるつもりがなさそうだった。

俺はそのきらきらした、しかも飲んだくれた人の笑い声の生々しさも備えた素敵な力に憧れを感じたし、爽快さも感じた。

楽しくなって3人で宿舎のほうへ帰る道すがら、日本なら小学校低学年くらいの2人の少年が俺の右腹のあたりにすっと近寄るのに気づいた。彼らは寿加さんたちに気づかれないように小さな声で「マネー」とささやき、手を出した。俺は「ノー」と言って首を振った。

しかし彼らは同じ右腹のあたりできょろきょろあたりに視線をやりながら、なおも俺についてきた。刃物を出されたら困るな、と思った。俺は刺されたくなかったし、子供にお金を渡すことで彼らに達成感を覚えて欲しくなかった。もつれる雀たちみたいに、手を出す子供たちはしばらく俺につきまとった。

この国でやっていくのはやっぱりタフなことだ、と俺は遠くに目をやりながら子供たちを恐れ、同時に無視しながら思った。

暗がりにあの男がいて、こちらを見ていた。

子供、子供、子供

その奥へ

翌日11月24日は朝から曇っていた。

早朝にオフィスへ行き、そこから車に乗り直していつもの橋を渡ったものの、車はやがてUターンをし、右に折れた。

一本道だった。ゴミの山があちこちにあり、土ぼこりが舞っていた。汚れたベニヤ板を数十枚積んだものの前に、紐で片足を縛られたチャボが細かく歩き回って蝿か何かをついばんでいる。その下からなんの液体かわからない黒い水が染み出しているのが見えた。工事用トラックのクレーンが視界を覆ったが、そこにハンモックを吊るして青年が眠っていた。

前日までのトンド地区とは明らかに異なる貧困があった。本当のスラムに来たのだとわかった。俺は沈黙したままあたりに目をやり続けた。

やがて左側にフェンスが現れ、遠くからよく見えていた巨大な教会の全貌が知れた。白と青に塗り分けられた塔が空を突き、周囲にはもちろんゴミひとつなかった。その教会がスラムの信仰を集めているわけだった。

俺は道の右側の絶望的な貧しさと、左側の美しい富との差にこそ絶望した。

車が止まり、ドアが開いた。ジェームスとロセル、そしてジュニーが黙って降りた。俺も広報の谷口さんもあとに続いた。

眼前にバランガイの狭い入り口があった。ロセルによると、その奥に5万5000人がひしめいているのだそうだった。確かあたりは地図上では特に広そうではなかったから、ひとつのバランガイでその数というのは信じにくいことだった。

入り口から中へ入る。いきなり両側から家々の壁が迫った。いったん細い道に出て、また俺たちは奥へ足を進めた。

家と家の間の、人が一人歩けるかどうかの幅の道の左側にコンピュータが並んでいた。いつの機械だかわからない。とにかくジャンクなマシンだらけだった。屋根は家からわずかに突き出ているだけだから、その野外の電子機器が雨などにどう対応しているのだろう。俺はあまりに意外な光景にとまどいながら、そのモニターにユーチューブやゲーム画面が映っているのに目を見張った。

簡素なビニール張りの丸椅子に少年たちが座り、ドットの粗い世界を見つめていた。コンピュータ群のすぐ横にはこれまたいつの時代からタイムスリップしてきたのか、アーケードゲームのようなものがある。

すべて壁を這った電線やら電話線らしきものとつながっているのだが、正規の支払いがなされているとはむろん思えない。盗電であり、盗電話線に違いなかった。それがスラムの娯楽であることを自分は予想だにしていなかった。

洗濯する者、狭い道の脇に机を出して食べ物を売る者、意味もなく石畳のようなものの上に座っている老婆がいた。家々の中は総じて暗く、しかしビニールの暖簾めいたものが風でちらりとめくれると、3畳ほどのやはりビニール張りの床の上に母親と息子らしき青年、そして赤ん坊が皆寝転んでテレビを見ていたりした。

ジェームスたちはなお黙ってスラムの中央を目指した。いやどこが中央という概念はないのかもしれなかった。路地は路地につながり、どこまでも果てがないように思った。

とにかく子供が多かった。髪の毛がくしゃくしゃなのは男児も女児も同じだった。

どこまで行っても子供が走り、子供が立ち尽くし、子供が笑い、子供が体をぶつけ合わせていた。それが道ゆく俺たちの周囲に、あたかも絡まるように現れては消える。

遠くからリカーンの通称リナ、マゴアリナ・D・バカランドの声がした。俺たちの隊列がそこを目指しているのはいまや明らかだった。

ある路地を抜けて石造りの家の横を右に折れるとちょっとした広場があり、バスケットコートになっているのがわかった。そこに70人ほどの女性が集まり、プラスチック椅子に座って向こうのリナの話を熱心に聞いていた。どこかで鶏が鳴き、やっぱり子供が母親たちのまわりで走ったりコンクリの上で寝転がったりしていた。

俺たちが近づくと、女性たちは闖入者が珍しいのだろう、気にしないふりをしながらわかりやすく動揺してこちらをちらちら見た。リナは慣れたものでまったく調子を変えず、熱弁をふるった。女性たちはすぐにそのスピーチに注意を戻し、笑ったり質問をしたりした。

ロセルに聞けば、リナは一日に3セッションを担当するのだそうで、俺たちが見ているのはまさに朝一番のものらしかった。なにしろ巨大バランガイなので集合する者が幾つかに振り分けられているとのことだった。

テーマはもちろん避妊と子宮頸癌。だからこそ女性たちは真剣に聞いた。彼女たちは避妊を切実に求めているそうだった。まわりを見ればよくわかる。子供は日々産まれて来る。夫は避妊に協力的ではない。ゆえに彼女たちが意識を高めなければ、貧困はより過酷になる。それは結局、産まれる子供に重圧をかけるのである。

女性たちの何人かが手に持つノートは古びていて、小さな文字がびっしり書き込まれたそれが時には透明なビニール袋にしまわれていたりした。いかに紙が大切か、また家に雨漏りがする様子がわかって俺は切ない気持ちになった。

ひとつのセッションが終わると女性たちはがやがやとその場を去った。残るのは近所の子供たちのみになり、中でも小さな女の子たちがロセルと谷口さんを囲んで彼女らが話すのをじっと見ていた。ロセルたちがどんな服を着ているのか、どんなピアスをしているかを憧れるように確かめているのだった。

俺がその模様をメモっていると男の子も女の子も集まってきた。書いている日本語を穴があくほど見つめる女の子がいるので、俺が目をみるとにっこり笑った。そして彼女はまた読めないはずの文字に目を向ける。

その好奇心の強さがまた戦後の日本人のようだと俺は思った。考えれば子供の多さがそうだった。俺の子供時代、東京の下町にもびっしり子供がいた。子供が泣き、子供が叫び、子供がじっと何かを見ていた。だから大人も寛大だったし、彼らの手本であろうとした。子供は生まれついての興味のまま世界を知ろうとした。

「日本語《ジャパニーズ》だよ」

と言うと女の子が、

「日本語《ジャパニーズ》」

とすぐに返してきた。すると俺を囲んでいた子供たちが口々にジャパニーズ、ジャパニーズと言った。ひとつ何かを知って彼らはうれしいのだった。

俺はメモることもないのにメモ帳に文字を書いた。それを見ている子供たちのために。

子供を学校へ行かせたいんです

ふたつめのセッションはわりとすぐに始まった。いつの間にか椅子には驚くほどの早さで別の地域の女性たちが座っており、やはり知りたさの熱意をこめた目で前を見ていた。中には俺が話を聞いたイメリン・L・セルナさんもいた。

茹でトウモロコシ売りの夫を持つ彼女は隣人からリカーンの噂を聞き、実際にリナの話に耳を傾けることにした。インプラントを入れたが副作用で眠りにくくなり、ピルに切り替えたのだと言っていた。

「とにかく子供を学校に行かせたいんです」

というイメリンさんの言葉がすべてだった。彼女はすでに2人の子供を持っていて、その場にも太った5歳の1人がいた。今以上に子供が増えることは誰かが学校に行けなくなることにつながっていた。だから彼女は絶対に妊娠してはならないのだった。

セッションの近くでジュニーがコンドームの配付を始めた。写真など撮るとすぐに受け取ってくれなくなるのでと注意があったように、トンドの人々は自分らが避妊をすることを知られたくなかった。事実、誰かが小箱をもらうと恥ずかしそうに本人も笑い、周囲も同じように笑った。中にはもらった箱を嗅いでみる青年もいた。ひと箱でも配付すると、ジュニーは誰がもらったかをノートに書きつけた。

行商のように移動を始めるジュニーにくっついて、俺と谷口さんとロセルも路地の奥に入った。道はどこまでもコンクリででこぼこしていた。幅10センチくらいの溝があり、そこに洗濯を済ませた泡だらけの水や洗い物の水が流れていた。狭いそのコン

子供たちは多い、そしてみんなで遊ぶ

Ｔシャツをマントにする子（話を聞いたイメリン・L・セルナさんの長男）

クリの上をスクーターで走り抜ける者がいた。老人がパンツ一丁で座り込み、ジュニーがコンドームの効用を若い女性たちに説くのを見ていた。

家の壁はブロックで荒っぽく積まれていたり、トタンだったり、スペイン風のベランダを2階から飛び出させていたりと様々だった。

濡れがちの道の唯一乾いたエリアにちょこんと猫が座っていた。犬の声がし、サンダルがコンクリをこする音がした。人糞が落ちていたり、子供がシャワーを浴びさせられたり、大音量のカラオケマシンに合わせてやはり子供たちが何かがなっていた。女が通り、なぜか手に持ったカゴに子犬をぎっしり積んでいた。


住人たちは貧しい。

けれど彼らは活き活きとしていた。こちらの腹わたに直接しみてくるような、リアルな生の感覚がどこを歩いてもあった。俺は熱に浮かされたようにふらふら路地を行った。コンドーム配付に集中していたはずのジュニーから、ロセル経由で後ろから忠告があった。

荷物には一応気をつけてください。

確かに路地の子供たちの目は時折、ロセルや谷口さんの一眼レフに刺さることがあった。俺が写真を撮るスマホの上にも集まったりした。互いに受け入れあったように見えても、しょせん俺たちはよそ者であり、間抜けな取材者だった。

それでも俺はついてくる子供に笑顔を向けずにはいられなかった。

中に5歳ほどのかわいらしい女の子がいた。

彼女は元の広場で自分より小さな女の子を世話していた。

けれど俺たちが移動すると様子を見たくて仕方なくなり、自分だけついて歩いてきたのだった。

やがて路地の曲がり角でじっと周囲を見る俺に、その女の子は近づいてきた。にっこり笑うと彼女もにっこり笑った。彼女は広場の方向を指さした。そして無邪気な声でたどたどしくこう言った。

「プリンセス」

すぐには意味がわからなかった。女の子はもう一度背後を指さして言う。

「プリンセス」

ああ、あの小さな子が彼女のプリンセスなのだとわかった。それを待たせているのが気がかりなのだ。

だから俺も同じ方向を示してプリンセスと言い、うなずく女の子のあとをついて広場へ帰った。

自分たちのプリンセスが待っている場所へ。

その時、俺は自分がスラムにいることをまたすっかり忘れていた。まるで子供の頃に戻り、不思議な物語に誘い込まれたような気分のまま、俺は薄暗い路地を歩いた。

鍋をかぶった小さなデモ隊

大騒ぎの弾幕

同日（11月24日）、同じバランガイの奥の広場で「ノイズ・バラージュ」があった。

もともと、大騒ぎの弾幕、という意味のパフォーマンスである。

スラムの別地区にあるリカーンの本部で俺は予定の書かれた白板にその「NOISE BARRAGE」という文字がくっきり記されてあるのに興味を持っていたし、是非見に行きたいとプロジェクト・コーディネーターのホープ・バシアオ＝アベッラに頼んでいたから、その日の取材自体の最大の眼目がその行動だったはずだ。

2回目の啓蒙活動を終えた通称リナ、そしてジュニーたちは並んでいたプラスチック椅子を素早く、バランガイの女性たちとともに片づけた。開いた空間にたくさんの子供たちが流れ込み、コンクリートの上で遊び出した。男の子も女の子も一緒で年齢も様々だった。走ったり蹴りあったり、中には女の子の髪の毛を引っ張る男の子もいて、周りのバラックからすぐ飛び出してきた母親にこっぴどく叱られたりもした。

重ねて言うけれど、俺の子供時代、昭和30年代の東京ではどこの路地にも子供がいて遊んでいた。逆に考えれば、今の日本にいかに子供がいないかだ、と俺は痛感した。ベビーカーを嫌がったり、車内の子供の泣き声に顔をしかめたりする大人が多くなってしまったのは、そもそも子供の存在に慣れている日常を失ったからなのだ。

しばしバランガイの子供たちを見ているうち、がらんとした広場に不思議な女性があらわれるのに気づいた。頭に鍋をかぶっている。年齢は30代半ばくらいだろうか。ジュニーがその女性に親しげに声をかけるのを見て、俺はそれが「ノイズ・バラージュ」の参加者だとわかった。彼女の他にもやはり女性がぶらぶらと集まり、手に手に鍋やらしゃもじやらフタやらを持っていた。中には白髪の60代ほどの女性もいた。

参加者が30人ほどに膨れ上がると、メッセージの書かれた黄色い紙を何枚か持つ人もあらわれた。タガログ語がアルファベットで書かれていたり、英語で「ファミリープランニングをしましょう！」とあったりした。みながやがやと明るくしゃべりあっている。

集まり始めるお母さんたち

集まる集まる

やがてリナが拡声器を持って、彼女たちの前に立った。そしておそらく上記のメッセージをタガログ語で呼びかけた。すると女性たちは最初は恥ずかしげに、しかし次第に熱を帯びた調子で鍋をしゃもじで叩き、フタ同士をぶつけてノイズを出し、同時にリナに唱和して「ファミリープランニングをしましょう!」という意味だろうスローガンを叫び続けた。

誰に向かってというのでもない。だから反対に、おそらくは国会に出かけてとか省庁前でとかいうこともあるのだろう。まるで予行演習だとも思いながら、しかしその誰に向かってとも言えないデモンストレーションが、人口の密集したバランガイの中の男たちに向けられているのもよくわかったし、自らの意識を高めているのも実感出来た。

デモへの距離が近い、というのだろうか。彼らフィリピン人はかつて民衆の力でマルコス政権を倒した過去を持っており、それがひとつの習慣のようである事実を俺は見たわけだった。それが現在強権を握っているドゥテルテ政権下でも行われているのは、見習うべき勇気ある行動だった(このフィリピン人の勇気に関しては、翌日市内で大きなデモと集会があるから、そのリポートの中で書こう)。

ともかく、「ノイズ・バラージュ」を続行している女性たちは明るかった。感動して思わずスマホの動画で様子を撮り歩く俺に対して、彼女たちは手を振って笑いかけたり、照れて笑ったり、とにかく笑い声が絶えなかった。動画の中で、俺も思わず笑っている。

また驚いたのは、いつも無口でにこやかなジュニーが大声で唱和し、時には女性たちをリードしていることだった。足でコンクリートを踏み、リズムを取っていたりする。彼もまた明るい活動家であり、人は声を上げて主張すべきだと確信しているのだった。

そういう小さな、しかし足腰のしっかりした社会運動がそこにはあった。スラムはちっともよくならないとも聞いたが、それでも言いたいことは言う。それがマニラっ子たちの心意気というものなのだろうと俺は感じた。

いつでも誰でも来られるクリニック

再び医院へ行って、メアリー・ルース・ロクサスさんという若い女性医師にあれこれうかがったが、他と重複するので翌日の話に移る。

俺たちは早朝からロセルと一緒にダイニングルームでパンをかじった。空き部屋がひとつあるのでそこに泊まることにしたのだった。そうすれば市外の少し遠くに住んでいるロセルにも出勤がつらくないからだ。マニラの渋滞は他のアジア都市に比べても凄まじいのだ。

ピックアップトラックが建物の下に迎えに来ていたので、俺と広報の谷口さんとロセルでまずMSFフィリピンのオフィスへ行った。途中、日本の首相が任期延長だというニュースをネットで知り、なんとなくそのことを話しているとロセルはひとこと「マルコス」と言った。

オフィスでしばし待ったあと、ジェームスとジュニーに連れられて、俺たち3人はサン・アンドレスというスラム地区に移動した。雨がしとしとと降っていて、マニラは少し肌寒かった。暗い空の反映か、車で到着した場所はあれこれ店などがあるもののなんだか人も音も少なめで寂しかった。今から考えてみれば、前日のように子供が走り回っていなかった。太い道路が走っているから、バランガイの奥の広場のように安全ではないのだ。

道の両側の建物も、あちこち壊れ、折れた木材が突き出していたり、穴があいたままになっていたりで、そこに雨が吹き込み、雨が滴っていた。「貧民街」という言葉が自然に頭の中に浮かんできたのを覚えている。

その中に小さな入り口があり、俺たちは薄暗い室内に入った。リカーンとMSFがリプロダクティブ・ヘルス（性と生殖に関する健康）のもうひとつの拠点にしているクリニックがそこなのだった。中で待っていてくれたのはエマという、いかにも隣のおばさんといった感じのコミュニティ・ヘルス・モビライザー（地域保健推進員、つまり住民との架け橋だ）で、彼女に示されて奥の部屋に入ると、もうそこはほとんど民家だった。

透明ビニールが掛かった大きめのテーブル、ばらばらの椅子、古いクッション、壁にはポスターや予定表が隙間なく貼られ、冷蔵庫がブーンと鳴っていて、もう一人の女性スタッフがにこやかに水を出してきてくれる。

さらに奥に相談室があり、処置室があるのはあとでわかったことだ。若者が妊娠のことなどで悩めばそこに来る。避妊のための器具もそこで与えられる。医師がどんな人かは会えずじまいでわからなかったが、エマたちを見ている限り、来訪者は遠い親戚に秘密を打ち明けるような気分になるのではないか。

白板には月に1度のアウトリーチの予定も書かれていた。サン・アンドレスに来られない若者のために、幾つかの地域を順に回っているのらしかった。おばさんたちのこまやかな、そして決して肩ひじ張らずに見える（実態はそんなはずなかろう。予算の問題もある。救えなかった相手もある。討論好きは彼らの性分でもある）活動の一端がそこにもあった。

ジュニーは途中で俺にこう言った。

「色んなバランガイに行っても屋外だから天候に左右される。だからここが必要なんだ。いつでも誰でも来られる」

エマおばさんの話では、そこでは相談とか治療とかだけでなく、例えば俺たちの目の前にある大きなテーブルをどかして、スタッフのトレーニングやら若者への講義やらを行ったりもするそうで、つまり医療の付いた公民館みたいな役割を、いかにもリカーンらしく担っているのだった。

またエマはユーチューブも見せてくれた。カップルが恋愛について話しあう映像で、そうした今風のメディアを教材にして若者をひきつけ、理解を求めるよう努力しているとのことだった。特に彼女たちコミュニティ・ヘルス・モビライザーは13〜19歳という思春期の男女に向けて力を入れて活動しているという話も聞いた。多感な季節に避妊に疎いのは、日本とて同じだ。

やがてジェームスがエマたちに細かい質問を始めた。

インプラントと他の避妊具との使用率のデータはあるかい？

インプラントを望む女性はなぜそれを選ぶんだろう？

現在インプラントを使用している女性がすでに平均何人の子供を持っているかデータはある？

その度にエマたちは資料をひっくり返したり、コンピュータにアクセスしたり、時には残念そうに首を横に振ったりした。

ジェームスは温厚な調子でこう言った。

「フィードバックはとっても重要だと思うんだ。僕もみんなもお互いに色んなデータを知っていた方がいいし、それはバランガイの人たちにも知らせた方がいい」

彼は本当にクレバーな人間で、短い表現でずばりと活動のあるべき方向を示すのだ。

「我々はその上で選択肢を並べてみせることしか出来ないんだと思うよ。なんにせよ強制は絶対によくないことだから」

そう言ってからジェームスは座ったまま巨体をわずかにこちらへよじり、眼鏡越しのくりくりした目を俺の胸あたりに向けて言った。

「この場所に関してはインフラ重視ではなく、どこにでも出かけていけるモバイルクリニックを厚くしているんだ。で、もう一人医師を補充出来れば子宮頸癌のプロジェクトにも着手出来る」

ジュニーが横で大きくうなずいた。

ジェームスたちがエマからさらに具体的な医療に関する聞き取りを始めたので、俺はよくわからなくなって入り口近くの受付あたりにふらっと戻った。外から強い雨音がした。ドアは半分以上開け放たれていた。プラスチック椅子に若い女性患者が2人来ていて、ともに赤ん坊を抱いていた。電気はつけられておらず、空気は湿気っていた。

やがて受付の女性が小さく鼻歌を歌い出した。それが雨の音と重なると自分の気持ちまで湿ってくるように感じた。バイクが行き過ぎる音がした。鶏が鳴いた。鼻歌はまだ続いている。

55歳の俺は暗がりに立ち、自分が子供であるように今度は肌全体で実感していた。雨の日にいじけた気持ちになって一人で部屋で留守番していた思い出が、ほとんど思い出でなくその時間そのものとなってなぜか異国で俺を包んでいるのだった。

俺はもう俺ではなく、いや逆に本当の俺は子供で見知らぬスラムにおり、それが想像上の豊かな国に住む中年の俺を一瞬夢見ているようにも思った。暗がりと雨と女性の鼻歌と赤ん坊の匂いがそうさせていた。

雨は続いた。

ミッションを遂行する者たち

その人ジョーダン・ワイリー

さて、この活動を取り仕切っている「国境なき医師団」側のトップ、ジョーダン・ワイリーはどんな人物か。彼がナイスガイでまるで映画の中の人々のようなオーラを持っていることは、フィリピン編の冒頭に書いた。

しかし彼の経歴はまだ報告していない。俺は鍋をかぶったデモ隊の運動をバランガイの中で見た日の午後、ジョーダンに時間をとってもらってくわしく話を聞いたのである。

MSFマニラオフィス、海沿いの建物の上にある広めの3LDKの奥が彼のオフィス。いつものことだが机と椅子以外、目立った荷物はなかった。机にはノートブックパソコンと数冊のノートがあるばかり。数年単位のミッションであっても、おそらくジョーダンからはいつものMSFのスタイルが抜けておらず、いつ活動の形が変わってもいいような仕事ぶりなのだ。

その机をはさんで俺と広報の谷口さんはジョーダンにあれやこれやと質問した。37歳のジョーダンは真摯にそれに答える。

米国ポートランド出身。もともとは一般病院でスタッフ・トレーニングや災害救急マネジメントなどの仕事についていたという。地震、テロ攻撃など多数の被害者が出るような事態で、病院はどのような対処をすべきかの計画立案や訓練をしていたのだ。

さらに遡れば、彼はシングルマザーだった母親のもとで育ち、6人の弟と1人の妹を持つ身として家計をどう助けるかを考えていた。警察官に憧れていたジョーダンは10歳の頃にはすでに人助けがしたいと思うようになっていた。

はっきりと道が決まったのはなんと11歳の時。テレビでアフリカの人道危機を知り、自分が役に立てればと思う。そのあと何年もしてから友達がMSFに参加してアフリカに行き、ジョーダンを誘った。すでに病院の仕事をしていた彼は、一も二もなくという感じなのだろう、2007年にはMSFに登録。

翌年にはナイジェリアに飛んでいた。

「このマニラで13ミッション目だね」

にっこり笑ってそう言うジョーダンは、几帳面な性格ゆえか、小さなメモ帳に小さな文字で全ミッションを書き出し、ボールペンの先でそれを数えた。

「うん、やっぱり13」

一番短いもので2ヵ月、ナイジェリアでの緊急援助で500万の子供たちに髄膜炎のワクチンを打つという予防接種のロジスティック（運送や管理担当）をつとめ、一番長いのはもちろんここマニラでの2年だという。

さらに2010年には俺も訪ねたハイチに偶然ミッションで入っており、つまり大地震を体験してしまったのだそうだ。

それは小さなアルマゲドンだった、とジョーダンは言う。

「周囲のビルもMSFの病院も崩れ落ちた。人材も医療品もMSFとして確保されているのに、残念ながら病院がないんだ。それでロジスティシャンとして場所を緊急に設計して、木の板でベッドを作ったし、シーツで天井を作った。ない物はがれきの中から拾ったよ。コンテナの中で手術もしてもらった」

そこまで言ってジョーダンはふうと息を吐き、俺を見た。

「7人のスタッフを亡くした。そして、たくさんの患者を亡くした」

とジョーダンは表情を変えずに言った。

災害などの緊急援助にあたったスタッフは必ず休ませる、とは菊地寿加さんにも聞いた通りだ。地震後10日間働きづめに働いたジョーダンを、ＭＳＦ活動責任者は母国に戻した。彼本人はまだまだやることがあると反発したが、

「今思えば正しい判断だったよ」

とジョーダンは俺たちにはっきり言った。なぜかを話さない彼だったが、ＰＴＳＤがあったに違いない。そのままミッションを続けていれば、彼は壊れかねなかったということだ。

それでも2年後、ジョーダン・ワイリーはハイチのミッションに戻る。彼の責任感はやり残したことをそのままにしておけなかった。そこに戻る仲間もいた。

シリアにも何度か入った。２０１３年には銃を持った者が病院内に侵入し、自分ともう1人のスタッフがスパイと間違われて殺されるか誘拐かどちらかだと感じる状況に陥ったこともあった。この時はまわりの村の人たちが救いに来て「この人は私たちに医療を提供してくれているのだ」と説得してくれたそうだ。その時、人道援助の空間が守られないという事態に直面して、それまでの活動では経験したことのない無力さに打ちひしがれたという。

マニラのひとつ前にはチャドにいた。奥さんのエリンも同行して共にチャドにいたそうだが、ボコ・ハラムが跋扈する土地で終日ＭＳＦの敷地内にこもる毎日では、彼女の安全もストレスも心配きわまりなかった。だから今マニラにいて安心だ、とジョ

ーダンは言った。

「僕自身は今回の活動を去年の10月から始めて、歩みはひどく遅いながらもあきらめずに計画を前に進めている。ＭＳＦとしてもこれはチャレンジなんだ、セイコー。今までのように〝絆創膏を貼る（事態の根本的な解決はその国にまかせ、緊急援助のみに集中する）〟だけでなく、問題の内部に自ら入ること。しかも」

とジョーダンは姿勢の癖でかがめている身をさらに小さくして俺たちに近づいた。

「フィリピンは女性政治家も多いし、女性の力が強い。アメリカも日本も見習うべきだ。ただしリプロダクティブ・ヘルスが弱い。そこをどう援助していくか」

つまり彼はもちろんフィリピンの問題にどう関わるかを配慮しながら、同時にその国のよさを世界にどう輸出するかも考えているわけだった。世界の女性の権利を健康から考える。ジョーダンはその一助となりたいのだ。

そうした目標の中でこそリカーンは自国の女性問題に長く力を尽くしてきた団体として、ＭＳＦの導きの糸になる。

さらにジョーダンはこう言った。

「他にも援助団体はあるし、リカーンは決して有名ではない。そのへんの道で聞いても知らない人はたくさんいるだろう」

熱き男ジョーダンはそれ以上ないほど身を乗り出す。

「だけど、スラムで彼らを知らない者はいない。ここが重要なんだ。困窮した人々に絶対的な信頼がある」

彼の視点は明確で、事の奥まで見ていた。

「我々は彼らと共に進むんだよ」

さて、インタビューの最後に、谷口さんがこう聞いた。

「ジョーダンはどうしてMSFを選んだの？」

するとジョーダン・ワイリーは答えた。

「自分が何をしたいのか、ここにいるとそれがわかる」

抽象的に見えるが、人生にとってそれほど具体的に満足いくことがあろうか。事実、ジョーダンからは常にみなぎる何かが感じられる。

その人ジェームス・ムタリア

一方、かつてのジョーダン少年が人道援助に向かいたかったアフリカから、巨漢ジェームス・ムタリアは来ているのだった。俺たちはいったん廊下へ出て、同じ階にある彼の部屋に行った。

インタビューを始めようとすると、ジェームスは照れたように短髪の頭をなでる。

しかし質問をすると落ち着いた小さな声で的確に話すのもジェームスの特徴だ。

彼はもともとケニアで国際企業にいたが、２００５年、ＭＳＦの国内医療スタッフになった。医師と看護師の中間で、日本にはない準医師という職種だそうだった。

なにしろ恥ずかしがり屋なので自分からはあまりつまびらかにしないが、彼は医療援助に強い興味を持ったのだろうと思う。頭脳明晰な彼ならば企業の中にいても成功したはずなのだ。実際、ＭＳＦから始まってＵＮＨＣＲ（国連難民高等弁務官事務所）、他のＮＧＯのマネージャーを務め、２０１０年にＭＳＦに戻っている。スーダンは北ダルフールで9ヵ月プロジェクト・コーディネーターをし、翌年からジンバブエでＨＩＶ／エイズ結核プロジェクトに参加、２０１３年にはインドでやはり同様のミッションを行いながらC型肝炎や性暴力被害から人々を救う活動を行い、おそらくその経歴から２０１５年パキスタンでのリプロダクティブ・ヘルス、そして子供の栄養失調に関する活動に転ずる。

一貫して、ジェームスは弱い立場の人々に関わっているのだった。自国を出たジェームスはミッションに人生を捧げ続けている。

実は3人の子供の父親で、一番上は20歳。その下も学校を卒業し、一番下の子もじきそうなるのだという。どんな子供たちなのか、猛烈に興味がある。ユーモアがあって優秀で冷静で、しかも実は内面にたぎる何かを持っている子供。俺はジェームスの生き写しみたいな若者を想像する以外ない。

マニラでのリカーンとの活動について聞いてみると、ジェームスはやっぱり小さな声でこう答えた。

「パートナーシップを組んで長期プロジェクトを行うというのは、ひとつのパッケージとして他でも今後試せる形なんですよ。それを僕たちはゼロから始めてる」

これだけで十分に彼のＩＱの高さがわかると思う。やっていること全体をしっかり把握し、すでに次のことも視野に入れているのだ。

「性暴力やリプロダクティブ・ヘルスは時間がかかるんです。こちらが何をしたいかを伝えて、人々が自国のありように疑問を持って、施設が出来て、信頼を勝ち得て、偏見を減らしながら政府とも連携して……ね？」

ジェームスはくりくりの黒目を俺たちに向け、にこっとする。不機嫌かと思っているとそういう表情をするので、いわばツンデレのようなものだ。

「来年からは性暴力被害者への活動も始めます。つまりファミリープランニング、妊産婦ケア、性感染症対策、子宮頸癌の治療と予防、性暴力被害者支援という柱でやっていくことになる。ともかく必要な医療が受けられる状態にしなければいけません。そしてスラムのたくさんの人が来てくれることが重要です。信頼されるということですから」

そう具体例を挙げた上で、さらにジェームスは興味深いことを言った。

「それだけじゃありません。来年は人類学者も心理学者も、回診車も来ます。フィリピンの文化がどう作用しているか、我々は知るべきです。そして同時に外に出ていって診療の機会を出来るだけ増やすんです」

手の打ち方に抜かりはなかった。〝時間がかかる〟問題に、ジェームスたちは確実な処方せんを出していた。

「マニラのミッションで一番大変なことは何でしょうね、ジェームス？」

やはり最後に広報の谷口さんが聞いた。

するとジェームスはジェームスらしく短く答えた。

「誰かのアポをとること」

そして自ら吹き出した。


外では反マルコスのデモが始まっていた。

かつて１９８０年代に民衆が革命で追い落としたマルコス政権だったが、現在のドゥテルテ大統領が彼マルコスの冷凍された遺体を国家の英雄墓地に埋葬したことを受け、反対運動が盛り上がっていたのだ。

デモ隊が近くの広場に集合する予定だったので、俺もそこへ行ってみることにし、実際にフィリピン国民がどう政治参加しているのかを知ることになる。
ともかく非常に感銘を受けた、とだけ早めに書いておこう。

困難と良心を前にして

バリエーション豊かな反マルコスデモ

11月24日、「国境なき医師団」現地オフィスの上から見ているとまずデモはイントラムロスという美しい観光地あたりから集まり始め、次第に人数を増やしながらUターンをして、別の広場へと向かった。

横断歩道を渡る時、警官たちはデモ隊を止めず、むしろ自動車から彼らを守っていた。世界のデモの常識だが、ずいぶん日本とは違う。日本では隊列を途切れさせることが優先されるからだ。

さらにマニラでは翌25日にもデモがあり、集会があった。夕方までに取材を終えた俺と広報の谷口さんとロセルは広場へ行ってみた。見ると若い人が多く、みな黒いTシャツなど着てわらわらと集まっていた。ステージが組まれ、後ろに巨大なビジョンがしつらえられていた。司会は学生らしき男女2人で、それが様々な世代をつないで紹介し、シュプレヒコールをあげたりした。

暗くなっていくにつれ照明が強くなり、小雨がちだったこともあって傘売りが現れたり、タオル売りが出たりした。デモは普通に小売業のおじさんもうるおわせるのだ。

アナウンスの後ろにはヒップホップのビートが流れていた。そこでスピーチする大人は反マルコス運動を担った修道女であったりして、彼女は英語でのスピーチの最後を「わたしは永遠に活動家です」と締めくくったし、有名なコメディアンらしき男がイメルダ夫人の衣装を着、おおきな棺桶の中のマルコスの遺体を前に無理難題を言うコントをやったりもした。

そこにはシリアスな言葉で人をしびれさせたり、過剰な演技で笑わせたり、しみじみと祖父の時代のことを話す学生がいたりとバリエーション豊かで、しかしその全員が結局現在のドゥテルテ大統領が決めたことに堂々と抗議をしているという意味で、体を張っているのだった。

俺はそのフィリピン人魂に頭が下がる思いがした。

そういえば途中、前日もかかっていたアニメソングが鳴り響き、映像もビジョンにでかでかと映った。ロセルによると、それは『ボルテスＶ《ファイブ》』という日本アニメで、内容が革命を賛美しているように思われたためマルコス時代に放送禁止になったものなのだそうだった。だからこそ『ボルテスＶ』を堂々と映し、主題歌に声を合わせることは彼ら抗議者の勇気をあらわすことなのだ。文化はやはり戦う力なのである。

少年少女へのアウトリーチ（出張）

さて、ＭＳＦに関係のある話に戻ろう。

さらに翌日の26日早朝には、小雨の中でトンド地区へ向かい、やがて小さな川沿いにある竹で作った南の島風の小屋へ着いた。入ってみると中にぐるりとベンチがあり、意外に収容人数は多そうに見えた。

少し待っているとそこに近所の子供たちが集まってきた。聞けば11歳から15歳くらいの多感な時期の少年少女、十数人であった。鶏が朝の鳴き声を響かせる中、ジュニーやあの身体的性別と性同一性が異なる女性スタッフらがせっせと彼らに名前を書かせ、ベンチに子供たちを座らせた。

トンドの日常

そして始まったのは男性器、女性器の断面図を見せての生殖の仕組みの講義。タガログ語で彼女が何か問うと、ひどく恥ずかしそうだった子供たちが一斉に「オポ」と声を合わせる。意味が何かわからないが、少なくとも彼らはきちんとした教育を受けており、何かを教えてくれる人に対しての集中力を切らさないのだった。

やがて講義者が替わり、「今みんなの体には変化が起きているでしょう」「心にも変化は起きていて、それぞれ男女として魅力が出てくるよね」などと話しかけた。そこからつまりは精子の話、月経の話、妊娠の話などしてゆくのだけれど、自らの身に急激な成長が起きている子供たちのとまどいや照れがいちいち伝わり、むしろ50代半ばの俺こそが彼らの顔を見られなくなって少し赤面した。

けれど話が進むにつれ、子供たちは一人ずつで話を聞く表情になり、質問されれば答え、たとえにうなずき、時にはケラケラとよく笑った。短い間にさえ彼らの心は育っているのだった。

また講義者が例の彼女に交代した。

「人を好きになったことあるひとー？」

そう呼びかけると、たくさんの子供が手をあげた。なんだか俺も青いような気持ちを刺激され、そんな時期があったなあと目が細くなった。人を好きになっても安易に性行為をしちゃだめだし、ＨＩＶにも気をつけなきゃだめだと彼女は言った。子供たちは真面目な顔で何度もうなずいた。もちろん俺も。

最後にジュニーがみんなを立たせ、「1・2・3」と拍手させ、右足を「1・2・3」と踏ませ、「イエス！　イエス！　イエス！」と叫ばせた。「ノイズ・バラージュ」の基礎版みたいなものに見えた。マニラっ子は団結力をそうやって養い、自分たちを守るのだと思った。

面白いのはすべてが終わったあとでチョコクッキーとペットボトルのお茶が配られることで、それはフィリピンでのあらゆる集会の約束事なのらしかった。しかも配りながらジュニーはまだ子供たちに「性暴力や虐待を受けたら僕らでも他の団体でもいい、泣き寝入りしないでバランガイの大人や警察に言うんだよ」と熱心に話しかけるのだった。

討論、討論、討論、そして息抜き

そのあと、俺たちはジェームス・ムタリア、ロセル、谷口さんというメンバーでMSFの車に乗って30分ほどケソン市を行き、ドクター・ジュニスに会いに行った。滞在2日目の夜にも会ったリカーンの創設者の一人だ。本部は閑静な住宅街の中にあった。

前にも少し書いた通り、80年代中盤からガブリエラという女性団体の一部だったリカーンは、13人で1995年に独立。コミュニティに根付いたクリニックの活動を、医師、看護師、助産師が中心となって進め、次第に思春期の子供たちにも救援の手が届くようになって、国連からも研修方法の連携依頼があるほどになった。

それを白髪のドクター・ジュニスはゆっくりと正確な記憶しか話そうとしないかのように、時に鼻眼鏡の奥から天井を見上げ、時に俺の目をじっと見て言葉を紡いだ。多くの成果を上げながらも、ドクター・ジュニスは決して満足していなかった。今から先の目標を聞くと、彼女は即答した。

「ケアの質を上げること」

きわめて具体的で基本的で、しかし絶対に忘れてはいけないことだった。

途中で食事をどうぞと勧められ、おいしい魚料理や鶏を揚げたもの、野菜炒めなどでごはんをいただいた。その場にはドクター・ジュニスの旦那さんも来てくれたのだが、とても意志が強そうで眼光も鋭かった。ああ、活動家だった人だなとすぐにわかった。

ドクター・ジュニス自身、マルコスの暴虐に対抗して地下活動を長く行い、公民権を奪われて保健医療サービスも受けられず、出産が困難だったらしい。そしてその夫もまた3回の逮捕歴があった。

そうやって彼らは国をよくしてきたのであり、今もって貧しい人たちをどう助けるかに力を注いでいた。

そして今また、力に逆らうと直接的な危険のある政権のもとにいるのである。

「総合的に妊産婦ケアが出来る病院が出来たら、それは夢のようなことね」

ごはんを食べながらドクター・ジュニスはそう言った。その夫はじっと黙ってチャプスイをすくって飲んでいた。

「僕らMSFとデータを共有して管理出来たら、より総合的な医療が期待出来ると思うよ」

ジェームスはいつものように簡潔に要点を述べた。ドクター・ジュニスは目を見張った。

そこからは現地団体リカーンが出来ることと、MSFが出来ることをどう組み合わせるべきかの議論に移った。

もちろんそこにはMSF香港所属のフィリピン人であるロセルも対等に参加した。

討論はあちこち議題を越えつつ進む。立場も人種も性別も違うが、彼らはいつでも議論するのだ。

俺はその日、リーダーのジョーダン夫妻の友人である医療コンサルタントのフィリピン人医師と、リプロダクティブ・ヘルスが専門のイギリス人医師などがマニラを訪れているというので共にマニラホテルで夕食をとり、各国がそれぞれ抱えている問題を聞いた。そこにあるのもまた前向きな討論だった。

色々話して帰ろうとすると、菊地寿加さんから連絡が来た。ジェームス・ムタリアと盛り場で飲んでいるというのだった。もちろん断るはずもなく、俺と谷口さんは彼らが陣取るバーへ行き、ただし俺は超甘いハロハロを食べた。

無口なアフリカ人インテリだったはずのジェームスはずいぶんな本数のビールをたしなんだらしく、冗談の頻度が明らかに多くなっていた。寿加さんと楽しい言い合いをしたりする。そして常に言い負かされて頭をなでながら笑うのだった。そうしているとジェームスは若かった。

マニラの夜のホームレスから始まり、マニラの夜の外国人訪問者たちとの宴で、俺の今回の体験も終わったようなものだった。

数日前「私たちは聖人君子じゃない」と言った寿加さん、「じゃあまた会おう」とぶ厚い手で握手したまま夜の街へふらふら去っていったジェームス、どちらも普通の人間だった。むろんジョーダンもエリンもロセルもホープもジュニーもドクター・ジュニスも。

それが力を合わせて難局に挑んでいる。

挑んではうまく行かず立ち止まり、しかし目標を高く持って諦めずにいる。

そういう意味では、彼ら一人ずつの良心がつまり俺を見つめているのだった。

厳しく責めるためではない。

そっちはどう？　と心配してくれているのだ。


翌日、日本人女性スタッフ辻坂文子さんと、彼女が結婚して一緒にMSFで働いているスペイン人デイビッド・ロメロと一緒に彼らの家で自家製パエリアを食べた。

2人の間にはかわいい子供がいて、夫妻の生活を補助するべくデイビッドのお母さんもマニラに来ていた。

彼らのキャリアをくわしく聞いていくたび、「国境なき医師団」のリアルな活動状況、参加者の人間性、問題点の数々がわかった。とてもいい話になったのだけれど、それはマニラ取材の枠を外れている。

また別な機会に譲ろうと思う。

ただひとこと。

彼らは困難を前にするとたいていい笑う。

そして目を輝かせる。

そうやって壁を突破するしかないことを、彼らは世界のどん底を見て知っているのだと俺は思っている。

ウガンダ編

2017年4月

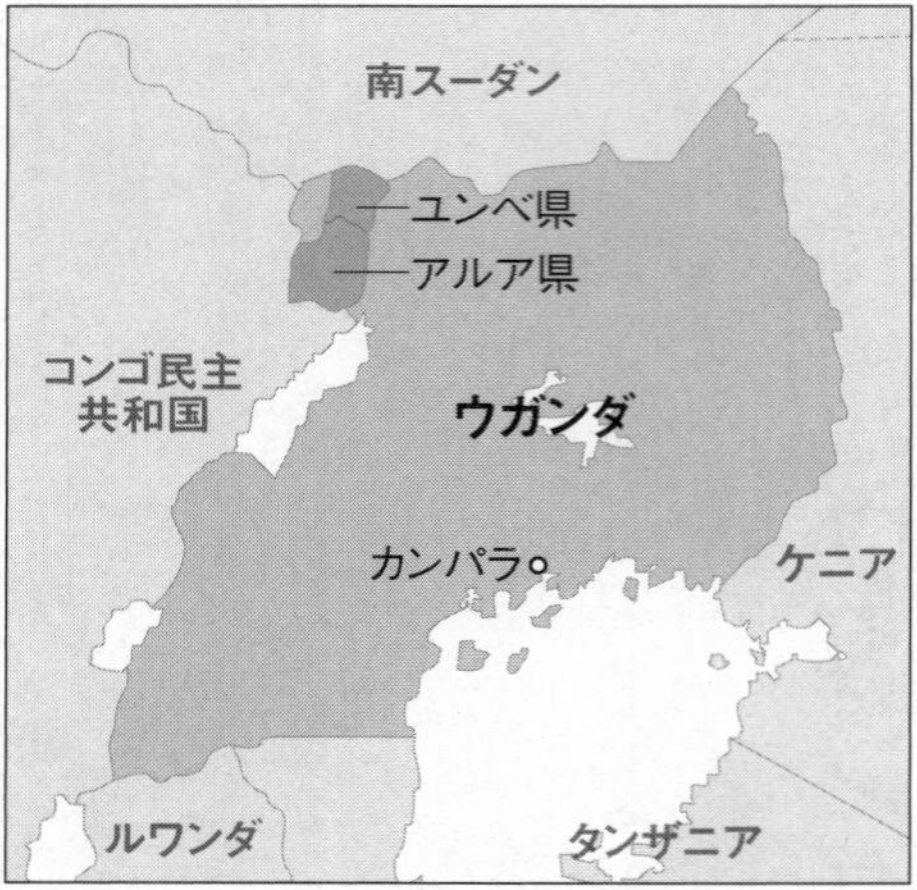

ウガンダ共和国

面積　24万1000㎢　（ほぼ本州大：日本外務省）
人口*　4427万人
首都　カンパラ
平均寿命*　63歳

＊国連経済社会局人口部「世界人口推計2019年改訂版」

国境なき医師団（MSF）はウガンダで、HIV／エイズ、結核、マラリア患者などに対応している。一方、2013年以降はコンゴ民主共和国や南スーダンなど周辺国からの難民が相次ぎ、特に南スーダンからは2016年7月に再燃した紛争を逃れて、翌8月の24万人から2017年4月取材時の80万人強まで急増した。MSFは北部のビディビディほか4ヵ所の難民居住区でコレラ対策、外来診療、入院治療、産科診療、清潔な水の供給、衛生管理などを行っている。

南スーダンからの80万人

ウガンダに何があったか

4月21日のフライトは深夜0時1分の羽田発カタール航空便QR813で、ギリシャの時と同様にドーハの空港で乗り継ぎをし、そこから目的地に向かうことになっていた。

行き先が東アフリカ、ウガンダ共和国エンテベ空港であることは1ヵ月ほど前に決まったように思う。珍しく準備期間があった。

俺は黄熱病のワクチンを打たねばならなかった。それが入国の条件だった。野口英世の研究したあの感染症である。東京検疫所に予約を入れて厳重な入館管理のもとで打つ注射の様子もくわしく書きたいところだが、それではいつまで経ってもウガンダに着かない。

ということで東京からドーハ・ハマド国際空港、さらにそこからエンテベまで、都合20時間弱の移動はさっさと飛ばしてしまおう。

その前にひとことだけ。

「国境なき医師団（ＭＳＦ）」広報の谷口さんは出来るだけリーズナブルな航空便を選んでおり、もちろん俺も谷口さんもいつも席はエコノミーで動いている。なぜそれを書いておくかと言えば、この取材費はＭＳＦへの寄付によってまかなわれているからで、宿泊も空きがあればスタッフと同じＭＳＦ宿舎に泊まり、空港でも取材地でも宿舎の給食以外の食費は割り勘にしているし、なるべく余計な費用がかからないよう、我々は注意しているのだ。そして最大限、ＭＳＦの活動内容とその背景にある人々が置かれた状況を効果的に知らせるべくインタビューをしたり、原稿を書いたりしている。

これは重要なことなので、俺の第1期取材としては最後になるウガンダ編に記しておく。

さて、エンテベ空港に着き、午後3時過ぎの表に出ると、MSFのロゴを貼ったボードを持ったアフリカ人が待っていてくれた。もともとはタクシーがチャーターされていると聞いていたのだが、どうやらMSFのドライバーチームの一人らしい。

連れられて駐車場へ移動すると、トヨタの小型車があった。俺は生まれて初めてのアフリカだったので、助手席に座ることにした。

日差しは強く熱かった。ラジオからはライトなギターがカッティングを続けるアフリカンポップスが流れている。目を細めて前方を見ると、首都カンパラまで38キロと表示された緑色の看板があった。

アスファルトの上を左右の大地から飛んだ赤土が覆っていた。ちょうど雨季に入っている頃で、雲には入道雲とともに日本の秋に見られるような薄く漂うものが混じっていた。巨大なビクトリア湖（九州2個分！）が穏やかに水を湛えているのが見え、周囲にはどこまで行っても緑の多いのが印象的で、道端で小さめのパイナップルや青いバナナ、野菜など売っている様子をうかがっても、ウガンダは作物に関しては豊かに思えた（実際は各国の保健・教育・所得の平均達成度を測る「人間開発指数」において、２０１５年時点で１８８ヵ国中１６３位だと言う）。

ウガンダと言えば過去のアミン大統領の独裁や虐殺を思ってしまうが、現在の高速道路を走る俺の目にはあちこちにとにかく多くの学校（幼稚園、ハイスクール、大学などなど）があり、教育に力を入れている様子が理解出来た。考えればアミン失脚は遠く1979年のことなのであり、そのあとウガンダ共和国に何があったかを俺は知らなかった。

いや、反政府武装組織「神の抵抗軍（LRA）」との衝突、その後別の組織による首都での自爆テロと、基本的には依然危険なイメージだけはうっすらあった。したがって今回も、そうした紛争によるダメージに対してMSFが活動をしているのではないかと、目的地を知らされた俺はすぐに思ったのである。

半年で80万人を超える難民

だが、当初谷口さんから届いたメールには「難民」という言葉があった。しかも80万人を超える、とあったと思う。それはほぼすべてウガンダの北、南スーダン共和国から流入していた。そう、日本の自衛隊がついに武器を持って入り、突然去ることになったあの南スーダン、特に首都ジュバ地域である。

したがって、我々はまずウガンダ首都カンパラにあるMSFウガンダのコーディネーション・オフィスへ行き、そこで問題のすべてに関するブリーフィングを受けると、1泊したのちに北部のキャンプ（というか実は「居住区」と言うべきなのだが、それは説明を受けたあとにする）へと11時間ほどかけて赴くつもりであった。

　キャンプの最北部が南スーダン国境にほぼ接していることはまだまったく知らず、俺はかの国で起きていることと自分が現在いるウガンダを結びつけて考えることが出来ないまま、ある意味ではノンキにまわりの自然を、あるいはセメントで作られた首都近郊の素朴な店舗の様子を眺めていたことになる。

　限りなく平らなカタールから丘の続くウガンダに入り、首都カンパラに向かって、渋滞など経ながら1時間半ほどすると車は左の小道に入り、突然のがたがた道を行けばどん突きに鉄扉があって、懐かしいMSFのマークが塗られていた。

　車が中の急勾配を登ると、左右にコロニアル風の建物があり、左側のそれの入り口に屋根つきの大きいポーチが見えた。そのポーチの下に、数人の外国人スタッフがいるのもすぐにわかった。車から降りた我々はいつものスタイルで、彼らに近づいて一人一人に握手をし、もちろん名前を名乗った。

　中で最も我々を待ちわびた様子であったのが、中背で少しだけ太った中年紳士ジャン＝リュック・アングラードで、くしゃくしゃの髪の毛に度の強い眼鏡をかけたにこやかなフランス人だった。谷口さんは本当にうれしそうに彼の名を呼んで抱擁を交わしている。聞けば、ジャン＝リュックはMSF日本でオペレーション・マネージャーとして4年半勤務し、家族と共に住んでいたのだという。それが今度はウガンダで会うというのだから、いかにも「国境なき医師団」らしい再会なのだった。

それぞれあてがわれた部屋に荷物を置き（ポーチのある建物が宿舎、急勾配の道の右がオフィスになっていた）、少しゆっくりしてからオフィスへ向かうと3階まで上がった。そこに活動責任者ジャン＝リュックの部屋があった。

彼は実に優しげに人なつっこく笑う人で、笑うと八重歯が見えてかわいらしかった。モザンビーク人の奥さんとの間に3人子供がいるうち、2人はフランスに残り、14歳の男の子を連れてきているという。そして残った2人のうちの1人はミュージシャンで、その場で映像を見せてもらったがこれがかっこいいファンクバンドのボーカルなのだった。ジャミロクワイ的な粘りの声、そして弾むリズム感が素晴らしく、俺はついつい見入った。

そしてジャン＝リュックもまた、俺が音楽をやると知っており、ユーチューブで探せるかと熱心に聞いてきた。もちろん教えたし、どうやらその夜にはあらかた見ていたようだ。

それはともかく、彼は今回2年間のミッションでウガンダに来ており、これまではチャドに3年、東京に4年半、その他活動責任者としてアンゴラ、エチオピア、ケニア、モザンビークに派遣された実績があった。学生の頃から水・衛生に関する勉強を重ねており、母国の公衆衛生局で技師として勤務していた。そんな中、初めての国外旅行でアフリカを訪れ、ブルキナファソでＮＧＯの活動を目にした際、「これこそやりたいことだ！」と確信したのだそうだ。

すでにそういうキャリアがあったため、ＭＳＦを選んだ時にもトレーニング期間は短く済んだと言うから、彼はＮＧＯにおける大変優秀な特待生のようなものではないかと俺は思った。人を助けるべくして研鑽を積み、粛々とその知見を生かし続けているのだ。

ということで、ジャン＝リュックは基本的には「ＷＡＴＳＡＮ（water and sanitation 水と衛生）」を中心とする環境整備にいそしむロジスティシャンとして活動を始め、そこにくわしいリーダーとして活動責任者を務めるようになったわけだった。確かにのちのち、俺もアフリカのキャンプで水がどれほど大切かを知ることになる。

さてそのジャン＝リュックが力を尽くすウガンダの困難とは何か。

それが先ほども書いた南スーダンからの難民問題なのだった。

「昨年２０１６年の７月８日からそれは始まった」

とジャン＝リュックは資料をテーブルに広げて言った。彼の指さす場所に棒グラフがあった。

「日々、難民が到着し始め、最初の7月に5万人以上が移動してきたことになる」

グラフではそこから月ごとに増減はあるもののほとんど変わることなく、今でも一日に平均2000人が流れ込んでいた。世界史の教科書に書かれるであろう、とんでもない民族移動である。

それが今の今、起こっているのだった。

「我々MSFは7月からすぐさま水の供給にも入った。国際機関や他のNGOは食料や住宅と、互いに緊急に分担を決めて動いたんだ。7月25日からはその直前に伝染病が始まるおそれも見られたため、我々はコレラ対策も緊急始動した」

重ねて書くけれども、これはたった1年前、いやほぼ9ヵ月余り前に起きたことであり、現在も終わっていない事態である。

原因は2013年から再燃した南スーダン政府軍と反政府軍の紛争だ。衝突は続き、何万人もの人が亡くなっているし、おそらく今日もまたどこかで家が焼き払われ、レイプが起こり、自軍に入れるために誘拐される子供がいる。

「8月、5万人。9月、8万5000人」

もう一度確認するようにジャン＝リュックは言った。ジュバで激しい銃撃戦が起きた。日本では自衛隊が初めて武器携行をしての出動をするということで、ジュバで起きたことを「法的な意味における戦闘行為ではなく、衝突だ」と呼んだ。「戦闘」ではないということだったが、俺には意味がよくわからない。

これほどの人数が我が家を捨てて逃げなければならない事態にもかかわらず、10月には我が国の防衛大臣が7時間の滞在のあと「状況は落ち着いている」と言った。まさにその間、南スーダンの人々は先祖伝来の畑と別れ、家族を亡くし、命からがら国境を越えていた。

「昔からウガンダには、例えばコンゴ民主共和国やあの大虐殺のあったルワンダから難民はやって来ていたんだが、南スーダンのケースはあまりに数が多い。したがってすぐに計画を立てて出動したんだよ。だけどいつ終わるか、まったく読めない。軍同士の戦いに加えて部族のいさかいも持ち込まれて、混乱した状況が続いている」

そこでMSFはどういう経路で難民のみんなが南下したかを把握し、その人数に応じて数ヵ所に展開をしている。我々が今回取材協力してもらった「国境なき医師団」のOCP（オペレーションセンター・パリ）の他、今ではOCA（アムステルダム）、OCG（ジュネーヴ）もそれぞれ活動地を持っているらしく、しかもそれぞれが国連やセーブ・ザ・チルドレンを始めとする他団体と役割分担し、増大する難民たちの移住に関わっている。

世界中の人道団体が、ウガンダ北部で日々救援活動をし、たった半年で80万人を超えてしまった難民への対策に追われている。

例えばMSFでは水からコレラ対策、基礎医療、妊産婦ケア、小児医療、外来診療、入院治療、救急医療、移動診療（アウトリーチ）などなど。

その緊急性を俺は知らずにいた。

まったく恥ずかしいことに。

ブリーフィングを続けるジャン＝リュックの笑顔の奥に、一貫した意志と絶望に負けまいとする自己への励ましが潜んでいるような気が、さすがに俺でもし始めていた。

では彼らはウガンダ北部で何をしているのか。それは後に書こう。

まず予告しておかねばならないのだが、そこにあるのは途方もなく広大な「難民キャンプ」なのであった。

それはそうだろう。もうすぐ85万人になろうという人々がひきもきらず、今この時（2017年5月初旬）も流れ込んでいるのだ。

アフリカ象を横目にして

北部、南スーダン国境に向かって

翌4月22日早朝、6時。

雨季のおかげで朝夕は天気が不安定だった。

雷雨の中、俺と広報の谷口さんは、「国境なき医師団」のウガンダチームが用意してくれたバンで、真っ暗な空の下、首都カンパラからひたすら北へと出発した。最終的には大規模なビディビディ・キャンプが目的地だったが、その南西にあるインベピという新しいキャンプも俺たちは見ようとしていた。広大なビディビディでも収まりきらない難民の方々がそこへ移り住んでいた。

昼間より早朝の方が交通量が多く、でこぼこ道で渋滞が起きていた。車もバイクもヘッドライトで互いに照らし合い、頻繁に親しく声をかけあっていて、前日の午後に見たのんびりした感じとはまた違った。

俺はテレビのロケで近頃、後部座席に寝かせてもらう手法を編み出しており、その姿勢でいるともともと悪い腰を痛めずにすむ（俺の名言「この方法なら、ロケをすればするほど健康になる」）。ということでリュックで作った枕に頭を置き、俺は強い雨音を聞きながらしばらく眠った。

一度起きると9時30分頃で、目の前はガソリンスタンドだった。青空が見えていた。降りて小さな食堂へ行き、コーヒー（プラカップにいっぱいのお湯を入れてくれる。中にインスタントコーヒーの粉を好きなだけ入れるシステムだ）とディープフライのチキンを買って、その場で食べた。

周囲はもちろん現地の人のみ。アジア人などまったく目にしない。それでもウガンダの人々は田舎であっても誇りが高いのだろう、こちらをじろじろ見ることをしなかった。ただ静かに朝の用事を次々すませてまた車に乗って去ったり、果物を持ってあたりに消えていくばかりだ。

そこから1時間ほどは眠らずに外を見た。広大な緑の平原であった。そこにまっすぐ舗装道路が走っており、バンは時々スピード調整のために道路に作られたふくらみをゆっくり乗り越える他は、ひたすら高速で行く。

たまに道の左右にトウモロコシ畑があり、マンゴーの大きな樹があって、必ず近くにこれまた小さなコンクリ製の家が控えている。その前で薪を割る人、じっと腰をおろしてどこかを見ている人、走る子供などが見えた。

ドライバーのウガンダ人ボサ・スワイブの話では、すでに右の奥に難民キャンプ(とはいうものの、現地でもそれは「セトルメント」と称されており、だからこそ居住区と言うべきなのだ)があり、道沿いに暮らす人々の多くも実は何年か前に難民として外の国からやって来たのだという。

これは非常に特徴的な事柄なので、俺たちがまたしばらく国立公園地帯を行き、ナイル川を右に見て道路を左に折れ、どこまでもまっすぐ走っていく間に説明しておこう。なにしろ出発から到着まで11時間かかるのだ。

前日ジャン＝リュックにも聞いていたことだが、ウガンダは難民にとても寛容な政策をとっていて、国に入ってくる人々に土地を与え、耕作することを許可しているのだった。むろんそれだけ広い土地を持っているから出来ることだが、実際に難民たちは小さな家を建て(時にはレンガ、そして時には古くからの泥を固める場合もあるかもしれない)、自分たちの食べる分をまず作ることになる。

農業だけを許しているのかといえば、観察したところではそうではないが、これはまたあとで話すことにする。少しだけ言ってしまうと、人は商品を作り出せば市場を設けるものなのだ。居住区の奥で、俺はまるで人類史を見るような思いを抱いた。

さて、ところがすでに書いたように難民は数ヵ月で85万人に届こうとしている。いくら土地が広くても、現地にいる人口以上になっていけば必ず摩擦は起きてしまう。だから一日2000人の流入は、もうすぐ臨界点を迎える可能性があるとジャン＝リュックたち国際援助団体は見ている。

けれど、その前に打てる最善手といえば、流入元である南スーダンの紛争を停止、出来れば解決することであり、そこに関してはMSFが関与不可能な領域ということになる。

空はすっかり晴れ、左右にはどこまでも緑が続き、風は爽やかで道はまっすぐなのだけれど、俺たちが決して気を緩めることが出来ないのはそういう事情を知っているからだった。

やがて、道路上にヒヒの群れがあらわれた。大きな親の近くに子供たちがまとわりついていた。ガゼルのようなものが少し遠くにいたのも覚えている。

そういう時、ボサが必ず、

「アニマル！」

と言って教えてくれた。アニマルとはずいぶん大きなとらえ方だが、彼が指さす彼方にその度に何かがいた。ただしかなり長い時間見つめていないと俺たちにはわからないのだけれど。

そんなやり方でアフリカ象が道路のすぐ脇にいたこともあった。さすがにアフリカの大地は生命の宝庫なのだった。

14時、ようやくアルアという町に着き、店舗や事務所が入った建物の1階にある暗い食堂へ入った。顎をあげて近づくウェイターに、ドライバーは何があるのか聞いた。彼はムスリムで肉を食べないので、マトケという芋に近い味のバナナをすりつぶしたもの、豆、付け合わせに茹でたモロヘイヤとキャベツを載せた皿を頼んだ。俺はタロイモ的な芋にした。

ここでもウェイターはいかにも気位が高く背筋がぴんと伸びていて、黒板に白墨で書かれたメニューがなくてもまったく動じなかった。そういう時間に来る方が悪いという感じだった。

まわりを見ると、黒いスーツに蝶ネクタイをし、靴をピカピカに磨いたアフリカ男性が数人いて、アフリカならではの洒落た伊達者の世界、かつてイギリスの植民地であった時に学んだジェントルマンの風格が、いまだに地方の町にも残っているのだった。

アルアには食堂の横に大きな病院もあり、それはもともとＭＳＦが建てて今は地元に引き継いだもので、研究所だけはいまだにＭＳＦが運営してＨＩＶや風土病の調査をしているのだと谷口さんが教えてくれた。

そして俺はと言えば、細長い魔法瓶に入ったお湯と、インスタントコーヒーの瓶が来る例のスタイルでコーヒーを飲み、わずかに休んだのみでまたバンに乗った。

町からは舗装道路が切れた。赤い土がむき出しになったがたがた道で、なおも北へ北へと俺たちは進んだ。1時間ほどすると、右側にやはりMSFのOCA（オペレーションセンター・アムステルダム）が南スーダンからの難民を支援している活動地があるとのことだったが、俺にはただの藪と丈高い草で覆われた場所の向こうでとても把握出来る状況ではなかった。建物が見えないと、あたりが広すぎて違いがわからないのだ。しかも狭くなってきた道は標識なくあちこちで左右に分かれる。

考えれば、すでに9時間は車に乗っていた。目に入るものは基本的に木と草、そして極彩色の布をまとった女性たち、男と子供、ごくたまにアニマル。さすがに頭がぼんやりとしてきていた。

気がつくと、ずいぶん前からひとつのトラックのあとをついて、ぐらぐら揺れながら走っていた。荷台に何が載っているものか、軽く車高の倍はふくらんでいる。ドライバーによると、先にナイル川のフェリーの船着き場があってそこに荷物を運んでいるらしかった。

そのトラックの後ろに「福島」と書いてあるのがやがてわかってきた。日本の中古

アニマル！

美しい色は人が作る屋根、衣服

あの福島と書かれたトラックが忘れられない

車が人気だとはうっすら知っていたが、アフリカの奥で一緒に走り続けていることに妙な感慨があった。

右側から3歳くらいの男の子が走り出てきた。一心にトラックを見て何か叫び、両手を差し出す。すると盛り上がった荷台の上から空のペットボトルが投げられた。子供に向かってゴミを捨てたことに抵抗を感じたが、当の男の子は夢中でそこに走っていって、ペットボトルを拾うとまた走って家へ帰った。思えば確かに自動販売機など一切ない、ただただ自然が続く場所なのだった。

投げたのは誰かわからなかった。ただ目をこらすと3人ばかりの痩せた男がはだしでてっぺんに座っていて、どうして落ちないのか不思議なくらいぐらぐらと揺られていた。「福島」と書かれたトラックは巨大な象のようだった。

ある瞬間、揺れの加減で中央の人間が宙に浮いた。彼はその時、遠くから後ろを見た。俺は目が合ったと思った。そして、その人物だけが痩せてもいないし、肌の黒さが左右の青年たちと違うと理解した。

あの男だ、と俺は思った。

かつてギリシャから帰る飛行機の中で忽然と消えてしまったアラブ系の男。俺は無意識の中で彼のことをずっと気にしており、ハイチで俺を先回りしていた小説家も同じ人物ではないかとも考えていた。

それが今度はウガンダの北部、赤土の舞うがたがた道で何をしているというのだろう。

しかも「福島」と、俺の暮らす国の大きなカタストロフを標識のようにして。彼こそ良心の象徴ではないか、と書いたこともある。けれどそれでは荷台の上になぜ乗り、なぜ俺の前を行くのか。なぜ空のペットボトルなど子供に投げ与えるのか。少なくとも、良心というものが単純な善意だけで生まれ育たないのは確かで、それは何度も傷つけられ疑われて強くなることを、俺はＭＳＦのメンバー各人の話から知っていた。とすれば、トラックの上にいるもはや背中しか見えない浅黒い男のようなどこか奇怪で割り切れない存在について考え続けることは、人道主義について考えることと同一なのかもしれないと俺は思った。

意識は遠のいてゆき、じきにトラックは俺たちとは別の、右側の狭い道にがたがた下っていった。俺の視線はそちらを追わなかった。それまでと同じように、自分は自分の前を向いていることが重要だ、と俺は後部座席であぐらを組んだままどういうわけか頑固に考えていた。

ＵＮＨＣＲ（国連難民高等弁務官事務所）の銀色の四角いテントが木立の中に見えてきたのは、午後４時を回った頃だった。

インベピ。

南スーダンから最近逃げてきた人々がケアを受けている、いわば最も傷ついている人々のキャンプである。

風呂に入れさせてもらえないか

遠きインベピ

この取材でよく使っているのがカタール航空だし、俺が気にし続けている男もまたその機内に最初現れたのだった。

それがカタール自体、アラブ諸国の中での孤立を突如深め、今ではアラビア半島の上の狭い線上しか飛べないありさまだ。

ここ数日のことである。

どんどん世界が変わっていってしまう。

緊張の方向へと。

その中で、彼はどこから俺を見ているというのだろうか。

インベピ・キャンプはまだ新しく、いかにも建造されつつある難民居住区で、UNHCRと印刷された銀色の遮光防水シートで出来た四角いテントがあちこちにぽつぽつと立ち、ある場所は金網で仕切られていて上に鉄条網が張り巡らされていた。

水を運ぶタンク車がその金網の向こうに止まり、イギリスの貧困克服援助団体OXFAMのビブスを付けた人が行き交っていると思えば、セーブ・ザ・チルドレンがテントを構え、その間を多くの難民らしき人々が、特に女性であればほぼ必ず頭に水の入ったポリタンクなど載せて歩いている。

国連（UN）を中心として、複数の人道団体がそれぞれの支援を進めているのだ。広大なビディビディ・キャンプでさえさばききれない数の難民が移動してきているからである。

「ニイハオ！」

という声が俺たちの車にかかった。

「ノー、ジャパニーズ！　コンニチワ！」

と広報の谷口さんは返し、手を振る。

金網の向こうに南スーダンから来たのだろう、若いアフリカ人たちがいる。近郊のダムでは中国資本で大工事が行われていたが、南スーダンの方でもやはり中国資本の大規模インフラ整備が行われているとのことだった。

周囲にはいつの間にか、さっきまであれほどあふれていた緑がなくなり、木々があっても葉が枯れているケースが多くなっていた。谷口さんがのちに教えてくれたところによると、ウガンダも北に行くにつれて枯れ木が多くなり、さらに南スーダンに入ればもっと土が乾くのだという。

砂煙の舞うインベピ・キャンプは、俺には突如あらわれた荒涼とした西部劇の町のように見えた。やがてボサの運転する車はそこが目的地でなかったとわかって元来た道を引き返したが、だからといって標識などひとつもなく、ただ枯れ草の間をすかし見ながら進む以外なかった。

と、しばらく迷った末に俺たちはUNHCRの銀シートを張り巡らしたひとつの施設に着いた。聞けば、全体をUNが作り、その中での外来診療の一部を「国境なき医師団」が受け持っているのだった。

細い木材とシートで作られた即席の診療所。俺たちが着いたのがもう夕方近かったから診察は終わっていたけれど、中にいる医療スーパーバイザーの現地人モハメッド・アヌレが一緒に施設を巡り、くわしく説明してくれることになった。

　6人の現地スタッフで運営されているその場所もまたMSFだけでなく、「メディカルチームズ・インターナショナル」という組織の7人との共同事業になっていた。待合室（とはいえ、もちろん風吹き抜ける場所だ）があり、診療室が2つ、妊産婦ケアの部屋、ワクチン関係の調査室、栄養失調専門の部屋、データルーム、運び込まれた患者の経過観察のためにベッドが2床置かれた部屋などがある。それらがすべて木の板とシートで簡易的に作られ、廊下をつなぐような形で建て増しされているのである。

　一日で診る患者は150人から200人。緊急に出来た診療所としてはてんてこまいの忙しさだろうと思った。しかし、入り口の待合室あたりには仕事を終えた若い女性スタッフたちが3人いて、おしゃれな髪形のままMSFのビブスを装着しておしゃべりなどしている。実になごやかなムードがあった。

　近づいて質問してみると彼女らは、南スーダンの言葉を翻訳する係で、これまでの取材地でもたくさん出会ってきた文化的仲介者《カルチュラル・メディエーター》という役割も担っているのだろうと思われた。明るい彼女たちは漆黒の肌を美しく光らせながら、よく笑った。

　ふと気づくと、俺の前に一人の老人が近づいてきていた。木を削った杖を右手によたよたしている。何か懐かしい気がしたのは、少し恥ずかしげにする姿、それでいて人懐っこさも見せるかすかな笑顔が俺の父親に似ているように感じたからだろうと、今は思う。

ダウディ・コーヨという男性で77歳。南スーダンのカジュゲジというところから、1ヵ月前に歩いて国境を越えたのだという。木のベンチに座って話していると、老人というよりダウディおじさんといった方がいい若さがあった。

「ここに移れてよかったですね」

「ああ、それはそうだが、もう1ヵ月だよ。向こうではおいしい物を食べていたが、ここじゃ毎日豆だ。豆、豆、豆」

おじさんは愚痴を言った。３人の女の子たちは笑った。彼女らに聞こえるように言った愚痴だったからだ。

「どこから？」

「日本です」

「……日本」

おじさんは遠い目をした。悲しい表情だった。見ると瞳が青灰色をしていた。まるでわからないところから来た人間に、自分は何を言うべきか混乱したのではないか。

それでも、おじさんは現れた時から肩にかけていた小さなバッグを開け始めた。身元証明書のような書類と一緒に入っていたのは衣服のカラーで、若い女性たちの翻訳

の助けを得て、それを作るのがおじさんの仕事だったのだとわかった。たったひとつ
だけを、彼はバッグに入れて逃げてきたのだった。
そしてもうひとつ、荷物があった。
聖書である。
「私はアングリカン教会派のキリスト教徒だからね」
ダウディおじさんはそう言ったあと、シェーファーがどうのこうのとつぶやいたの
だが、その時の俺には何もわからなかった。ひょっとするとフランシス・シェーファ
ーというキリスト教保守派の牧師に関する意見かもしれない。
ともかくダウディさんは俺がスマホを向けると、この世での平安を訴えかけるかの
ような表情で聖書を掲げ持った。それまできょろついていた目がしっかりとカメラを
見る変貌に俺は驚いた。信仰への信念と、現在の状況への疑念がふたつとも伝わって
きたからだ。
おじさんはクロックスのような靴を履いていた。その中の右足の小指が痛んで仕方
がないんだと、俺に見せて訴え始める。たまたま俺も数ヵ月前から同じ場所に痛みが
あり、靴とこすれないように樹脂製の小さなパッドを貼っていた。なのでおじさんに
靴を脱いでもらい、俺の足のやつを貼って、
「これできっと大丈夫」

と請け合った。請け合う以外、どうすることも出来なかった。

するとおじさんは両手で何かをすくって肩にかける仕草をしながら、聞き取れない単語を繰り返す。聞いていた3人の女性陣も、それをよりきれいな発音で伝えようとするのだが、いかんせんよくわからない。

「ウェア・ユー・ベーシング？」

何度も聞いてようやく、どこで風呂に入っているのかと俺に聞いているのだとわかった。しかし意図はまだ不明だった。俺はとりあえず答えた。

「遠くのカンパラです。10時間くらい行ったところの」

するとダウディおじさんはがっくりと肩を落とし、首を弱々しく振ったあと、もう一度何かを振りしぼるように顔を上げた。

「今日はどこで入るんだ？」

「えっと、たぶんビディビディまで行って、ＭＳＦの施設かどこかで、だと思いますが」

おじさんはビディビディと聞いてまた悲しい目をしたが、そのまま俺を見つめて嘆願した。

「わたしもその風呂に入れさせてもらえないか。ずっとまともに体を洗っていないんだよ。君と一緒に移動して、そこで入れればどんなにありがたいか」

俺は答えに詰まった。ビディビディまで1時間以上かかるはずだった。そこからこのインベピまで戻る時間もおそらくない。それどころか自分がどんな場所に宿泊するのかさえ、本当のところ知らなかったし、そこにシャワーがあるかどうかも不明だった。谷口さんに聞こうにも、彼女はどこか別の場所で別のインタビューをしていた。

「出来ません。すいません。遠いんです。つれて行けないんです」

女の子たちもそこには一切口を出さずにいようとしていた。俺はおじさんの目をずっと見ているつもりだったが、その充血した青灰色の目が心の底からの願いを訴えているのがわかるだけに、とうとう下を向いてしまった。

「すいません」

もう一度そう言うと、おじさんもまたもう一度言った。

「ずっとまともに体を洗っていないんだよ」

と。

俺は黙ってうなずくしかなかった。

5人の子供を連れて

おじさんの横から立ち上がり、谷口さんを探すと、違う施設の前で女性患者に話を聞いていた。患者の手の中には頭蓋骨の少し変形した幼児が抱かれていた。そっちはそっちで離れることの出来ないインタビューだったのだ、とわかった。

女性患者はジェーン・キデンと言い、20代前半だと思われた。厳しい表情で黙っている彼女の代わりに谷口さんがそれまでの話を教えてくれたところによると、ジェーンさんは先週の木曜日にやはりカジョケジからウガンダへと逃げて来たのだった。彼女の場合、国境まで2週間かかったそうだった。

住んでいた場所を襲撃され、殺されるか彼らについていくかしかなくなり、逃げる以外に選択がなかった。市場も何も破壊され、生活の方法も奪われていた。

だからこそ5人もの子供をつれて、彼女はウガンダへと越境し、今は「タンク32」(水を補給するタンクの数字が彼ら難民の住所なのだ)にいる。まず何よりも体調を崩した子供の回復を願い、それがかなったら元の南スーダンに帰りたいと彼女は厳しい表情を崩さないまま俺たちに言った。

俺はしばらく沈黙していたあとスマホを取り出してジェーンさんの横に座り、カメラをセルフの方に切り替えてモニターを見せた。そこには俺とジェーンさんが映っていた。

それを見てジェーンさんは驚きながら笑った。俺もその声を聞いて思わず笑った。

左ページの写真はその瞬間のものだ。

ジェーン

彼女が笑ったほんの一瞬間の。

外来診療施設から車で移動する時も、ダウディおじさんは入り口のあたりに立っていた。まだ望みを捨てていなかったのかもしれないし、他にするべきことがなかったからかもしれない。ともかく俺はおじさんと目を合わせられないように思い、目を伏せていた。

けれども本当に車が動き出した時、そのままではすまないと考える自分がいた。窓から身を乗り出すと、すでにおじさんは俺を見ていた。俺は頭を下げた。おじさんはぎこちなく笑い、そうかやっぱりつれて行ってはくれないんだなと伝えているような顔をした。俺はもう一度今度は挨拶でなく謝るように頭を下げ、それから彼の目をしっかり見て手を振った。

おじさんはうなずき、やっぱり手を振った。顔が笑っているのが不思議だった。だが彼を背後にして車が砂ぼこりを上げて走り出すと、ダウディおじさんはああやって笑いながらたくさんのことを諦めてきたのだとわかり、もう誰も自分を見ていないのに車内で目を伏せた。

いや、本当に誰も見ていなかったろうか。

傷ついた人々が95万人

あふれ返る難民登録所

インベピ居住区の外来診療施設からまた土ぼこりのデコボコ道を行き、俺たちは難民の受付をしているという場所へ移動した。

あたりは南スーダンから逃れてきた人々であふれ返っており、点々と例のUNHCR（国連難民高等弁務官事務所）が配布した銀色の遮光シートで作られたテントがあった。そこに男も女も子供も歩き回っていた。全員が難民の方々だった。

ひとつの大きなテントが左手にあり、その前に何本もの木の枝が立っていて、それぞれが赤いビニール紐でつながれている。よく見れば、それが人を並ばせるための仕組みになっているのだった。ただし俺たちが訪れたのが夕方前だったので、すでに当日の作業は終わっていた。

そのテントでは「国境なき医師団」が他団体と共に、まず5歳未満の子供たちにワクチンを打つのだそうだ。中に入って見学させてもらい、入り口近くに置かれた小さなテーブルの近くへ行ってMSFの現地看護師に質問すると、こころよく記録帳を開いてくれた。その日一日でポリオのワクチンが273人に、はしかが534人、加えて、怪我をしていた15歳から45歳の人18人に破傷風ワクチンが接種されたという。すごい数の難民がそこを訪れ、次々に注射されていることがわかった。なにしろ全体では2000人が一日ごとに流入し続けているのだ。

「これでも今日は少ないほうです」

と看護師は教えてくれたから、彼らの仕事が日々どれほどハードなのかがわかった。

向こう側にぎっしりと人が群れている大きなテントがあった。入りきれずに周囲に座り込んでいる人たちもいる。聞いてみると、そここそがインベピの難民登録所なのだそうで、のぞきみれば中に4卓ほどのテーブルがあり、その前にそれぞれびっしりと人が並んで順番を待っていた。全員がその日、南スーダンからたどり着いた人だという。

子供を抱く女性、老人、若い女性。色鮮やかな服を着ていても表情は暗く不安そうで、いつ怒り出してしまってもおかしくない雰囲気があった。彼らはまったく理不尽な理由で故郷をあとにし、一家離散の状態で列をなしているのだった。

道を急ぎ、ビディビディ居住区近くのユンベという場所へ車を走らせた俺たちの前に、対向車として何台かの大型バスが近づき、がたがた揺れながら消えていった。それもまた国境で難民を集め（荷物は荷物として別なバス）、登録所へ運んでくる車両だそうだった。こんな時間にもまだ、と驚いているとさらにバスは来た。

「5万人規模のキャンプでこうですからね。ビディビディは20万を超えて、ひとつの都市になっています」

と広報の谷口さんは言った。実はそのあと難民はさらに増え、これを書いている2017年6月下旬現在、ウガンダ全体では95万人、うちビディビディに27万人、インベピに10万人という状態になっているそうだ。

狭い道を走っていると、道端に少年たちがいてそれぞれに自前で作ったらしい弓と矢を持っていた。登録所から同乗していたMSF現地スタッフが以前撮ったという映像をスマホで見せてくれたところによると、猿を射て食べるのだそうだった。彼自身は「うまいとは言えない」そうだったが、あたりの食糧事情からすれば馬鹿にできな

ごった返す難民登録所。夕方になっても人は並び続ける

人、人、人だ

いタンパク源なのかもしれなかった。

と、見ると一人の少年の腰に、確かに灰色の猿が1頭だらりとぶら下がっていた。

少年は誇らしげに左右を見ながら歩いていた。

日に日に子供が増えていく

ユンベという町に着いたのは午後6時過ぎ。

そこにMSFの宿舎があった。

世界中どこでもそうであるように、MSFのロゴマークのついた鉄扉が開く。中には左手にまず広いかや葺きの小屋があり、右手に大きなマンゴーの樹があった。

小屋には数人の外国人派遣スタッフがいて、俺たちをあたたかく出迎えてくれる。各人と握手をして名乗りあったのもつかのま、付近にあるMSFの別施設を見学することになる。というか、俺的にはどこに泊まるかわからないまま、あちこちに移動している感じだ。

スタッフが「ファーマシー（薬局）」と呼んでいる場所へ車で行くと、そこにも外国人派遣スタッフが数人、奥の小屋のベンチの上に座っていた。

挨拶をしてベンチに座ると、ベランジェリイ・ゲ、通称ベラという女性とドゥニ・

バドゥヴァンという男性が現在の難民居住区の状態をくわしく説明してくれた。彼らフランス人スタッフはどちらもプロジェクト・コーディネーターで、拡大する緊急援助活動の現地責任者だった。

さて、ビディビディは5つのゾーンに分かれており、もともとは昨年の8月に始まった居住区であり、MSFは緊急の対応としてすかさず包括的医療とWATSAN（水と衛生）のスタッフを送り込んだが、居住区はなんと12月にはいっぱいになってしまい、インベピを増設するに至ったとのこと。現在、他の人道団体を含めて食料、住宅ともにうまく供給が出来ているのだそうだ。

ただ、これから本格的な雨季がくるのでマラリアや、水を介した感染症、栄養失調があやぶまれ、実際に下痢の症状が幾つか見られるため、衛生教育も開始するところだという。

ベラはとても熱意のあるしゃべり方をする、いかにもMSFらしい女性で、それをドゥニが優しく見守るコンビネーションのようで、居住区のオリエンテーションは立て板に水で続いた。

現在、MSFでは全域を対象に水や住まい、感染症に関する満足度を調査中で、心理ケアのために心理療法士を導入し、PTSDの治療にも乗り出し、また性暴力にも対応しているとのことだった。なんと難民女性のうち、10人に7人がレイプされているのだとベラは言い、深いため息をついた。その心理ケアをなくすべきではないと彼女は強調し、俺も大きくうなずいた。

難民はただ逃げてきているわけではない。その間に身の毛もよだつような体験をし、多くの死者を見、金や土地を奪い取られ、男性女性を問わず性暴力被害にあっているのである。そうした傷ついた人々が95万人存在していることへの想像を失ってはならない。

まして「難民はただ金のために国を移動しているんだろう」というような、国際感覚からひどくずれた把握が散見される日本の政治家たちには、是非彼らの様子を彼らの中に入って知って欲しいと思う（その意味では、岸外務副大臣による、２０１７年6月22日からウガンダで開かれたウガンダ難民連帯サミットへの出席は大変よい機会だったろう）。

ベラの説明に戻ると、ビディビディ居住区はその当時、なんとほぼ9割が女性か子供だったそうだ。南スーダンや周辺国では、一人の女性が5、6人産むのが当たり前だとのことで、難民キャンプでも日に日に子供が増えていくのだそうだ。これは言われてみないとわからないことだった。

また男性、特に若者は最後の最後まで自分たちの家の財産を守ろうとし（南スーダンでは牛がその財産そのものなのだそうだが）それを手放すまいと政情厳しい土地に残る。だからこそ、ますますキャンプが女性と子供だらけになるのであった。

「ただし」

とベラは言った。ドゥニはそれを見ていた。

「そんな若者さえ、次第に避難をし始めているから、南スーダンの状態はよほど悪いということになるわね」

再びベラはため息をついた。

ここウガンダにいてさえ、南スーダンの中は危険で先祖代々の土地を棄てなければならないほどだとわかった。それを救おうとした日本の自衛隊が、突然任務を解除されて戻らねばならない悔しさや中途半端さが理解出来る気がした。

少し話が途切れ、ベラもドゥニも俺も谷口さんも黙った。

いわゆる「天使が通る」と言われる沈黙のあと、ベラがこんなことを言い出した。

「取材は一週間に1度くらいあるんだけど、今日は2度目ね」

俺は直感的に何があったのかわかった。ベラは続けた。

「その人の国では知られた人らしいんだけど」

同じことはハイチの性暴力被害者専門クリニックでも起きたのだった。俺の前に、俺めいた人間がいるというやつだ。

ウガンダの奥地で、世界が二重になっている感じにとらわれている俺にかまわず、ベラは言った。

「その人にも言ったんだけど、ここウガンダでも100万人を超えると事態が変わると思う。配給が間に合わなかったり、経済的にもインフレが起きてしまう。そうなるとウガンダが受け入れを継続してくれるかどうか……」

これを書いている時点で、あとわずか5万人だった。

一日に2000人が難民として来ている。

俺がウガンダのリポートを書き終える頃、リミットを超えてしまうのではないか。

危機の感覚が、個人的にも難民を考える上でも俺にあった。


その日、いったん宿舎へ寄り、宿を手配してくれた看護師のジョセフィーヌの案内で真っ暗な道を車で移動して、荒野の中のコンクリート造りの1階建てモーテルのような場所に泊まった。運転手のボサは俺より安い部屋で溜まった水をシャワーにしていた。基本的に電気を浪費しないし、ひょっとすると停電の時間も決まっているのかも知れず、誰もいない食堂だと思っていると暗がりにたくさんのアフリカ人がいてサッカーを観ていたりした。

俺たちはその横のやはり食堂の一部でロウソクの灯の中、決まったメニューとしてディープフライドの牛肉とフライドポテトを食べ、俺はコーラを飲んだ。

蚊取り線香を持参していたので、あとで一人で食堂にライターを貸してもらいに行くと、マッチさえなかった。係の女性が笑いながら俺の蚊取り線香を台所の奥へ持っていき、ずいぶん帰ってこないので興味がわいてきて勝手に中に入ると、床に幾つか穴が開いていてそこの炭に火がついていた。女性はしゃがみ込んでそこから線香に火をつけていた。

真っ暗な平原を横切るようにして、俺は火のついた蚊取り線香を持って井戸の横を歩いた。ふと気づくと闇の中に敷物を広げ、そこで神に祈りを捧げているイスラム教徒がいた。ほとんど見えなかったが、何度も頭を下げているのがわかった。

水が落ちてくる仕掛けの部屋のシャワーを浴び、持っていた手ぬぐいで体を拭き、俺はもう一人の俺のことを考えていた。

そしてその人物なら、インベピ居住区で「風呂に入りたい」と言っていたダウディさんにこの水を分けてあげていたかもしれないと思うと、自分の取材が偽善に思えてならなくなった。

それでも自分は取材を続け、最後まで書くことに違いはなかった。俺はもう子供ではないし、偽善だろうがなんだろうが自分一人の完全な正しさのために世界に目をつぶるわけにはいかなかった。

家族でなかった者たちが作る家族

ビディビディ居住区の「命の水」

翌日早朝、平原の向こうから赤い朝日が上がりつつあるのを見ながらフロントあたりへ行ったが、まだそこには固く錠が閉まっていて入れなかった。

そのうち近くから明るい音楽が聞こえ出したので目をこらすと、大樹に隠れて1階建ての教会らしきものがあり、そこでゴスペルめいた曲が歌われているのがわかった。ドライバーのボサはイスラム教徒だし、様々な宗教が入り交じっているのだなと実感していると、そのボサ・スワイブと「国境なき医師団」広報の谷口さんもやって来て、タイミングよく食堂が開いた。

焼いていないパンと、合成樹脂製のポットにお湯、インスタントコーヒーの粉が入った瓶、そして妙に平たいオムレツが自動的に運ばれてくる。

ボサに聞けば、ウガンダでは姓と名前の順が日本と同じで、名前だと思っていたボサが苗字なのだった。4人の子供がいて、3女1男。レストランで支配人をしている奥さんより早く仕事に出て、早く帰って料理を担当しているのだという。長くMSFで活動しているが、報酬や待遇のことで文句を言う人もいるとボサは言い、しかしMSFへの愛があればすべてはうまく行くのだと強調した。なんだか男女の話みたいだなと俺は思いながら、パンをもぐもぐやった。

2012年にMSFに参加したというロバート・カンシーミというウガンダ人男性がやってきて、約束通り8時に共に出発。まず5分で「薬局」に着き、そこで車を乗り換えてビディビディ居住区まで、途中でマンゴーの樹の下で開かれている青空教会の朝のミサなど見やりながら15分ほど行く。

「ゾーン2」と呼ばれる地域には、例の「UNHCR（国連難民高等弁務官事務所）」の遮光テントがあちこちにあり、その脇にすでに居住してから時間が経つ人々の土壁とわらぶき屋根の家などが建っていて、隣接した小さな畑が耕されているのもわかった。家を建てるために材木を運んでいる者もいて、まさにそこは居住区としての落ち着きを見せていた。

それぞれの地域にはマーケットエリアがほとんど自然に出来てきて、そこで食物や

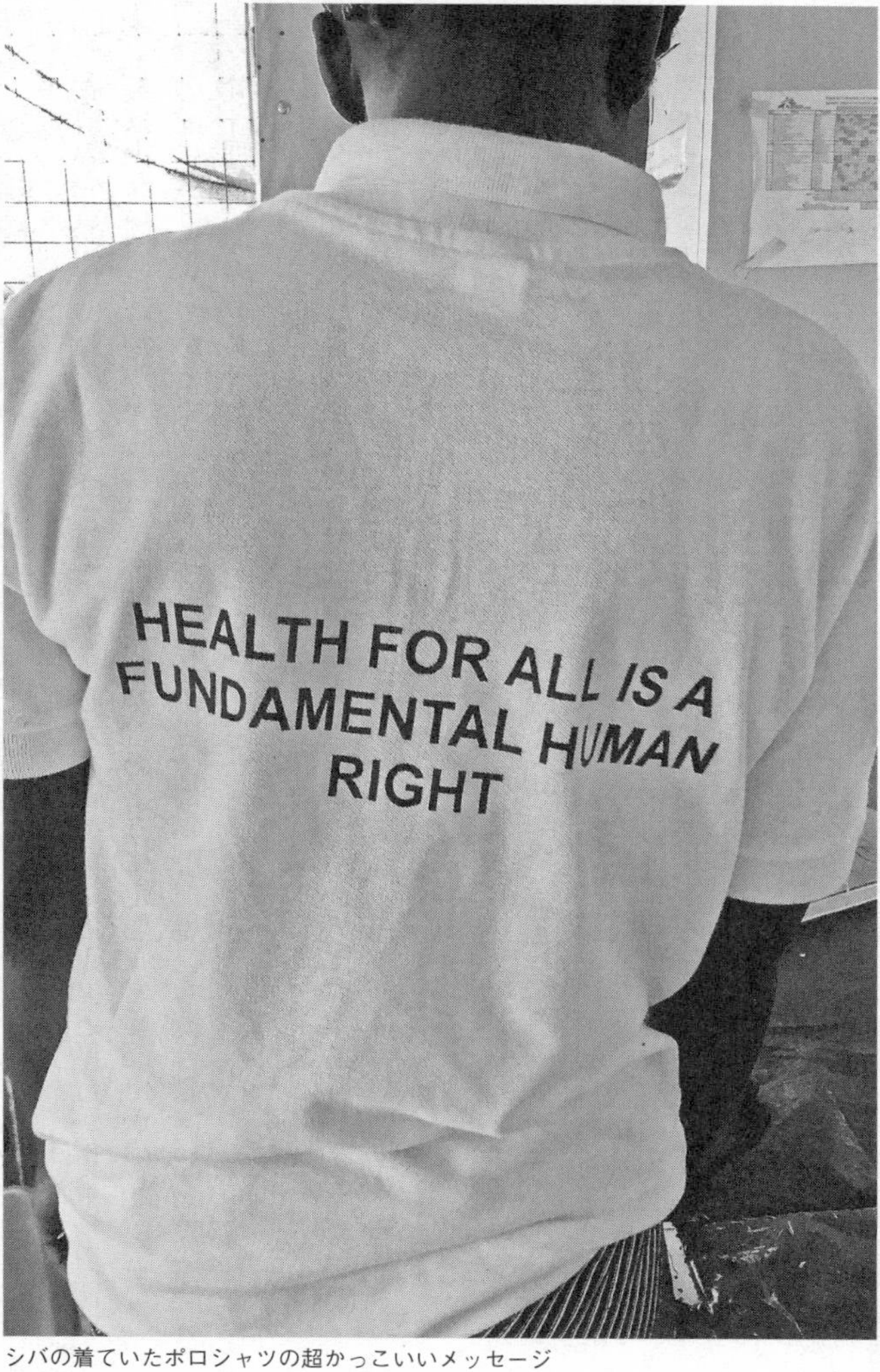

シバの着ていたポロシャツの超かっこいいメッセージ

衣料の売買が行われる。実際、俺たちが移動する車の横には点々と屋台が作られ、品数は少ないながら物が売られていた。人類がどのように定住していったかの見本を目の前に広げられているような気分でもあり、広大な平野で現在も続行している移住実験計画という趣もあった。

午前9時前には、「ゾーン2」の外来診療所に到着した。ロバートから担当者にバトンタッチしてもらって説明を受けると、応急処置のための部屋があり、その奥に心理ケアの部屋があってすでに精神科医と心理療法士がおり、さらに薬を管理する部屋などなどが並んでいた。

建物の手前側に戻ると、そこにトリアージ（重症度や緊急度などにより治療の優先順位を決める）のための部屋があって子供や母親がベンチに座って順番を待っていた。すべては木材と遮光シートで組み上げられている。一日の診療数はおよそ130人から150人とのことだった。

外来診療所にはさらにまだまだ部屋があって、血液検査などが出来る部屋に3人の看護師が待機していたし、その向こうには母親と子供が10床ほどあるベッドの幾つかを占めていた。担当看護師のシバという若い女性の話では、例えば床の敷物の上に座っている幼児は感染症の疑いがあり、検査をしているところ。しかし熱は下がっているから緊急性はなくなったのだという。

シバはおしゃれな髪形をしたいかにもアフリカの若い女性だったが、その白いポロシャツに濃紺の文字で「誰もが健康でいられることは人間の基本的権利である」と縫い込まれていて、その組み合わせがまたイケていて俺は思わず後ろを向いてもらって写真を撮ったほどだ。

さらにラジエーター室も洗濯室もスタッフの食事を作る調理場も、木材で組んだ小さな掘っ立て小屋ながら有効に機能している様子だった。そして、それら外来診療所のすべての施設が初めはMSFによって作られ、今では国際救援センターに引き継がれているのだそうだ。

ただし、赤土の上を歩いて少し行ったところにある、大きな水配給タンクだけはいまだMSFの管理下にあるとロバートが言うので、そこを担当しているラシュール・クルバという水質管理担当者に会いに行った。

タンクはそれほど高さはなく、俺の背の2倍あるかどうかで、貯水用の布で丸く囲まれていて、そこからパイプが敷かれ蛇口につながっていた。あたりには持ち運び用のポリタンクがびっしり並べられていて、たくさんの女性たちが給水をしに訪れていた。

水質管理担当者ラシュールはシバと同じくとても若く、生き生き働いているように見えた。彼の話によると、水は難民たちだけでなく近隣の住民にも使われていて、一日に3回MSFが掘った井戸からタンクローリーで運ばれて供給され、当然その間ずっと彼によって水質を調査されている。飲む者すべての命に関わる大切な資源だから、彼は付近の人々を直接生かしているようなものだった。ちなみに谷口さんによると、日本人の一日の水使用量が300リットル。対して難民は国際的な緊急時の供給目標値が15リットルで、時には10リットルに満たない現実もあるのだという。

前にも書いたけれど、水が大切だからこそ難民たちは細かい住所をタンクの番号であらわしていて、ビディビディ居住区全体にラシュールの管理するようなタンクが20あまり、そして他にも黒い貯水タンクがあちらこちらに備わっているのだそうだ（こちらはまた別の団体による水供給である）。

入院病棟のビッキーとスーザン

汗ばんだ表情で言葉少なに説明をしてくれるラシュールと写真を撮って彼の偉大な仕事を称え、元の外来診療所に戻ったのが9時半。

そこから今度はMSFがいまだに管理している入院病棟を訪問することにした。こちらは「ゾーン4」の中にあるそうで、移動に1時間ほどかかった。途中でよく見かけたのは土壁で出来た各戸の前に太陽光パネルが立て掛けられているような光景で、それは住人の消費電力量ならばそれで十分なのかもしれなかった。原始的な家の前の、近未来的な自然エネルギー技術という組み合わせはひとつの希望を俺に与えた。

入院病棟は左右ふたつの建物（もちろん木材と遮光の布で出来ている。まるでそれがアフリカの一部の伝統であるかのように）に分かれ、その間の廊下の奥にさらに建物があるという、どこか美学がありそうな形式で作られていた。

妊産婦ケアが中心だということで、感染症やマラリア、ＨＩＶへの対応もしているし、産後すぐのお母さんたちがベッドで休んでいる姿も見た。その中に乳幼児を抱いた若い女性がいて、すぐ横のベッドにはもっと若い、おそらく20代だろう女の子が2人、腰をかけて静かに話しかけていた。

その2人の女の子のうち、ビッキー・ジョジョはきれいな発音の英語を話すので、ふとした挨拶から始まって彼女を通訳としたインタビューになった。子供を抱いているのは26歳のスーザン・ジュルさんで、つい数日前に赤ん坊が生まれたのだそうだった。しかし、どこからいらしたんですか？　と質問すると、スーザンさんの顔から微笑が消えてしまった。

「南スーダンからです」

リールという土地から徒歩で国境を越えたスーザンさんは、お腹に子供がいる状態で他の３人の子供を連れて来たのだそうだ。

俺たちには聞かねばいけないことがあった。

「どうして逃げていらしたんですか？」

まだ訳されないうちに、あたりに沈黙が漂った。そのすぐあと、ビッキーが小さく笑った。訳しにくいことを言われてしまったというとまどいと、俺たちに罪悪感を与えたくないという気配りがわかった。

ビッキーがスーザンさんに通訳し、もはや表情を変えないスーザンさんが淡々と答えるのをビッキーが俺たちに伝えた。ビッキーは言葉を伝える間にもスーザンさんの顔をじっと見ていた。

銃撃を受けたそうだった。激しい銃撃を。

そこで兄弟姉妹は殺された。

埋葬も出来ないまま、彼女は逃亡した。

子供たちを連れてウガンダに来た。

けれどまだ名前もない乳児は発熱気味で、自分からも子宮の痛みが消えない。

苦しい状況だった。そしてその苦しさはスーザンさんだけでなく、何事もなくふるまっているビッキーたちにしても同じだろうと思った。たくさんの家族を亡くし、自分たちも暴力をふるわれて今があるのだろう。

広報の谷口さんが俺のかわりに質問した。

「厳しい問いになりますが、体が治ったら何をしようとお思いですか?」

するとスーザンさんは即答した。ビッキーが訳した。

「畑を耕したい。食べ物を作ります」

一方で、ではビッキーたちはなぜ彼女のそばに付き添っているのだろう。

スーザンさんと知りあいか聞いてみると、その入院病棟で出会ったのだという。

ビッキーの横に座っている女の子が流産して治療中であり、その20代の彼女に付き添って、ビッキーは病院に来た。つまり、そもそも彼女たちも難民居住区で知り合ったのだった。

そして2人は、自分たちと同じように苦難に襲われているスーザンさんを見かけ、隣のベッドに腰をかけて彼女に話しかけていたのだ。

「家族でなくても」

と谷口さんが言った。そのあとの言葉は涙とともに外に吐き出された。

「家族のように寄り添っているんです」

そして谷口さんは泣いてしまったことを急いでスーザンさんたちに謝り、心をこめてこう言った。

「どうか皆さんが故郷に帰れますように」

俺もそれしか考えていなかった。

ビッキーは明るい顔で言葉を訳し、ありがとうとにこやかに答えた。

俺にはうなずく以外、出来ることがなかった。

いつかこの利発な、優しい、どうか平和な暮らしを取り戻して欲しいビッキーを主人公にした短編小説を書きたい。何になるわけでもない。俺もまた無力だ。しかしせめてそういう苦しみの中にいて微笑んでいる20代がいること、彼らが願う通りの幸福が訪れる様子を、この世に生み出したい、と俺は思った。

ビッキーたちの写真も撮ったが、むろんここでは紹介しない。どうかたくさんの想像力で彼女たちを身近に感じて欲しい。

南スーダンの「WAR」

入院病棟をさらに

ビッキー・ジョジョたちに別れを告げて、俺たちはさらに入院病棟を見て回った。14歳以下の児童に割り当てられた部屋には10床ほどベッドがあり、その幾つかに母親と子供がいた。中には床に敷いたゴザに座っている親子もいて、そちらの方が落ち着くのだろうと思われた。

喘息、栄養失調、感染症などなど、子供たちを襲うものは多々あった。しかも難民だけでなく、そこにはビディビディ居住区の近隣住民の子供たちも収容されているとのことだった。

患者たちには一日三食、「国境なき医師団」から食事が提供されていた。他にも栄養失調への救援に特化されたＡＣＦ（英語ではAction Against Hunger）という団体からの助けもあり、その入院病棟ではお互いが手を組んでいるらしかった。

もしその病棟でも助けられないという事態になれば、途中で俺たちも寄ったアルアという町に搬送され、さらに複雑な外科治療となれば首都へも送るのだという。ちなみにそうした際、ＭＳＦから紹介された患者の費用は全額ＭＳＦが持つことになる。

さて児童たちの病室の向かいに行くと、そこは緊急治療室だった。すでに6人ほどのスタッフが詰めていて、狭い中に4つのベッドがあった。ナースステーションのかわりにもなっている場所ゆえに、患者情報もすべて部屋の中にあった。もしも救急患者が来ればそこで安定化をはかり、適切な診療室や病棟へと送る役割を持っている。

続いて男性のための入院施設、薬品管理室、心理ケアのための個室、血液検査室、そこを抜けて奥へ行くとランドリー室があり、一人に1枚ずつ配られる毛布と蚊帳が積まれていた。

かなり大掛かりな（作りは簡素だけれど）入院病棟だと思われたが、まだまだ手狭で、昨年緊急に設置した施設はだいぶ傷んできていると判断されたらしく、新しく4棟が建設されていてまさに突貫工事中という感じだった。

「もしこれが出来れば」

と案内してくれていた男性スタッフは、とても細かく新施設の割り振りを俺に力説した。

向こうから患者が来れば入り口でトリアージして、もしも重症ならばさっきの緊急治療室、そして安定化の対応が終わったらこちらの棟に運ばれ、適切な薬を出されてベッドに寝かされ、もしもＰＴＳＤなどの心配があるならば新しく出来るもうひとつの心理療法士の部屋に行く。

彼の語る未来像は実にシステマチックで、しかも現在ある問題を少しずつ解決したのだろう希望のようなものが感じられた。木材と屋根・壁面用のパネル、テント、コンクリートなどで出来た病棟は、そうやって実地で確かめられ修正され、ウガンダの奥で日々理想に近づいているのだった。

「アネックス」に残るWAR

もうひとつ、俺たちは少し移動して小さな施設を見た。ゾーン4で「アネックス」と呼ばれている場所だった。

暑い日差しの下に幾つかのテントが建てられ、入っていくと3つの丸いプラスチックテーブルがあって、やはりプラスチックの椅子があり、そこに数名のアフリカ人スタッフが座っていた。

それはそれで診療所なのだった。

事実、テーブルの下には耐熱保冷用のボックスが幾つか置かれていて、その中にワクチン、あるいは採った血液がしまわれているらしかった。来院したり運ばれてきた患者は、血液検査を受けて、必要ならワクチン接種、子供ならさらに栄養失調の検査も受け、経過を見るため奥のテントへと移って、ビニールで覆ったのみの風のふきさらす場所でベッドに横たわるのである。

近くには大きめのやっぱりプラスチックテーブルがあり、そこに様々な薬が整然と並べられていて、重度の貧血やHIV感染に対応する薬剤も、抗マラリア剤もその場にいるスタッフから支給される。

テントの中にはそこにもメンタルヘルスのための空間があり、少し奥に入り込んで外から見えにくくて安心感があった。

アフリカのテント式の、強い風が来ればきしむようなあまりに簡素な診療所を見ながら、しかし俺は思った。日本の緊急医療はここまでメンタルケアを重要視しているだろうか、と。事故でもレイプでも、あるいは突然の感染症発症でも、ともかく物理的な処理で終えてしまおうとしないか。患者一人一人が受ける精神的な傷に、確実に対応しようとするのはこれまで俺が見てきたハイチでもギリシャでもフィリピンでも、ここアフリカでもＭＳＦの活動では常識中の常識なのである。

ことは決してＭＳＦに限らないはずだ。他の国際的人道団体においても、怪我さえ治ればいいというような意識はない。救援に向かう者にも必ずメンタルケアを受けさせるのは、人間という者がそれほど強くないと理解するようになったからに違いなく、まさに自衛隊で海外へ出た人々の自殺率の問題から言っても、日本は一刻も早く常識を変えなければならない。

根性、などというものは国際的な常識ではないのだ。

さて、「アネックス」に話を戻す。

産前産後ケアも行っているその施設で、俺たちは問診票を持って外のベンチに並ん

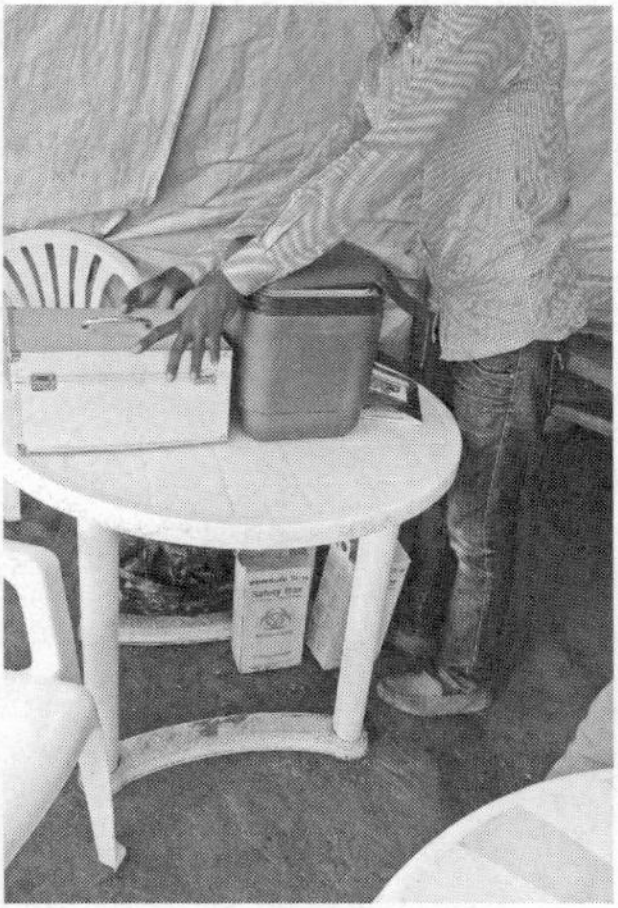

小さなテーブルがひとつの診療室なのだ

水配給タンクは人の背の2倍くらいの大きさ

入院病棟近くに止まっていたタンク車。命の水を運んでいる

ゾーン4の入院病棟。合理的に作られた施設

でいる3人のアフリカ人女性に会い、話を聞いてみた。

一人はアンナ・アネットで23歳。ジェイス・ルンブカは22歳のママさんで、もう一人のベティ・ソンブアは14歳。それぞれ別の場所から逃げてきて、もともとの部族も違うのだそうだが、前に報告したのと同じく彼女らも病院で知りあって仲よくなったのに違いなかった。

中でもベティは両目が不自由で、その上に胃痛に悩まされていた。その体で半年ほど前、歩いて国境を越えてきたのだという。

そして3人が3人とも、家族がどこへ逃げたのか、生きているのかもわからずにいた。

「何があったのか教えていただけますか」

広報の谷口さんがそう言うと、誰か一人が小さな小さな声でこう言った。

「WAR」

そうとしか言いようがないし、それ以上彼女たちには何もわからないのだった。ただ身を寄せあって今を生きているだけだ。

ただ、14歳のベティが地域コミュニティの学校へ通っているという言葉だけが、俺たちに与えられた唯一の心の拠り所だった。

状況はあまりに過酷すぎた。

それがウガンダ難民の真実であり、つまり南スーダンの真実だった。

地上に名前の残らない人間たちの尊厳

小さな仕事の連続

昼食を草原の間にある小さな、しかしよく栄えているレストランでとった。レンガの色が日に映える建物で、居住区の中にあるのが不思議だった。もともとこの土地にあったものかもしれない。

俺はそこで鶏肉と米を炒めたものと、パッションフルーツジュースを頼んだ。前者は少し水分の多いチャーハンのようなものだった。おいしいが量がすさまじかった。「国境なき医師団」の広報・谷口さんとその日のドライバー、ロバート・カンシーミが何を食べたかは覚えていない。

再び車に乗って移動すると、途中でMSF専用の広い駐車場に寄った。そのあたりユンベ地方だけでドライバーが28人（！）いるのだそうだった。確かに鉄扉の内側のスペースにたくさんの車が止まっていた。すべての車両にMSFのマークが貼りつけられていた。大規模なミッションであることがよくわかった。

「薬局」に立ち寄り、前夜宿泊の手はずをつけてくれた女性に御礼を言ってから、海外派遣スタッフのための宿舎に戻った。みな自分の部屋で休んでいるらしく、最も手前にある屋根の下は無人だった。

谷口さんと俺はソファに座り、ともかく誰かが出て来てくれるのを待った。のんびりとした風が吹き、敷地の中のマンゴーの樹を揺らした。日が高く上がっているが、樹木の下には濃い影があった。

1時間も経ったろうか。そのうち一人、二人とスタッフが出て来た。まず物資供給を担当するロジスティシャンのアナ・ハスコヴェクが、大きな段ボール箱を抱えて歩いてきた。ごそごそと中を出すと、飲料水を入れておくフィルター付きのプラスチックボトルのようなものだった。箱の外側を見ながら、彼女は一人で淡々とその装置のセッティングを続けた。しかし、どうもうまくいかない。

俺たちもそばに行って、彼女の手伝いをした。しかし今ひとつよくわからない。すると、後ろからほとんど黙ったまま、顎ヒゲを生やしたフランス人男性、ファビアン・リューが現れ、箱の外側をよく見てからこちらに挨拶をし、パーツを組み立て始めた。

彼らには常に何かやることがあるのだった。誰かにそれがあれば、誰かが手伝う。ほとんど自助的に見えるその行為は、回り回って結局他人のためだった。小さな仕事の連続が、そうやって積み上がってプロジェクトになり、人間同士が信頼でつながっていくのを、俺はその飲料水ボトルの静かな組み立てで実感したように思った。

水は金儲けのためにあるんじゃない

アナは他の用事で去った。ファビアンは屋根付きの共同スペースに残った。コーヒーでも入れて飲む気らしい。

そこで話を聞かせてくれるか、聞いてみた。もちろんOKだった。ソファに向かい合って座り、彼の取材を始めた。

目のくりくりした、笑顔の優しいファビアンはアヴィニヨン生まれで、今回が初ミッションという初々しいスタッフであった。

もともとパリでソーラーシステムの仕事をしていたというから、環境問題に興味があったのだろう。WATSAN（水と衛生）、下水システムを学生時代に学んだ彼は、やがて私企業に入って働いた。けれど、日に日に不満が募ったのだという。

「お金のことばっかり考えるのが嫌になったんです」

とファビアンはにっこり笑った。

信頼出来る先輩がいて、すでに人道援助組織で6年活動していた。ファビアンもそういう仕事がしたいと思った。

企業を3年でやめて、MSFに入った。彼からは満ち足りた活動による心の「張り」のようなものが光みたいに放射されていた。

そもそもMSFがフランス発の組織であることが彼らの幸福だと俺は思った。社会貢献をしたい時、苦しんでいる他国の人の役に立ちたいと思った時、彼らがそこに参加するのはきわめて日常的なことなのに違いなかった。

その点、俺たちの日本ではそこに一段階も二段階も超えなければならないことがある。周囲にMSFがどんな組織であるかを理解してもらいにくい（それをクリアする一助になれば、と俺はこの連載をコツコツ続けてきたわけだ）、しかもその周囲は話をいくら聞いても「なぜ？」と考える（NGOへの共感、尊敬がまだまだ低いから）、いったん活動しても母国に帰ると仕事がなくなっている（フランスでさえ非医療関係者は仕事を見つけにくいというから、まして日本はどれほどの状況か。くわしくはギリシャ編でも説明した通りだ）……。

続いて、俺は聞いてみた。

「人道援助組織は他にもありますけど、なぜMSFだったんですか？」

するとファビアンは身を乗り出して答えた。

「MSFは問題が起こった場所に素早く入りますよね。おかげで成果がはっきりと刻々と見えるじゃないですか。それが刺激的なんです」

なるほど、それが気持ちの充実につながるのだろう。ただし、マニラのプロジェクト（妊娠や出産、性感染症や性暴力ケアなど）のようになかなか結果の出ないものにも、いまやMSFは力を傾けており、組織全体としてのチャレンジが始まってもいるのだけれど。

「それから」

とファビアンは付け足す。

「素早く動けるのは資金があるからですよね。寄付をしてくれる方々があって、我々が各地域に入る。この流れに支障がありません」

シンプルに、彼は組織の利点を語った。

俺はさらにその奥へ質問をさし向けた。

「ファビアン、なぜ人道援助だったんですか？　ボランティアをしたかった理由というか……」

ファビアンはそこで初めて少し考えた。困っているというのではなく、肝心な話だから正確な言葉を選んでいるという感じだった。

「たとえば、水はお金持ちのためだけにあるんじゃなく、皆で分けあうべきものですよね。なければ死んでしまうんだから」

まず彼はそう言った。素朴な、しかし真実だった。

すでにファビアンが学生時代にその水と衛生というテーマを学んだのを俺たちは知っているから、彼がその頃考えたことが今にまっすぐつながっているのがよくわかった。

「水は金儲けのためにあるんじゃなく、人の生活の質を上げるためにこそある。僕はそう思うんです」

それこそがまっとうな考えというものだった。もはや日本では、これが「ナイーブ」だと言われてしまう。「絵空事だ」と言われてしまう。なぜなら本当の苦難を想像出来ないからだ。水がなくて亡くなる人のことを考えることが出来ない、ただそれだけの理由で水は金儲けの手段だとストレートに考えてしまう。残念ながら、そいつは世界からすれば非常識に過ぎない。苦難はいつ自分に回ってくるかわからないのだから。

「とはいえ、たいした知識も経験もまだないんです。でもある分だけ役に立てるなら、収入よりも自分にはそれが大切だと思っています」

またにっこり笑って、ファビアンは少し恥ずかしそうにこちらを見た。彼の若さが彼にとっての正しさを求め、それは十全に与えられていると俺は思った。

谷口さんが彼に聞いた。

「パリの周囲の方は、あなたの活動をどう受け止めていらっしゃいますか？」

ファビアンは笑いながら言った。

「友だちも家族も、みんな喜んでます。すごくいいことしてるって。ただしアフリカの奥に入るって知って、ママは心配してますけど」

まあそれはそうだろう。すぐ近くで戦闘行為が起こり、膨大な数の難民が日々流入し、気を抜けば感染症が拡大し、想定外の事態で水供給が断たれればファビアン自身危険にさらされるのだから。

けれど、彼には頼りがいのある仲間がいた。世界中から来た百戦錬磨の先輩たちだ。

素敵なレベッカと〝あの存在〟

その一人が、途中からふらりと現れて、近くで俺たちの話を静かに聞いていた。谷口さんが持ってきた日本からのおみやげ、ハッピーターンを気にいって上品に食べているレベッカ・オーマンだ。銀色の髪を束ねた熟練の、アメリカから来た海外女性スタッフ。最初に宿舎を訪れた時も真っ先に出て来てくれて、美しい微笑みで俺たちを安心させた人物である。

彼女にもインタビューさせてもらうことにした。

レベッカがMSFに参加したのは2012年、それまで彼女は母国で看護師、助産師を務めており、それを2011年にやめてもともと高校大学で学んでいたフランス語の猛特訓を受けたのだという。MSFの活動地でフランス語が使われている率が高いからだ。

黒縁の眼鏡をかけて膝を揃え、姿勢を正してソファに座る彼女には、どんな場所でも崩れない尊さのようなものがあった。神聖な職務に服している者の威厳、かつ相手ににこやかに微笑みかけ続ける気配り。

外では雨が降り始め、それはスコールとして急激に強く屋根を打ち、庭のマンゴーの葉を揺らした。土の表面は少し白く煙っていた。レベッカはこちらに目を向けたまま、俺たちの質問に集中している。

「これまでどんな地域に行かれましたか？」

「そうね、コートジボワール、ラオスには2回、南スーダン、ネパール、またコートジボワール、そしてここウガンダでミッションは7つ目。ね、フランス語圏が多いでしょ。中でもコートジボワールではスタッフ全員がフランス語しか話さなかったので、わたしには大変でした」

　そう言う彼女だったが、活動地ではマネージメントの職務につき、カリキュラムを作る側にもなったというから、日々の努力は十二分に実っているのだった。

「で、MSFにはどうして入られたんですか？」

「助産師をしている時からもちろん知ってました。アメリカでこの組織は尊敬されてますから。それでなぜわたしが助産師になったかというと、わたしは旅行が好きであちこち行ってたんですけど、ある時ミクロネシアで出産に立ち会ったんです。本当に素晴らしい仕事だと思いました」

　感動したレベッカはアメリカに戻って助産師の勉強を始めた。

「それまでわたしは中学の教師だったんです。科学を教えていて」

　彼女はその感受性のまま、自らの人生を形作っていた。教師から助産師へと、学びを絶やさない彼女は妊産婦ケアに関しても修士の資格を取るに至り、やがてそのキャリアを人道支援活動に結びつけていく。

　60歳の年だった。

「その年齢になった時、機会は今しかないと思った。そして、わたしは決断しました」

まっすぐに俺を見て、レベッカはそう言い、柔らかく笑った。まるで自分の決断を俺に感謝するように。少なくとも彼女の中で、人生の変化は自分以外の何かが起こしていることだという感覚があるのだろう。

激しい雨で塀の上まで煙り始めているのが、レベッカの後ろに見えた。俺にはそこに何かが浮かんでいるような気がしていた。なんだろう、あれは。ひとつの塊のように、小さな靄のようなものが漂っている。

今まであちこちで見てきたあの存在だ、と感じた。もはや人間の形もとらないのかと驚いた。俺は自分の感覚がおかしくなっているのかもしれないとも考えたが、だからといってそこでこちらを〝見ている〟存在を否定することも出来なかった。

「まだまだやらなければならないことが、わたしにはたくさんあります」

レベッカは目の前でそう言って一度口をつぐみ、わずかの間だけ下を向いて言葉を選んでから続けた。

「例えば、ここウガンダのプロジェクトでも、性暴力被害の問題が繊細で取り扱いの難しい事柄です。深い傷を受けた方々をどう支えていけばいいのか。加害者はレイプを戦争の道具にします。敵をたたきのめすために女性を、あるいは男性を犯し、本人や家族、一族をはずかしめ、心を殺して支配するんです。わたしたちは被害者が生き

ファビアン・リューと

レベッカの背筋

抜いていけるよう、その心に命を通わせてケアさせてもらわねばなりません」

俺は一人の聖者を見ているように思った。背後の靄の塊は、その聖者を守っているのだろうか。

「ウガンダだけではありません。世界中にこうした性暴力があります。わたしはもっともっとケアを学びたいと思っています。そして被害者のために役立てたいんです」

聞けば間を置かずにミッションを続け、年の半分は活動地にいるというレベッカだった。背筋を一切曲げることのない彼女は、優しい表情のその奥に深い怒りと絶望を抱え持っているのだろうと俺は思った。あまりに残酷な世界を見ても、彼女は下を向かなかったのだ。今も向かない。

そこで俺は塀の上をゆらゆらするもののことを再び考えた。それまでに人の善性といった大げさなものだと解釈してきたが、実は単にそれは俺を待っている例えば一人の難民、あるいは一人の貧しさに苦しむ人、生まれてきたけれどすでにＨＩＶに罹患している幼児、戦争から逃れてくる途中に強姦されて心を殺された女性、つまり助けを求めている人そのものなのかもしれなかった。

彼ら一人一人、地上に名前の残らない人間が、俺のそばまで来て黙っている。彼らは差し伸べる手さえ失っているからだ。何度も差し伸べて拒絶され、心の中で切断されている。

果たして彼らのために俺が出来ることはなんだろうか。俺の先回りをし、俺を導くことの出来る、けれど自分たちを救うことだけが決して出来ない人のために？

レベッカは谷口さんと話し始めていた。過去の活動地の幾つかが重なっているらしかった。その間に、俺はなお靄のことを思った。


あ、そうか。

俺はあやうく声に出すところだった。

俺はひとつの答えを得た気がしたのだった。

それはギリシャで感じたことの延長にあった。単純なことだった。

彼らが俺だと考えることであった。ずっとそう書いてきたのになぜ気づかなかったのだろうか。俺が出来る最善の行為がそれだった。

彼らは水を待ち、食料を待ち、心理ケアを待ち、愛する者に会える日を待っている。

そして何より、「共感」を待っているのだった。自らの人生の状況に、解決よりまず先に「共感」して欲しいのだ。

だとすれば、塀の上の靄さえも俺だった。

俺より先に取材地に現れ、あるいは隣の座席に座り、時には先行するトラックの上に乗っていた人間も全部俺だとして、考え直さねばならない。

俺が飢えに苦しみ、俺が戦いに巻き込まれ、俺が犯されていたのだった。俺がスラムに住み、神に祈り、沈んだ船から冷たい海に放り出され、屈辱を与えられ、未来への想像を奪われていたのだ。

「わたしの地図は」

レベッカがそう言い出していた。

「どうしてもアメリカ中心なの。あなた方なら日本中心ね。わたしはクリスマスイブにラオスでそんな話をしてみんなで笑ったわ。6ヵ国の人間が集まっていてね。フランスからしか見ていなかった人間、ラオスからしか見ていなかった人間と、それぞれこりかたまった視点で生きてきたとわかったんです」

聖夜の前日の話だった。

では地図はどこから見られるべきか。

答えはすでに出ていた。

あらゆる他者からだ。

人間には仲間がいる

自分のためでない旅

あとは帰るだけだった。

ユンベにある、アフリカ人利用者の多い宿屋のまだ開いていないフロント前で早朝6時に待ち合わせたが、ドライバーのボサがなかなか出てこなかった。

5時半から待っていたという「国境なき医師団」広報の谷口さんが現れたからまだしもだったが、自分たちはその日中に首都カンパラへ行き着けるものかわからなくなった。なにしろ11時間はかかるから、遅れは帰りの飛行機にも影響する。

不安になっていると、MSFの四駆で駆けつけるボサの姿が見えた。降りてくる彼に聞くと、泊まった部屋がなぜか頑丈な鉄扉で外から鍵をかけられ、出られなかったのだという。ボサの部屋は急な追加予約だったからホテルスタッフが部屋に誰もいないと勘違いしたのか、まさか金を払わずに逃げてしまう客からの自衛策なのか、いずれにしても本人にとってはなかなかハードなものだった。

「あれで火事が起きたらどうするんだ？」

ようやく起きてきた宿の男に向かって、ボサは激しく抗議した。

「死んでしまうじゃないか」

しかし、宿の男は無表情に聞いているだけだ。

首を横に振ってボサは四駆に乗り込んだ。来た道をまた長時間、俺たちは移動するのだ。

途中、8時にアルアでサモサとコーヒーを朝食にした。テレビにはBBCが映っていて、フランス大統領選で中道派マクロンと極右のルペンが候補として選出され、最終決戦に向かうと伝えていた。その決戦は2週間後だった。

ひとつ間違えばフランスが移民排斥に移行し、その影響は中東、アジア、アフリカにも及ぶ。その緊張感を俺はウガンダ北部の小さな町でひしひしと感じた。世界はいやおうなくつながっているのだった。

そこから9時間ほど、中途で行きと同じガソリンスタンドに寄り、ジャガイモを潰したものでゆで卵を包んだ軽食を試してみたりしながら、あるいはボサがマンゴーを道端の村人から買ったり、米を倉庫から購入したりするのを見ながらひたすら道を行った。

　後部座席にほぼ寝ころんだままでいても、疲労は蓄積された。窓から見える景色に時おり注意していると、最後の1、2時間ほどは低い山や丘の連なりになった。つまり首都は高地にある国土の中でも高台を利用して作られているのだった。そこからは敵もよく見えただろうし、緑も多く、風も吹き渡った。

　最初の日に訪問したMSF海外派遣スタッフの宿舎に着いたのが、夕方。すでに懐かしく思う不思議さを感じながら、宿舎前のポーチの小さなソファに座ると、2時間前にフランスから着いたばかりという女性スタッフがいて、互いに微笑みながら握手をした。名前を名乗りあっただけで、あとは黙って夕暮れの首都を眺める。谷口さんはノートパソコンで東京と連絡を取るため、与えられた部屋に帰っていた。

　俺自身はたいしたことをしていないのに、フランス人スタッフに対して軽い同志の感覚が湧いてきて、それが誇らしかった。ウガンダにいる目的が自分のためでないことが、充実感を強めているのがわかった。彼女も俺も誰かのために、生きているのだった。

　宿舎には黒猫2匹がうろついていた。ドアに「必ず閉めて。猫が入るから」と書いてあった。2匹はどうやら親子らしかったが、どちらもスリムで若々しかった。

猫もまた夕暮れに見とれていたから、結局4つの生命体が首都カンパラの空を見ているのだった。

その日は3人用の部屋に俺一人でゆうゆうと寝た。他のスタッフはみな、居住区に移動して活動をしているらしかった。

取材最終日

翌4月25日9時、宿舎に隣接するオフィス棟へ移動した。ウガンダでのMSFの本部である。3階建ての一軒家。事務スタッフは8時から17時の勤務になっているそうで、2階に数人の薬剤師がいた。

最も上の階に、初日俺たちを迎え入れてくれたジャン＝リュックがいた。活動責任者の部屋の中で、ジャン＝リュックは再会を喜んで満面の笑みを浮かべた。

MSF広報部として谷口さんはそのジャン＝リュックにインタビューを始めた。それぞれの活動地での派遣スタッフや患者たちの声を、広報部は常に発信する役割がある。

あれこれとウガンダ独自の問題点や進展の具合など述べる中、ジャン＝リュックがしっかりとこう言ったのが特に印象的だった。

「活動が楽しいと感じる限り、僕は現場にいるよ。キャリアを上げようとはまるで考えない。現場を離れて何が面白いんだい？」

それはいかにも彼らしい仕事のしかただし、人生の楽しみ方そのものだった。

そうだろ？　というようにジャン＝リュックは肩をすくめ、両手のひらを上げた。

俺もにやりと笑って大きくうなずいた。


玄関まで階段を下がり、同じ建物の奥にある「エピセンター」にも行ってみることにした。

小さな部屋の前のポーチに出てくれたのはマリリン・ボネットという茶色い髪の背筋の伸びた女性医師で、紺のパンツに濃い水色の襟ぐりの広いシャツを着こなし、大きめの金属製の美しい首飾りをつけていて、端的に言ってとてもかっこいい人だった。

エピセンターは１９８７年にＭＳＦが設立した科学・疫学研究機関で、感染症の発生と流行、その原因について科学的証拠を提供することを目的としているそうだ。そういう第三者機関による正しい解析がなければ、適切な対応が取れないのは当然だろう。

特にウガンダで研究が進んでいるのはマラリア、HIV／エイズ、結核、アフリカ睡眠病などで、最後のアフリカ睡眠病はサハラ以南のアフリカに多い風土病で、患者・医療者の負担を軽くする検査法と新薬の開発が課題だという。

少し枯れた声の、意志の強そうなマリリンによれば、そうした病を「顧みられない熱帯病（neglected tropical diseases）」と呼ぶのだそうで、罹患するのが貧しい人であるケースがほとんどであるため製薬会社にうまみがなく、なかなか治療が進まないのだ。したがって確かな効果があり、安価でもある薬剤をどう作ってもらうかのロビイングもまた、MSFの大きな仕事のひとつなのである。

さらにくわしく言えば、もしそのような薬が手に入ったとしても、現地でそれを使うスタッフの技能と知識が問われており、少しでもそれが低いと薬本来の効果が出なくなる。ゆえにスタッフトレーニングが欠かせないのだそうだ。

もちろんマリリンたちエピセンターも他機関と連携して統計を行っており、医療調査のための資金調達も協力しあっているという。人道支援団体はそれぞれ、自分たち組織の強いところをつなげ、弱いところを補い合って苦難に陥った人々に手を差し伸べているのだ。彼ら自身が完全で強いわけではないのである。

マリリン自身のことも俺たちは聞いてみた。

するともともとMSFに参加したのが1998年で、MSFがノーベル平和賞を取る前の年。数々の活動を経て、彼女マリリン医学博士は2003年エピセンターに移り、そこで薬剤耐性結核、髄膜炎、黄熱病などの研究をしながら、MSFがノーベル賞の賞金で設立した「必須医薬品キャンペーン（製薬会社に薬価の引き下げや新薬・診断ツールなどの開発を促す）」の活動を行ってきたのだそうだった。

と同時に、彼女たちは病気が蔓延する地域の人たちの啓蒙も行わねばならない。なぜならば、例えばHIV／エイズもいまだに「悪魔の病気」と考えられて治療に考えが至らない場所があり、それは土地の宗教、伝統に埋没して漫然と死を待つことになってしまうからだ。

「それともうひとつ大事なのは」

マリリンはそう言った。

「MSFは数年から数十年という活動が多いでしょ。でもエピセンターはもっともっと長くデータを取っていかなければならない。だから次の世代をその場所で育てるのも大事。私もエンテベにある大学で教鞭を執って、ウガンダの学生たちにトレーニングをしているんです」

その土地で自助が出来るようにすること。

それ自体はまさにMSFが常に掲げている方針だった。哲学を共にし、活動はそれぞれの専門分野で特化するというのがMSFとエピセンターのあり方なのだろう。

俺はマリリンの話を聞きながら、あらゆる適材適所があることに考えを及ばせていた。彼女は医学博士であり、教育者の風格があった。ユンベの宿舎では水と衛生を学んで企業を離れたファビアンが地域に安全な水を供給すべく力を注いでいた。ドライバーのウガンダ人ボサは長年MSFに勤めて組織を愛し、食料補給にまで気を遣っていたし、アメリカ人レベッカは特に女性の人権について今日も心を痛めながら諦めずに活動していた。

それはマニラのスラムでも、ギリシャの難民キャンプでも、ハイチの医療機関でも同じことだった。

会社を定年になってから、ずっと望んでいたMSFでロジスティック（資材供給・機材修理などなど）の役を担うことになったカールも、拷問で心身ともに痛めつけられた人々をなんとか癒そうとしていたシェリーも、私は聖人君子じゃないと言いながらスラムの人々にワクチンを届けようとしていた菊地寿加さんも、みな自分が出来ることを努力とともに行っていた。

生き甲斐のある人たちだった。

その分、満足はしていなかった。

世の不条理に下を向くことも出来たが、なぜかそれをしなかった。

おそらく仲間がいるからだ。

マリリン博士と俺

下を向いていればその時間が無駄になる。

我々は出来ることをするだけだ。

そういう先人からの教訓みたいなものが、彼ら自身を救っているように思った。

前に、苦難をこうむる彼らは俺だと書いた。そう考えると、自然に彼らのために何かをしたくなるのだった。

今回の「彼ら」はMSF側の人間のことだった。

彼らMSFのスタッフたちもまた、自分たちと「苦難をこうむる人々」を区別していなかった。つまりそれぞれが交換可能で、彼らは俺で、俺は彼らで、彼らは彼らなのだ。

それが人道という考えの基本中の基本で、何も難しいことはないのだと俺はマリリンのエピセンターから宿舎側に歩いて行きながら思った。

トンテンカンテンと近くの建築中のビルからなぜかトンカチの音が続いた。俺はまだポーチにいたフランス人スタッフの横に座って首都の様子に耳を傾けた。トンカチの音はもっと遠くからも聞こえてきて、ウガンダが貧しい国のひとつとして発展を目指している日々の努力のようだった。

俺はマニラの時と同じく、自分の幼い頃の下町の雰囲気を強烈に思い出した。あの頃、毎日のようにトンテンカンテンと釘を打つトンカチの音が町中でしていた。あちらこちらでどんどん家が建っていた。

戦争で焼けたあと、バラックが建ち、それを建て直している音。あるいはよりよい家を建てる高度成長期の音だった。同じ音は関東大震災のあとにも東京に鳴り響いただろう。

俺はウガンダの首都にいながら、同時に数十年前の東京にもいた。

俺は彼らで、彼らは俺だった。

この国が平和で、人が豊かに暮らせるといい。と、俺はごくごく単純な願いをもった。

そして、願いが単純であることを嘲笑させたくないと思った。

達成は実に難しく、人が苦しみ続けることを、俺は「国境なき医師団」の活動を見ることで身にしみて知っていた。

以下の事実を教えてくれたすべての人に俺は感謝する。

人生はシンプルだが、それを生きることは日々難しい。

けれど人間には仲間がいる。

互いが互いに共感する力を持っている。

それが素晴らしい。

これを自分が書いている気がしない。
あの「誰か」が書いているのかもしれないし、それでもかまわない。

本書は、二〇一七年十一月小社より刊行されました。

|著者| いとうせいこう　1961年、東京都生まれ。編集者を経て、作家、クリエイターとして、活字・映像・音楽・舞台など多方面で活躍。『ボタニカル・ライフ』で第15回講談社エッセイ賞を受賞。『想像ラジオ』が三島賞、芥川賞候補となり、第35回野間文芸新人賞を受賞。他の著書に『ノーライフキング』『存在しない小説』『鼻に挟み撃ち』『我々の恋愛』『どんぶらこ』『小説禁止令に賛同する』『今夜、笑いの数を数えましょう』『「国境なき医師団」になろう！』『夢七日　夜を昼の國』などがある。

「国境《こっきょう》なき医師団《いしだん》」を見《み》に行《い》く

いとうせいこう

© Seiko Ito 2020

講談社文庫

定価はカバーに
表示してあります

2020年12月15日第１刷発行

発行者――渡瀬昌彦
発行所――株式会社　講談社
東京都文京区音羽2-12-21　〒112-8001
電話　出版（03）5395-3510
　　　販売（03）5395-5817
　　　業務（03）5395-3615

デザイン―菊地信義
本文データ制作―講談社デジタル製作
印刷―――凸版印刷株式会社
製本―――株式会社国宝社

Printed in Japan

落丁本・乱丁本は購入書店名を明記のうえ、小社業務あてにお送りください。送料は小社負担にてお取替えします。なお、この本の内容についてのお問い合わせは講談社文庫あてにお願いいたします。

本書のコピー、スキャン、デジタル化等の無断複製は著作権法上での例外を除き禁じられています。本書を代行業者等の第三者に依頼してスキャンやデジタル化することはたとえ個人や家庭内の利用でも著作権法違反です。

ISBN978-4-06-521941-6

講談社文庫刊行の辞

二十一世紀の到来を目睫に望みながら、われわれはいま、人類史上かつて例を見ない巨大な転換期をむかえようとしている。

世界も、日本も、激動の予兆に対する期待とおののきを内に蔵して、未知の時代に歩み入ろうとしている。このときにあたり、創業の人野間清治の「ナショナル・エデュケイター」への志を現代に甦らせようと意図して、われわれはここに古今の文芸作品はいうまでもなく、ひろく人文・社会・自然の諸科学から東西の名著を網羅する、新しい綜合文庫の発刊を決意した。

激動の転換期はまた断絶の時代である。われわれは戦後二十五年間の出版文化のありかたへの深い反省をこめて、この断絶の時代にあえて人間的な持続を求めようとする。いたずらに浮薄な商業主義のあだ花を追い求めることなく、長期にわたって良書に生命をあたえようとつとめるところにしか、今後の出版文化の真の繁栄はあり得ないと信じるからである。

同時にわれわれはこの綜合文庫の刊行を通じて、人文・社会・自然の諸科学が、結局人間の学にほかならないことを立証しようと願っている。かつて知識とは、「汝自身を知る」ことにつきていた。現代社会の瑣末な情報の氾濫のなかから、力強い知識の源泉を掘り起し、技術文明のただなかに、生きた人間の姿を復活させること。それこそわれわれの切なる希求である。

われわれは権威に盲従せず、俗流に媚びることなく、渾然一体となって日本の「草の根」をかたちづくる若く新しい世代の人々に、心をこめてこの新しい綜合文庫をおくり届けたい。それは知識の泉であるとともに感受性のふるさとであり、もっとも有機的に組織され、社会に開かれた万人のための大学をめざしている。大方の支援と協力を衷心より切望してやまない。

一九七一年七月

野間省一

講談社文庫 最新刊

創刊50周年新装版

上田秀人
乱麻〈百万石の留守居役(十六)〉
加賀の宿老・本多政長は、数馬に留守居役らの前例の弊害を説くが。〈文庫書下ろし〉

池井戸潤
花咲舞が黙ってない〈新装増補版〉
花咲舞の新たな敵は半沢直樹!? 不正は絶対許さない——正義の〝狂咲《くるいざき》〟が組織の闇に挑む!

いとうせいこう
「国境なき医師団」を見に行く
大地震後のハイチ、ギリシャ難民キャンプなど、厳しい現実と向き合う仲間をリポート。

清武英利
トッカイ〈不良債権特別回収部〉
「しんがり」「石つぶて」に続く、著者渾身作。借金王が隠した6兆円の回収に奮戦する社員たちの記録。

神楽坂淳
うちの旦那が甘ちゃんで 9
金持ちや芸者を乗せた贅沢な船を襲う盗賊を捕らえるため、沙耶が芸者チームを結成!

斉藤詠一
到達不能極
南極。極寒の地に閉ざされた過去の悲劇が、現代に蘇る! 第64回江戸川乱歩賞受賞作。

佐々木裕一
姫のため息〈公家武者信平《のぶひら》ことはじめ(二)〉
公家から武家に、唯一無二の成り上がり! 紀州に住まう妻のため、信平の秘剣が唸《うな》る!

綾辻行人
緋色の囁き〈新装改訂版〉
全寮制の名門女子校で起こる美しくも残酷な連続殺人劇。「囁き」シリーズ第一弾。

小川洋子
密やかな結晶〈新装版〉
全米図書賞翻訳部門、英国ブッカー国際賞最終候補。世界から認められた、不朽の名作!

清水義範
国語入試問題必勝法〈新装版〉
国語が苦手な受験生に家庭教師が伝授する解答術は意表を突く秘技。笑える問題小説集。

中島らも
今夜、すべてのバーで〈新装版〉
なぜ人は酒を飲むのか。依存症の入院病棟を舞台に、生きる困難を問うロングセラー。

講談社文庫 最新刊

西尾維新　新本格魔法少女りすか3
魔法少女りすかと相棒の創貴《きずたか》は、全身に『口』を持つ元人間・ツナギと戦いの旅に出る！

赤川次郎　キネマの天使〈レンズの奥の殺人者〉
舞台は映画撮影現場。佳境な時にスタントマンが殺されて!?　待望の新シリーズ開幕！

森博嗣　ツベルクリンムーチョ〈The cream of the notes 9〉
森博嗣は、ソーシャル・ディスタンスの達人だ。深くて面白い書下ろしエッセイ100。

赤神諒　酔象の流儀　朝倉盛衰記
傾き始めた名門朝倉家を、織田勢から一人で守ろうとした忠将がいた。泣ける歴史小説。

田中啓文　件《くだん》〈もの言う牛〉
予言獣・件の復活を目論む新興宗教「みさき教」の封印された過去。書下ろし伝奇ホラー。

吉川英梨　月《げっ》下《か》蠟《ろう》人《じん》〈新東京水上警察〉
巨大クレーンに吊り下げられていた死体入り蠟人《ろうにん》形《ぎょう》。その体には捜査を混乱させる不可解な痕跡が!?

加賀乙彦　殉教者
聖地エルサレムを訪れた初の日本人・ペトロ岐部《きべ》カスイの信仰と生涯を描く、傑作長編！

横尾忠則　言葉を離れる
観念よりも肉体的刺激を信じてきた画家が伝える「魂の声」。講談社エッセイ賞受賞作。

荒崎一海　一色町雪花〈九頭竜覚山　浮世綴㈤〉
師走の朝、一面の雪。河岸《かし》で一色小町と評判の娘が冷たくなっていた。江戸情緒事件簿。

黒木渚　本性
孤高のミュージシャンにして小説家、黒木ワールド全開の短編集！　震えろ、この才能に。